손녀에게 들려주는
할배의 인생 3막 이야기

손녀에게 들려주는
할배의 _____ 인생 3막 이야기

· 강민호 지음

좋은땅

> 여는 글

연극 같은 내 인생 3막

    내가 다른 사람의 글을 읽을 때는 그 사람이 쓴 단어(word)를 읽게 되나, 내 글을 읽을 때는 나는 나의 정신(soul)을 읽게 됩니다. 또, 우리는 어렸을 때 일기 쓰기를 숙제로 받은 경험이 있습니다. 이런 영향인지는 몰라도 내가 미국 유학을 끝내고 1978년 귀국 후부터 일기(daily), 주기(weekly), 월기(monthly) 형태로 지난 일, 할 일들을 메모하고, 1년이 지나면 이것을 하나의 기록물(yearly)로 정리하곤 했습니다. 이것이 50년 넘게 모이고, 그동안에 모아 놓은 보고서를 정리하면 '나의 인생 80년' 이야기가 되겠다고 생각해서, 외부 활동이 뜸하던 '코로나19' 팬데믹 때부터 이들을 글자로 옮기고 또 옮겼습니다.

    내가 태어나서 공부하고, 미국 유학 갔다가 정부유치과학자로 귀국한 때 나이가 33이었고, ETRI, MOST, KT를 거쳐 KAIST 정년 퇴임 시 나이가 66이라는 것을 깨닫고, 퇴임사 제목을 9988234로 해서 99세(2045)까지 팔팔하게 살아가겠노라고 객기를 부렸습니다. 그래서 저의 일생의 첫 33년을 인생 1막, 두 번째 33년을 인생 2막, 그리고 정년 퇴임 이후를 엮어서 『할배의 인생 3막』 연극으로 꾸며 보기로 하였습니다.

내 연극의 1막은 주제가 「더 넓은 곳으로」입니다. 내 고향 정촌에서 6·25 전쟁 기억, 진주에서의 중, 고등학교 추억과 34일간의 무전여행, 서울대학교 학창 시절, 첫사랑 이야기가 이끈 유학의 꿈, 미국 미주리대학교, 텍사스대학교 유학, Bell 연구소에서 광통신기술을 만나서 정부 유치과학자로 ETRI에 귀국할 때까지의 33년을 다루었습니다.

2막은 주제가 「정보통신 4관왕」입니다. ETRI에서 광통신 시대를 연 이야기, 과학기술처에서 대통령 프로젝트인 '초고집적 반도체 공동개발' 사업 기획·조정 이야기, 경쟁을 맞이한 KT에서의 연구개발 체제구축과 해외 통신영토 확장을 미션으로 받아서 이스라엘 국제통신 입찰 실패 이야기와 IMF로 멕시코 미디텔 사업 엑시트 성공 이야기를 다루었습니다. 또 ICU에서의 'ERC 우수공학연구센터' 유치와 KAIST 부총장으로서 ICU 통합작업 마무리까지의 33년을 감사하는 마음으로 담았습니다.

3막은 주제가 「향기로운 삶」입니다. 이를 위해서 필요한 요소들을 먼저 살펴본 다음에, 우리나라를 기술선진국으로 도약시킨 은퇴과학자들이 현직에서의 경험과 네트워크로 개도국을 돕는 「앙코르 코리아 사업」을 소개합니다. 또, 공적연금이 없는 저는 개인 종신연금과 개인 주택연금 사다리를 정년퇴직 10년 전부터 만들었습니다. 3막에서 시간이 흐를수록 더 중요해지는 것은 건강 살림이더군요. 몸 살림, 마음 살림, 관계 살림은 지금의 상태를 잘 유지하는 것으로 목표로 잡았습니다.

마지막으로, 「할배의 인생 3막 이야기」에서 누구보다도 나를 낳아주시고 길러주신 부모님과 평생을 같이한 아우 넷의 인생도 기리지 않을 수 없습니다. 인생 3막 이야기를 풀다 보니 내 곁을 평생 지켜준 아내의 사랑이 얼마나 큰 힘이 되어 왔는지 새삼 깨달았습니다. 딸들과 사위들, 또 두 손녀, 세연이와 유진이가 나의 삶에 얼마나 큰 터를 차지하는지도 알게 되었습니다. 이 이야기가 사랑하는 아내에게는 사랑하는 남편으로, 두 딸과 사위에게는 진솔했던 아버지 삶의 궤적으로 기억되면 좋겠습니다. 두 손녀에게는 할아버지의 80년 인생과 부모님의 성장 이야기를 통해서 손녀가 꿈꾸고, 그 꿈을 이루는 데 도움이 되면 좋겠습니다.

이렇게 이야기를 풀어나가면서 또 하나 알게 된 것은 내 인생의 막이 전환되고, 장이 펼쳐질 대마다 나를 이끌어 주시고 같이 땀 흘리신 분이 참 많다는 사실이었습니다. 어떻게 감사를 드려야 할까를 궁리하다가 여러분과 같이했던 흐로아락을 『인생 3막 이야기』로 포장해서 공유하면 좋겠다고 생각했습니다. 우리들은 전쟁의 폐허 속에서 과학기술을 통해서 지구상에서 가장 가난했던 대한민국을 세계 10대 강국으로 변모시킨 주역이기 때문입니다. 끝으로 이 책을 편집하는 데 원고의 기획·수정을 도와주신 덕산 신종오 기자님과 독자 편에서 조언해 주신 권기균 박사님께 감사드립니다. 아울러 멋진 책 출판을 도와주신 「좋은땅」의 편집부에 감사드립니다. 자, 이제 『할배의 인생 3막』 연극이 시작됩니다. 너끈한 마음으로 격려해 주시면 고맙겠습니다.

2025. 6.
서울 잠원동 서재에서

차례

여는 글 연극 같은 내 인생 3막 ··· 5

1막 ─────────── 더 넓은 곳으로

1. 내 고향 정촌 ··· 12
2. 정촌에서 진주로 ··· 14
3. 서울 유학 ··· 25
4. 첫사랑 이야기 ··· 34
5. 미주리대 석사학위 취득 ··· 40
6. 텍사스대 박사학위 취득 ··· 44
7. Bell Labs 취업, 정부 유치과학자로 귀국 ··· 50

2막 ─────────── 정보통신 4관왕

1. ETRI, 광통신 시대 개막 ··· 58
2. MOST, 4M DRAM 국책개발사업 기획·조정 ··· 71
3. KT 연구개발 체계 구축, 해외 통신영토 확장 ··· 97
4. KAIST, 과학기술 인재 양성 ··· 134
5. 천지인(天地人) 조화 ··· 166

3막 ─────────────── 향기로운 삶

1. 행복한 노후의 설계 ··· 184
2. 개도국 봉사, 과학영재 아카데미의 추억 ··· 187
3. 실버 하우스, 은퇴 사다리 만들기 ··· 212
4. 몸 살림, 마음 살림, 관계 살림 ··· 216
5. 사랑하는 내 가족 ··· 227

닫는 글 살아오면서 배운 10가지 ··· 281

부록 1 참고문헌 ··· 287
부록 2 강민호 가계도 ··· 290

1막 ──── 더 넓은 곳으로

1.
내 고향 정촌

나는 경상남도 진양군 정촌면 화개리 1096번지에서 강지중·이옥희의 장남으로 태어났다. 부모님은 1944. 3. 10.에 결혼하였는데, 아버지는 1925. 10. 1. 생이니 만 18세, 어머니는 1927. 12. 21. 생이니 만 16세였다. 일제 징용을 피해서 일찍 결혼한 것이다.

나는 일제 치하에서 해방된 다음 해인 1946. 7. 20. 낮 12시에 태어난 개띠이니 팔자 하나 좋다. 할아버지 강대경(姜大慶)은 1879. 8. 1. 생으로 고구려 영양왕 8년(서기 597년)에 수문제의 수십만 대군을 무찌른 원수공 강이식 장군[17]의 25대손으로 참봉 벼슬을 하였고, 2대 정촌면장 재임(1917. 8. 7. ~ 1925. 2. 15.) 중에 「정촌공립보통학교」와 「죽봉 저수지」를 관내인 화개리에 설치하였다. 호는 죽암(竹巖), 자는 상칙(常則)이다. 진양군(1995. 1. 1. 진주시로 편입) 정촌면 화개리는 지금의 통영대전고속도로의 진주 IC 근처로서 진주 시내까지는 8.8km 거리로, 차로 20분, 걸어서는 두 시간 거리이다. 나는 정촌공립보통학교의 분교였었던 예하국민학교를 다니면서 소년의 꿈을 키웠다. 그래서 나는 호를 정촌(井村, 샘골)으로 정했다.

아버지는 5남 3녀의 막내로서 특히 할머니의 극진한 사랑을 받았으니, 막내아들의 큰아들인 나도 덩달아 끝없는 막내 손자 사랑이 과식으로 이어져서 급기야는 소화불량으로 인한 '죽은 목숨'으로 밀쳐놓을 때도 있었단다. 어머니는 나를 낳을 때 '큰 나무에 많은 깃발이 나부끼는' 태몽을 꾸었다. 또, 하루는 지나가는 스님이 나를 보더니, "물을 건너가서 이름을 날리겠다"고 했단다. 이것이 나의 미국 유학과 복된 삶의 예언이었나 보다.

유년기의 추억으로는 6·25 전쟁 때, 인민군이 우리 집에 진을 치고, 소를 잡아서 온 동네가 잔치하던 일, 집 뒤의 대밭에서 놀다가 모기에 물렸을 때 군인 아저씨가 뭔가 발라 주어서 고마웠던 일, 깊은 밤에 번개가 치면서 대포 소리가 천지를 진동해서 무서워하던 일, 인민군이 퇴각할 때 우리 집 뜰에 두고 간 큰 대포알을 갖고 가라고 연락했던 일이 기억난다. 민족상잔의 추억보다는 재미있는 영화를 보는 기분이었다. 나중에 알았지만, 아버지는 지주의 아들이라고 총살당할 뻔했고 우리 집에 주둔했던 인민군 중의 한 사람은 서울의대 학생이었다.

1953년 봄에 아버지는 진주우체국에 공무원 임용을 받았고, 나는 할아버지 손을 잡고 예하국민학교에 입학해서 3학년까지 계속 급장 임명을 받았다. 4학년 1학기의 급장 선거에서 나는 다른 후보한테 투표했더랬다. 그래도 내가 그 표가 많아서 당선되기는 했지만, 이때 느낀 점은 '내가 하고 싶으면 그대로 하라'는 것이다. 우리 학년에 영이, 호기, 상구, 내가 있었으니. 신입생의 6%가 사촌, 오촌이다. 1학년 때는 아파서 결석 날짜가 두어 달은 된 것 같다. 고학년이 되면서 건강이 좋아져서 진주 천전국민학교로 전학한 4학년 2학기 이후, 고등학교 졸업 때까지 개근했다.

2.
정촌에서 진주로

처음 본 전깃불

우리는 1956. 9. 진주시 강남동으로 이사했다. 앞마당 텃밭에는 토마토가 영글고 채소밭도 있어서 제법 큰 집이었다. 이사 첫날밤에 잠을 청하는데 전깃불이 대낮같이 밝아서 잠이 오지 않았다. 꿈만 같았다. 정촌에서는 경험하지 못한 문명적 충격이다. 전학한 천전국민학교는 한 학년이 6반이나 되는 큰 학교로서 운동장도 널찍하고 감나무도 많았다. 1957. 4. 1. 아침 일찍, 제재소 집의 서필상이 전화를 했다. 울면서 "우리 집에 불이 나서 몽땅 타 버렸다."라는 것이었다. 그리고는 만우절이라고 같이 웃던 기억이 난다. 필상이는 지금은 LA에서 건축업, 청소대행업으로 넉넉하게 살고 있다. 이때의 전기와 전화 문명의 충격이 내 인생 1기와 인생 2기의 주제가 되었다. 신기하다.

5학년 때 담임의 권유로 전교어린이회 부회장으로 입후보하였는데, 다리가 떨려서 운동장 정견 발표도 하지 못했다. 이때의 수줍음이 지금도 숨어 있다.

부일 장학생

진주사범병설중학교는 일반 중학교보다 먼저 신입생을 뽑았다. 송반, 죽반은 남학생반이고 매반은 여학생반인데, 실과, 음악, 한시 등으로 특화되었던 것 같다. 그때의 표준진로는 병중-사범 졸업-초등선생이었다. 중간에 교사 임용제도가 바뀌지 않았더라면 내가 초등학교 선생님이 되었을 수도 있었다.

이 당시에 부산일보에서 「부일(釜日)장학회」를 만들어서 부산·경남지역의 중2, 중3 대상으로 한 학년당 35~50명을 선발하여, 장학금도 주고 교복도 맞추어 주었다. 나는 중2 여름방학 때에 외가에서 가까운 옥천사 연대암(경남 고성군 연화산)에서 경남상고에 다니던 이홍우 외삼촌한테서 한 달 동안 수학 교목에 집중하여 특별 지도받아서 중3 때에 당당히 부일 장학생으로 뽑혔다. 이것이 내가 공부에 두각을 보이는 계기가 되었다. 외삼촌께 감사드린다.

진주고 수석 합격

1962. 1. 8. ~ 10. 전국 단위로 처음으로 실시된 고입 국가 고사에서 나는 137점으로 진주고를 수석 합격했다. 그 당시 전국에서 입학하기가 제일 어려운 고등학교의 합격선이 128점이었다. 나는 잘 기억이 나지 않지만, 1962. 1. 16. 자 경남일보 인터뷰 기사에서, 공부의 비법이 "평소 집에서는 규칙적인 공부를 한다. 새벽마다 예습하

고, 밤 10시까지는 그날 수업과목을 복습할 뿐 무리한 수험 공부는 피해 왔다"라고 기사에 실렸다. 아버지는 내가 서울약대에 진학할 거라고 하셨다. 고종사촌 형이 막 서울약대를 졸업하였는데, 이것이 부러웠던가 보다. 이것 때문에 내가 공부에 어느 정도 자신을 갖게 되었다.

진주고 수석 합격 기사. 1962. 1. 16. 경남일보 고영진 회장 후의.

고등 2학년 진학을 하면서 이과와 문과 선택을 고민하였으나 남북 대치 상황에서 어느 쪽으로 통일되더라도 살아남아야 한다는 생각으로 이과를 택했다. 지금 생각해도 기특한 선택이다.

진주고 추억거리는 내가 3년 내내 반장을 하였고, 수학 정리숙제를 참고서와는 전혀 다른 방법으로 해를 찾아서 선생님으로부터 칭찬받은 일, 우리가 한 번도 이긴 적이 없었던 진주고와 진주농고의 축구 대항전에서 이번에도 전반전에 0:3으로 뒤졌다. 그런데, 어떤 영문인지 후반전에 계속 골을 넣어서 7:4로 이기자, 진주 시내가 진고 축제 장소가 되었던 일, 시내를 관통하는 전교 마라톤에서 내가 중간 정도로 완주한 일이 생각난다.

Light House 동아리

1962년에 내가 진주고등학교에 입학하자마자 가입한 「Light House(LH, 등대)」 동아리를 소개한다. 진주고등학교의 LH는 1956년에 ① 진리 탐구, ② 인격 도야, ③ 상부상조를 취지로 장래 우리 사회의 등대와 같은 역할을 하자고 태동한 이름 그대로의 모범생 동아리이다.

1955년도에 진주고를 입학한 1기(박명식, 오성근, 김형도, 김풍구, 정건화, 오석호, 정기영)에 이어, 2기(손길승, 최석립, 이정인, 조문제, 정대옥, 천병렬, 윤강석, 김종석), 3기(김승정, 강경언, 김신곤, 이경수, 이성희, 정준화), 4기(이종근, 박은재, 박홍배, 방준수), 5기(김수필, 이갑진, 박상효, 구창서, 이수호,

김종환, 정정운), 6기(성혜근, 방준재, 이채우, 정운성), 7기(박철, 정동운, 서상혁), 8기(강민호, 강성언, 이을래), 9기(여태석, 이균희), 10기(강정호, 강경호), 11기(정태수)까지 이어졌다(괄호 안은 기억나는 회원 이름). 1956년에 박명식, 오성근 회원의 주도로 1기와 2기 회원들이 창립한 LH는 매년 회원이 10명 내외씩 증가하다가 나중에 줄어들었다. 1958년 초봄부터 3년간 매년 100여 페이지의 『등대 회지』를 등사판으로 긁어서 만들었으니, 그 정성이 가히 짐작이 간다.

내가 고2 여름방학 때에 선배들이 서울대 진학 노하우를 후배들에게 전수하고, 서울대 학보와 은으로 만든 LH 배지를 전달받기도 했다. 이런 선배들은 나의 서울공대 진학과 인생행로의 등대가 되었다. 선배들은 대부분이 우리나라 최고 명문대학과 사관학교 등을 거쳐서 산업계, 금융계, 학계, 국방 및 정부 기관 등에서 활약했다.

2007년 4월 진주고LH 모임기념

2011. 2. 17. LH 선배 12명을 KAIST 문지캠퍼스에 모셔서 내가 관장하던 ICC(IT 융합 캠퍼스) 현황도 설명하고, 오찬도 모셨다. 지금도 회원 중 30여 명은 사회봉사 활동을 하면서 동아리 우정을 이어오고 있다. 이제는 모두가 은퇴한 백발의 나이에도 십시일반 모금하여 장애인 돕기 운동에 수천만 원을 기부하기도 하였고 이 회원 중에는 우리나라 유력 재벌의 관리 회장이 되어 대학 연구소, 대학 건물, 후생시설과 연구비 등으로 막대한 발전기금을 기부하기도 했다. 성장기에 좋은 선배, 좋은 친구를 만나는 것은 인생의 행복을 좌우하는 중요한 요소라 한다. 내가 진주고등학교 시절에 건전 동아리 「라이트하우스」 회원이 된 것은 일생의 행운이었다.

2025. 4. 24.은 진주고등학교(전신, 진주공립고등보통학교) 개교 100주년이다. LH 3기인 이성희, 이경수 선배의 주선으로, 2025. 4. 18. SCS 다큐, 진주고등학교 『백년의 학교, 백년의 지혜』(https://www.youtube.com/watch?v=bFYbNx0bJrU)에서 내가 진주고 입학 이후의 무전여행, 광통신 시대 개막. DRAM 개발조정, 홍익인간 교훈, KAIST 부총장 등을 영상으로 회고하는 시간을 가졌다. 100주년 관련으로 4. 12. 진주, 부산, 서울의 35회 동기 70명이 진주 골든 튤립호텔에 모여 졸업 60주년 행사 후에 모교 캠퍼스와 새롭게 단장한 진주공원을 한 바퀴 돌았다. 4. 19.에는 진주를 다시 방문하여 총동창회 주관으로 오후 1시부터 모교에서 열린 개교 100주년 행사에도 참석하고, 늦은 오후에는 화개리 할아버지 산소를 참배하였다. 물려받은 야산을 개간하여 오디, 복숭아나무를 키워 온 장손, 태순이의 「불매골 농원」에서 본 죽봉 저수지, 불매골, 「정촌산업단지」 전망이 좋았다.

남한 일주 무전여행

내가 서울공대에 입학한 1965년에 가장 추억에 남는 것은 1965. 7. 5. ~ 8. 7. 간의 34일 남한 일주 무전여행이었다. 그때는 무전여행이 유행이어서 병설중학교 동기인 김창선이한테 부탁해서 창선이의 친구들인 이기수, 박일봉, 임병태, 김점두 등 5명의 전국 일주 여행에 합류하게 되었다. 그 당시에 우리나라 국민소득이 세계 꼴찌에서 몇 번째라서 등산이나 여행할 때는 군용품을 많이 이용했다. 개개인이 30kg이 넘는 군용 배낭을 짊어지고, 군용 워커, 군용 수통과 장검, 군용 스틱, 군용 모자로 중무장하니 완벽한 출전 군인 모습이다.

드디어 출발하는 날에 굵은 비는 어찌나 쏟아지는지. 비상금으로 5,000원씩 갹출했다. 기본 취지는 무전여행이므로, 기차나 버스를 가장 가까운 구간만 표를 사고, 그다음 목표 지점까지는 무임승차하기로 했다. 출발지가 진주역이라 지리도 잘 알아서 기차 통학생들이 알려준 대로 '도둑 기차 타기'를 처음부터 시도했다. 기차가 출발하자마자 운 나쁘게 '도둑 기차 타기'가 발각되어 개양역(당시 진주-삼천포 간의 분기역)에 강제 하차당했다. 다음 방법은 무작정 목적지 방향의 버스에 무임승차하는 것이다.

이렇게 김해, 동래, 양산 통도사, 경주, 안동, 분천, 영천, 울진 성류굴, 삼척 죽서루, 강릉 경포대, 주문진, 양양 낙산사, 의상대, 속초, 설악산, 대대리, 원주, 춘천, 서울 남산, 인천 자유공원, 수원, 속리산 문장대, 보은, 공주, 부여, 이리, 전주, 남원 광한루, 함양, 진주의 긴 여정이 이어진다.

안동에서 중간 목적지인 영주 부석사까지도 첫 구간 기차표만 끊고, 또 무임승차를 시도했다. 열차 승무원과의 숨바꼭질에서 결국 우리가 들키고 말았다. 그때 승무원한테 우리 여섯이 삼척까지 가는데, 우리는 모두 진주 출신이고 나는 서울대 신입생이라고 신고했다. 대학생의 사명을 외어 보라고 하는데 들은 적도 없고 해서 대답하지 못했는데도 학생증 확인 후에, 우리를 아주 친절하게 대하면서 자기 숙소인 분천역 숙소로 데리고 가서 밥도 즈고 잠도 재워 주시고, 다음 날 아침에는 동료 승무원에게 무임승차를 도와주어서 삼척역까지 편히 갔다.

삼척역에 도착하니 장대 같은 비가 주룩주룩 내리고 있었다. 군용 판초를 입고, 서울공대 1학년 8반 김용한(건축과)의 집 주소만 달랑 갖고 무작정 걷고, 묻고 물어서 깡촌 대학 동기 집을 찾아갔다. 친구는 아르바이트한다고 서울에서 내려오지 않았다면서 어머니가 뜨겁게 불을 지펴 주신 뒷방에서 우리는 젖은 옷과 양말을 말리고 있는데, 김이 모락모락 나는 감자떡을 가득 주셨다. 허기진 입이기도 했지만, 너무 맛있었다. 다음 날 아침도 감자밥이고 떠날 때도 점심 하라고 감자떡을 싸주셨는데 너무도 황송했다. 건축과 친구라서 나중에 우리 집을 설계해 달라고 농담도 하곤 했는데, 지금은 어디서 무엇을 하고 있는지.

삼척에서 속초까지는 동해를 오른쪽으로 끼고 아침이면 일출을 보며, 군용 반합에 쌀 한 뚜껑씩 넣어 밥을 짓는데, 돌로 아궁이도 만들고, 나무하기, 불도 지피그, 부엌도 만들고, 쌀 씻고 반찬 준비를 여섯이 분담해서 해결했다. 점심은 시간 절약을 위하여 개별 매식도 하였는데, 주문진 어시장에서는 갓 들어온 오징어 배에서 아직 말리지 않은 물오징어 다섯 마리가 10원이었다. 오징어를 반합에 삶아서 점심 식사로 때우기도 하고, 도중에 마을이 나오면 2~3명씩 집단 걸식으로 저녁을 해결하거나, 굶고 자기도 했다. 동행한 친구 모두가 이 나이까지 건강을 지키고, 베풀며 살아가는 것은 무전여행 때의 배고픔, 서러움, 살가운 인심, 친지의 고마움을 몸소 체험한 경험이 보탬이 되었으리라.

  울진 성류굴과 월송정, 삼척 죽서루, 강릉 경포대 해수욕장, 낙산사, 의상대, 속초의 설악산 등 이름난 곳들을 빠짐없이 구경하고 즐기면서 가장 북쪽 끝 휴전선까지 갔다. 돌아 나오는 길에 대대리 검문소 헌병에게 부탁해서 군부대 막사와 헌병 숙소로 나누어서 하룻밤을 자고, 아침에 휴가병이 타고 가는 원주행 트럭에 지친 몸을 실었다. 항상 그랬듯이, 강원도 도청소재지로서 호수도시인 춘천에서 가장 가까운 역까지만 표를 끊고 청량리역에 도착하니, 빠져나갈 구멍이 없어서 역무실에 갇힌 신세가 되었다. 우리는 이곳을 보금자리로 하여 깊은 잠에 빠져버렸다. 나중에 역무원이 우리를 깨워서 쫓아냈는데, 이것이야말로 반가운 기상나팔이었다.

  서울 구경은 밑도 끝도 없으니까 내가 기숙하던 공릉동 서울공대를 둘러보고 나서 남산 팔각정에 올라 서울 구경을 한눈에 끝내고, 인천으로 향했다. 자유공원 맥아더 동상 앞에서 사진을 찍고. 수원에서 속리산까지 달리는 짐차에 올라타고, 걷고, 뛰면서 하루에 50~60km를 이동하는 강행군을 했다. 이것이 내 인생에 가장 힘든 여정이었다. 속리산 문장대와 법주사를 거쳐서 걸어서 내려오는데, 배는 고프지, 배낭은 무겁지, 며칠째 매일 100리 길을 걸었지, 정말 기진맥진했다.

남의 초가집 부엌 앞에 앉아서 거지 아닌 거지가 되기도 하고, 밥 구걸도 했다. 이런 무전여행 경험이 1972년, 1973년의 시카고 여름방학 아르바이트와 같은 인생 항로 개척에 큰 힘이 되었다. 이런 일도 헤쳐 나갔는데 무언들 못하랴.

전라도에 들어서서는 공대 같은 8반인 이리역 약국집 아들 이희주 집에 들렀다. 귀한 아들의 친구가 왔다고 어마 무시한 대접을 받았다. 먹고 또 먹어도 끝없이 올라오는 음식을 물리고 옥상에서 하늘을 보고 누워서 행복한 시간을 꿈꾸었다. 하룻밤 특급 호강에 노독은 많이 회복되어서 다음 날 아침 일찍 이리 친구와 작별하고, 전주를 거쳐서 남원으로 왔다. 광한루 해자를 따라 구경하던 중에 남원 어깨들과 시비가 벌어졌다. 우리가 남원 여학생을 놀린다는 것이 싸움의 발단이었다. 등산 스틱이 날아가고…. 창선이의 눈썹이 찢어져서 피를 흘리니까 그들은 모두 달아나 버렸다. 이런 사고가 아니었으면 광주, 목포까지 갈 계획이었는데.

창선이가 아니었으면 해 볼 수 없는 청년기의 아름다운 추억이었다. 이번 여행을 통해서 배운 게 많다. ① 우리나라를 일주하면서 세상과 지리 공부를 많이 했다. ② 하루에 100리를 걷고 나서 녹초가 된 데다가 밥까지 굶었을 때는 뭣할 것이 없다는 것을 알았다. 거지가 따로 없다. 「바람과 함께 사라지다」 영화에서 스칼렛 오하라 역의 비비안리가 황량한 「타라 농장」에서 무 뿌리를 뽑아 들고서 "다시는 내 가족이 굶지 않도록 하겠다"고 울부짖던 대사가 생각난다. ③ 당시에는 대학생이라는 사실 하나로 과분한 대우, 용서가 허용되었던 것 같다. ④ 나는 이 여행 팀에 끼어든 처지였는데도 여섯이 의견 충돌 한번 없이 34일

무전여행을 잘 마무리할 수 있어서 고맙다.

남한 일주 무전여행 종료 기념사진. 앞쪽이 저자.
1965. 8.

3.
서울 유학

서울공대 입학

예나 지금이나 대학입학시험은 국가적인 관심이다. 1965년은 대학별 고사가 이루어지던 때이다. 내가 서울공대 전기공학과를 지원하게 된 동기는 비교적 단순하다. 고2 때 이과를 선택했으나 의과대학은 개업할 수 있는 형편이 아니었고, 당시에 공과대학의 인기가 상당히 올라가는 사회적인 분위기가 한몫을 했다고 생각한다. 나는 하루라도 빨리 고향에 전깃불을 달겠다고, 공대 전기공학과를 1지망으로 써냈다. 당시는 전기공학과 합격선이 의예과보다 높은 시절이었다. 지금과는 격세지감이다. 사실 내 취향이 이공계였는지는 지금도 모르겠다. 예비소집 후에 공릉동의 서울공대 캠퍼스에서 벌벌 떨면서 하루인지 이틀인지 시험을 쳤다. 잘 기억은 안 나지만 영어와 과학을 잘 치고, 수학은 반타작했던 것 같다. 고종사촌 문현규와 같이 진주에서 합격 소식을 들었다.

서울공대 전기과에는 고등학교 동기인 임종성이가 같이 합격했다. 그 당시 경기도 양주군 관내인 서울공대 공릉 캠퍼스의 1학년은 전공과는 무관하게 10반으로 구성해서 교양과목을 고등학생처럼 반 중심으로 수강하였는데, 나는 8반이었다. 물론 수강과목도 전공보다는 일반교양, 물리, 수학, 철학과 같은 기초과목이었다. 서울공대가 다른 서울대 캠퍼스와 떨어져 있으니 전공 구분 없는 친구의 교류는 참 좋은 방식이다. 그 당시에 시사주간지 『TIME』은 어려워서 『Newsweek』을 정기 구독한 것이 새롭다.

2학년부터는 전공 수업이 시작된다. 전기자기학, 전기수학, 회로이론, 전동기실험, 직류·교류 공학, 변압기 실험, 송전공학, 자동제어, 그리고 4학년 때에 선택과목으로 포트란(FORTRAN) 컴퓨터프로그래밍, 조명공학을 수강했다. 지금 생각하면 한전이나 이천전기, 대한전선을 세상 전부로 보고 공부한 것 같다. 그래도 보지도 못한 컴퓨터 언어인 포트란 프로그래밍 수업과 전기수학, 전기자기학은 유학 때 학점 관리와 논문연구에 도움이 되었다.

불암골의 친구들

서울공대에 입학하였으나 서울에 기댈 곳이 없고 공대도 공릉동에 있어서 나는 청암사 기숙사에서 서울 생활을 시작했다. 서울공대생은 서울대학교 배지 대신에 따로 서울공대 배지를 만들어 달 만큼 기고만장했다. 캠퍼스는 일제 강점기의 경성공업전문학교 캠퍼스를 이어받은 건물로 서울시 문화재로 등록되어 있다.

2학년으로 들어서자 수업을 같이 듣는 전기공학과 학생들과 동류의

식으로 교류가 많아졌다. 선남선녀들이 그룹으로 만나서 데이트하거나 축제 때에 초청받기도 하여서 과 대표인 권오대와 유재국의 주도로 서울여대, 이대, 숙대와 그룹미팅을 했다. 공대 본관 앞에는 널찍한 잔디밭이 있었는데 여기서 경향 각지의 학생들이 기루다, 포커, 막걸리로 낭만을 노래하고, 학교 앞 당구장 주인이 퇴근할 때에 열쇠를 받아서 밤을 새우면서 당구를 치기도 했다. 처음 맛본 라면에 달걀이 추가되면 값이 5원에서 8원으로 오른다. 박성원의 일본어책도 사서 보고, 전기수학, 회로 이론, 전기공학 개론 수업이 있었으나 그렇게 열심히 공부하지 못했다.

2학년 여름방학 때에 종성이의 생초(경남 산청군) 집에 가서 1박 2일 동안에 냇가 물고기도 잡았다. 당구장에서 동네 친구들과 내기도 하였는데, 80 놓은 친구의 '맛세' 묘기를 보면서 시골 당구가 짜기는 짜다고 생각했다. 화공과의 정성우는 2학년 때 전국 일주 자전거 여행을 하면서 진주에 와서 남강 과수원에서 같이 놀던 기억을 풀어냈다. 2학년 크리스마스 때에는 나와 종성이, 그리고 경남고 출신의 이문찬, 김덕수, 김영수 등과 경희대 음대 레퀴엠 공연 여학생들과 밤샘 미팅이 그나마 특이하다.

임종성, 이문찬과 강릉이 고향인 박종호, 그리고 나 넷이서 인근 북한산, 도봉산, 불암산 등산 등으로 많은 시간을 같이 보냈다. 종성이는 축구, 배구 선수로 날렸고, 문찬이는 졸업 후 아버지 한을 풀겠다고 고시 공부하다가 1970년대에 심장마비로 요절하였고, 종호는 우리의 등산대장이었다.

3학년인 1967. 4. 초에 친구 네 명(나, 종성이, 문찬이, 정병수)이 천마산에 등산 갔다. 저녁 식사 준비를 위해 화목을 구하던 중, 언덕에서 큰 바위가 잔설과 같이 굴러서 병수를 덮쳤다. 불행 중 다행으로 병수 다리 한쪽과 나무가 같이 바위 밑에 끼었는데, 잘 들지도 않는 과도로 3시간 반 동안 교대하면서 나무를 잘라서 친구를 구해냈다. 이튿날 동네에서 리어카를 빌려 마석역까지 환자를 실은 다음에, 결국 서울대학병원에서 마무리 지었다. 동네 사람 이야기로는 천마산에서 고기를 먹으면 탈이 난다고 했는데 우리의 돼지고기가 문제를 일으킨 걸까?

2년 아래 동생 정호가 1967년에 서울대 경제학과에 합격하니, 아버지는 1967년 가을에 서울 광화문우체국으로 전근하여 서울 안암동으로 이사를 했다. 한국에서는 시골 샘골 정촌에서 진주, 서울로 옮길 때마다 또 새로운 문명과 더 넓은 세상을 알게 되었다. 1967. 12. 어느 날 남산에서 KBS 라디오 프로 「백만 인의 퀴즈」에서 똑똑한 문찬이, 종성이 덕에 주 장원이 되었지만, 이광재 아나운서가 천하 수재인 서울공대생은 이런 프로그램과 맞지 않는다면서 월 장원대회에 참가를 만류했다. 여기서 우승하면 라디오 한 대를 주었는데.

1968년, 졸업반이 되자, 여자 친구도 사귀고 싶고 졸업 후 취업도 피할 수가 없던 때였다. 교수님들의 수업 내용은 기억나지 않아도 어려운 전기수학 문제를 척척 풀어 보이던 몇몇 천재들은 생각난다.

4학년 봄에 전기공학과 졸업 여행을 제주도로 갔다. 부산에서 '도라지'호 배를 타고 제주도로 가서, 마이크로버스로 제주도를 일주했다. 정재희가 훗날 회고하기를 "수학여행 출발 전에 양홍석 교수님 인솔하에 울산 화력발전소를 견학하고, 선배님들로부터 찬조금을 두둑하게 받아 주셨다. 배를 타고 가면서 갑판 위에서 계속해서 '기루다(카드 게임의 일종)'를 하였지." 종성이는 "돌아올 때는 목포로 배 타고 갔었지"라고 회고했다. 이때의 사진 한 장을 종성이가 찾아 주었다.

전기공학과 제주도 졸업 여행.
1968. 봄.

뒤쪽 왼편부터 정재희, 김광회, 이문찬, 이부진, 중간 줄에 강민호, 박신동, 유한근, 임종성, 이선화, 주덕수, 이의건, 앞쪽에 이영창, 안내양, 박종호, 김주호, 그리고 기사님으로 추정된다. 역사적인? 순간에 빠진 이영기, 권오대는 지금도 못내 아쉬워한다.

서울공대에 다니던 1960년대 후반은 산업화가 막 시작되어서 취업 걱정은 없었다. 주덕수, 김광회는 졸업하자마자 미국 유학을 떠났고, 몇몇은 전공과 가까운 직장(한전, 모터, 변압기, 선풍기, 전선 제조업체 등)에 취업하고, 또 몇 명은 ROTC 소위로 임관했다. 몇몇은 포철, 삼성전자에서 CEO까지 뻗어 나간 친구들도 있다. 나는 무슨 배짱이었는지 한국전력 시험 일자도 지나치고, 전축, 스피커, 합판 만드는 천우사 그룹에 막차로 입사했다. 1968. 10. 2. 태어나서 처음으로 데이트를 했다.

첫 직장, 대성목재

1969. 1. 4. 토요일 새벽부터 함박눈이 내리는데 천우사 그룹에 처음 출근했다. 우리가 공채 9기인데 모두가 나보다 나이가 많아 보였다. 7일, 계열사인 천우전기, 조선피혁, 대한축산을 견학했는데 대성목재만이 건재한 것 같았다. 그 당시에 우리나라의 수출 1, 2위 상품은 합판과 가발이었으니 그렇게 놀랄 일도 아니었다. 8일, 대성목재 총무부 수습사원 발령을 받고, 동인천역 인근의 대성목재 기숙사(青雲숨) 생활이 시작된다. 이름 하나 근사하다. 9일, 중역진에게 인사하고 생산부 등 여러 곳을 들렀다. 10일부터 합판생산부에서 한 달간 실습한다. 합판부 과장이 나에게 실습 기간에 일본어를 열심히 하라고 충

고했다. 5시에 기숙사로 돌아왔는데 좀 으스스하다. 월급쟁이란 이런 것인가. 내면적인 행복을 찾아갈 수 있을지. 학창 생활을 떠나니 또 하나의 경쟁이 시작된다.

금요일인 10일, 반달 치 월급 9천 원을 받았다. 아무것도 하지 않고 받았으니 횡재하는 기분이다. 회사는 수습 기간 3개월 동안은 월급이 18,000원이고 그 후는 24,000원이다. 시련 없이 살아가기 힘든 세상이고 돈 벌기는 참 어렵다. 나는 공무부 전력 반에 배치되었다. 계속 잠자리가 늦다. 일본어, 「전기기사 검정시험」 등 할 일이 많은데, 너무 태만하다. 나 자신을 책망한다. 동료들이 우리를 따뜻이 맞아 주지만, 대성목재는 오래 있을 곳이 아니다. 새로운 삶을 찾자. '1970년에는 경영대학원에 들어가야겠다.' 깊이 생각한 것은 아니고 현실 도피적인 생각이다. 1. 13. 자정이 가깝다. 비제의 「아를르의 여인」이 흐르고 있다.

1. 24. 조금씩 생활에 익숙해진다. 어린애가 걸음마를 배울 때의 기분이랄까. 사람은 가진 것에는 감사하지 않고 없는 것을 찾기 때문에 불행하다. 그래서 생활에 충실할 수도 없다. 가진 것을 최대로 활용하면 갖지 못한 것은 자연히 얻어지는 것은 아닐까? 하루를 살고 나서 내일 하루를 생각하자. 인간은 자연 앞에서 평등하다고 하지만 나는 결코 동의할 수가 없다. 너무도 많은, 너무도 다른 계급으로 구성되어 있다고. 생활의 중심은 나 자신이라는 것을 잊지 말자. 1. 29. 나는 낙관주의자요, 사랑을 지상으로 삼고 싶다. 종교는 나 자신 안에서 구하고 싶다. 의지하고 싶은 마음은 없도다. 'Learn to labour and learn to wait. My dear, good night!'

2. 6. 직장에서 내가 뭘 해야 할지 조금씩 알게 된다. 회로도의 독해도 조금씩 된다. 기계와 회로도를 연관해서 계속 공부해야겠다. 기숙사에는 책상이 들어왔다. 오랜 시간을 책상 앞에서 보냈다. 노력하라. 그리고 기다려라. 2. 21. 고압선 인입선 설계가 잘되지 않고 머리가 갑갑하다. 오후에 이만하 씨와 같이 월미도에 갔다. 1만5천 평이 매립되었고, 앞으로 7만 평을 더 메운다. 3. 7. 종일 제2 합판 공장 조명설계를 했는데, 고민하면서 많은 것을 배웠다. 책임을 느끼면서도 오래 있을 것 같지 않다. 그러나 있을 때는 최선을 다하자, 무엇보다 나를 위해서.

4. 23. 오후에 전기과 3학년 40여 명과 양홍석, 정성계, 이승원 교수께서 대성목재에 견학을 왔다. 저녁에는 「해암장」에서 인천지역 전기과 동창회가 열렸다. 교수님 네 분과 선배, 동료 등 30여 명이 모여서 거창하게 몇 시간을 즐겼다. 정성계 교수는 항상 공부하는 인간이 되라고 했다. 7. 2. 오전에 공릉동 서울공대에 갔다. 진로에 약간 도움. 덕수가 내일 유학 떠난단다. 부럽다. 2년 후를 생각한다. 데모하는 학생, 그렇게 만든 정치인 모두가 비정상적이다. 자기 길을 찾아야 한다. 『Time』을 샀다. 테이프로 영어 발음 연습도 하고, 10월에는 TOEFL 시험을 보자.

내 생일인 1969. 7. 20. 인간! 우주에 첫발을 내딛다. "That's one small step for man, one giant leap for mankind." 이 명언은 닐 암스트롱이 Apollo 11로 달 표면에 첫발을 내디디면서 한 말이다. 모두의 염원처럼 우주인 세 사람(암스트롱, 올드린, 콜린스)은 7. 24. 지구 대기권에 재진입하여 무사히 귀환하였다. 역사적인 순간이다. 9. 10.

한국기계와 이천전기를 방문했다. 부호, 종호, 영기, 수근이, 호정이, 명철이 모두 잘 있었는데, 회사는 둘 다 실망이었다. 내 직장 대성목재와 피장파장이었다. 어떤 도약, 전환점 없이는 결코 높은 곳으로 오를 수 없다는 결론이다.

　1970년 늦가을에 우리 집이 가회동 경기고 앞의 2층 일본식 주택으로 이사하였는데, 일본식 집에 유리창이 많아서 유리창 청소가 형제들의 주말 일이었고, 1층과 2층을 오르내리는 계단의 전등을 1, 2층 모두에서 점멸할 수 있도록 배선을 고친 일이 내가 전기공학 전공으로 가족한테 도움이 된 유일한 업적이다.

4.
첫사랑 이야기

1968년, 천연색 꿈속의 여인

　1968년 초봄에 눈 내리는 경복궁을 걷고 있는데, 한 여인이 내 눈길을 끌었다. 나는 여인의 뒤를 계속 따라갔다. 여인은 청파동 언덕 쪽으로 걸어 올라갔다. 나도 뒤따라갔다. 여인은 일본식 주택으로 들어갔고 나도 뒤따라 들어갔다. 한참 여인을 찾고 있는데, 그 여인은 미닫이 건너의 베란다에서 초록빛 머플러를 목에 날리면서 나에게 손짓을 한다. 꿈이었다. 너무나 생생한 꿈이었다. 이것이 난생처음이자 마지막 천연색 꿈이다. 4학년 때에는 나의 천사를 만날 수 있다는 메시지인가?
　1968년 늦봄에 박종호가 명동 설파다방에서 강릉 친구들을 만나는데 같이 갔다. 이때 나는 깜짝 놀랐다. 내가 꿈에서 만난, 같은 초록빛 머플러 여인이 거기에 앉아 있지 않은가! 꿈속에서의 초록빛 머플러를 한 예쁜이한테 한눈에 반했다. 수줍어서 말 한마디도 나누지 못했으나 돌아 나오면서 "나는 이 여자와 결혼하겠다."라고 친구들한테 공언했다. 나중에 종호를 통해서 강릉 출신으로 숙명여대생이라는 것만 알았다. 무작정 숙대 정문에서 기다려 보기도 하는데, 데모 때문에 조기 방학이 되어 버려서 예쁜이를 만날 방도가 없었다.

10. 1. 국군의 날에 종성이, 문찬이, 동주와 같이 한강 비행기 에어쇼를 구경하고 나서 종성이 형님댁에서 하룻밤을 지냈다. 다음 날인 10. 2. 명동에서 막걸리를 거나하게 하고 나서, 셋이서 문찬이 동네인 성대와 동주 동네인 삼선교를 거쳐 내가 사는 수유리 종점으로 가는 버스를 기다리는데, 한 여자가 눈에 띄었다. 나는 "저 여자가 우리와 같은 버스를 탈 것이다."라고 베팅했다. 그 당시의 버스는 초만원이었다. 좌석도 진행 방향 쪽으로 배열되어 있다. 과연 그 여자가 내가 베팅한 버스를 타니, 우리도 그 여자 꽁무니를 따라서 뒷좌석 쪽으로 밀려갔다. 동주가 "이제 말 걸어라" 하고 재촉하는 순간에, 그 여자 바로 뒷자리에 예쁜이가 앉아 있는 게 아닌가! 목표 수정은 당연. 수유리 바로 전 장미원에서 내리는 예쁜이를 따라 내려서 '최초의 데이트'가 이루어졌다. 연초의 천연색 꿈, 설파다방에서의 예쁜이, 수유리행 버스 탑승, 버스에서의 만남과 '첫 데이트'. 이것은 우연이 아니다. 한가롭던 대학 생활 4학년 때에 아내와의 숙명적인 만남으로, 내가 생각하지도 못했던 미국 유학도 꿈꾸게 되었다. 패러다임의 전환을 맞이한 것이다.

1969년, 첫사랑

1969. 1. 4. 내가 애순이에게 7번이나 전화했는데 불통이다. 일진이 나빴나 보다. 순이는 졸 갔는지? 1. 20. 내가 가장 아끼고 또 자랑

할 수 있는 것은 너 순이 혼자였노라. 나의 전 인생을 투자해 볼 만한 여인인 순아. 너는 현명한 아이다. 나의 마음을 알 수 있을 정도로 말이다. 누가 무슨 말을 해도 너는 내 것이다. 너만이 나를 행복의 길로 이끌 수 있으며, 나만이 너를 행복하게 할 수 있다. 너를 위해서라면 나는 누구하고도 싸울 수가 있고, 또 싸워 이길 자신이 있다. 이렇게 떨어져 있으니까 아쉬운 건 역시 너 혼자뿐이더라.

1. 28. 좋아하는 눈이 내렸다. 무작정 걷다가 무작정 술을 마셨다. 오늘은 무작정 너를 보고 싶다. 뽀드득, 뽀드득 눈길을 걷고 싶다. 너는 가장 가까우면서 가장 멀리 느껴지는 건 무엇 때문이지? 1. 31. 금요일, 1968. 10. 2.의 첫 데이트 후 넉 달이 되었구나. 나 민호는 너를 통해서 낙관주의자가 되었다. 지난 연말에 일기책을 선물 받았을 때 나는 너를 더 가깝게 생각되었다. 여기에 너 이야기, 우리의 꿈을 그려나가자는 뜻이었나. 많이 굽는 활이 화살을 멀리 보낸다고 했지. 나는 약점투성이지만 행운아다. 2. 8. 인천으로 찾아와서 너가 집안 이야기를 했을 때 나는 사실 기뻤다. 나를 가장 이해해 주고 사랑할 수 있는 여인은 너 외에 없다.

2. 12. 애순이 작은 오빠 철순 형을 처음 만났다. 처음 보는 나를 그처럼 믿고, 또 가장 아끼는 동생을 나에게 맡기게 된다는 사실에 두려움마저 느낀다. 너를 교양 있고 진정한 멋을 풍기는, 사랑의 묘미를 터득할 수 있는 숙녀로 만들겠다. 2. 20. 나는 네가 우는 걸 보았다. 커다랗게 반짝이는 눈물이 그 푸른 눈에서 흐르는 것은 제비꽃에서 떨어지는 하얀 이슬이었다. 3. 1. 나는 너 이외에는 생각하고 싶지 않다. 첫사랑은 남녀 모두에게 귀중한 것이다. 5. 18. 네가 나의 첫사랑

이자 마지막 사랑이다.

  어느 봄날에 광화문 근처에서 데이트하다가 "극장갈까? 점이나 한번 볼까?" 하다가 백운학 관상가를 찾아갔는데, 나를 보자마자 "태평양을 건너갈 것이다."라고 했다. 나는 깜짝 놀라서 "그럴 리가 없다."라고 했다. 사실 그런 생각을 한 번도 해 본 적이 없었기 때문이다. 이 이야기를 엄마한테 했더니, 내가 어릴 때에 집에 시주스님이 와서 "물 건너가서 큰 인물이 될 것이다."라고 했단다. 두 번째 듣는 이야기이다. 사주는 미신이라기보다는 연물 통계의 결과라고 생각했다.

1969~1970년, 미국 유학을 꿈꾸다

  1969. 5. 21. 미국에서 정치학 공부를 끝내고 얼마 전에 귀국한 애순이 큰 오빠(최영순)를 처음 만났다. 미국 유학 생활 이야기를 많이 해 주셨다. 나도 불가능하지는 않은 것 같다. 나를 흥분시키는 큰 꿈이 생기는 것이다. 뜻을 세우는 것보다는 행하는 것이 더 힘들겠지만. 2년 후를 생각한다. 일반 직장? 유학? 너를 생각하면 후자의 길을 가야 한다.

  8월 여름휴가를 강릉으로 가서 네가 태어나고 자란 곳을 보고, 큰오빠로부터 좋은 이야기 듣고. 장인은 평소에 "강릉에는 사윗감이 없으니 외지에서 신랑을 찾아야 한다."라고 말씀하셨단다. 8. 31. 일생의 좌표를 정한다. '어떻게 하든지 미국 유학 간다. 그리고 박사학위를 받겠다.' 현명한 너를 누구보다 멋있고 행복하게 해주고 싶다. 문교부 유학시험을 10월에 치르고, 11. 2. TOEFL 시험을 끝낸다. 1975년까지는 인생의 기초를 만든다. 조그만 괴로움, 희생은 이미 각오한 바 아니냐. 1980년대에는 행복의 가도를 달린다.' 조금만 참아 주라. 자랑스러운 내일을 위해. 나의 Ace. 잘 자요.

옹진군 시도 수기 해수욕장.
1970. 7. 29.

1970년 봄에 미주리대학교 가을학기 입학허가서를 받았다. 처음 목표는 1970년 가을학기에 등록하는 것이었으나 1968. 1. 21. 김신조 사건으로 병역 면제자도 국외여행을 불허해서 입학허가서도 1년 연기 신청했다. 출국 날짜가 1971. 8.로 정해지자, 처가에서 출국 전에 결혼을 먼저 하는 것이 좋겠다고 했다. "공부하러 가는 사람이 무슨 결혼이냐?"며 망설이는 부모님의 승낙을 어렵사리 얻어서 1971. 7. 10. 창경원 앞 「신혼예식장」에서 결혼식을 올렸다. 양흥석 교수님이 주례가 되고, 임종성 해군 소위가 사회를 봤다. 대학 동기 이선화도 참석했다. 결혼식 날에 비가 많이 와서 제주도 신혼여행은 비행기 대신에 기차로 부산에 도착하여서, 문찬이와 같이 명소를 구경하고, 배 타고 제주도로 가서 중문의 하나문 하우스에서 신혼의 꿈을 꾸었다. 그때 내 나이 25세. 다른 친구에 비해서 조금 빨리 '어른'이 되었다.

5.
미주리대 석사학위 취득

1971년, 전기공학과 석사과정 입학

　1971. 7. 하순에 김포공항에서 출발한 대한항공 비행기는 일본 하네다 공항을 거쳐서 LA 공항에 도착했다. 경유지에서의 대기시간까지 포함하면 20시간 정도는 걸렸을 것이다. 미주리주의 세인트 루이스행 환승 비행기를 기다리면서 LA 공항을 무료하게 돌아다니는데, 여행객들이 냉장고 같은 기계에 동전을 넣으니까 담배가 나오는 게 아닌가? 영어로 물어볼 형편이 안 되어서 자판기를 몇 번이나 돌면서 딴 사람들이 하는 것을 배워서, 나도 담배 한 갑을 샀다. 미국 생활에 조금 자신이 생겼다.
　당시 우리나라의 1인당 국민총소득은 필리핀, 태국보다 낮은 255달러여서 유학생한테도 주립대학의 입학금에도 못 미치는 500달러만 환전해 주었다. 정부에서는 부부가 같이 외국에 가면 귀한 외화를 낭비한다고 아내는 1년 동안 출국을 금지해서, 기숙사에서 독신으로 한 학기를 보냈다. 미주리대학교 롤라 캠퍼스는 세인트루이스공항에서 차로 한 시간 반 거리에 있는 소도시 롤라(인구 2만 명)에 있는 공학 중심의 작은 대학이다. 1971. 8. 전기공학과 석사과정에 입학한 나는 미국에서 살아남기 위해서 첫 학기에 All A 성적을 받아야 했다. 서울공대에서 들었던 과목 중에서 영어 대화가 서툴러도 따라갈 수 있는 전기자기학, 포트란 프로그래밍과 수학을 택하여 목표를 달성했다. 천만다행이었다. 주위의 도움으로 12월에 아내가 합류해서 109 Rolla St.의 Harvey 노부부 집 2층에서 신혼생활을 시작했다.

기다란 선형 와이어 안테나를 구부리면 전자파의 방사 패턴이 달라질 것인데, 이것은 구부리는 각도의 함수일 것이다. 나는 지도교수와 상의하여 석사학위 논문을 「Numerical Calculation of Currents in Bent Wire Antenna」로 잡았다. 안테나의 방사 패턴을 IBM 360 컴퓨터로 시뮬레이션하는 일 때문에 컴퓨터 앞에서 밤새는 일이 다반사였는데 서울공대에서 수강했던 포트란 프로그래밍을 미주리대에서 다시 수강해서 A 학점을 받고 학위 논문 작성에 직접 사용했다. 나는 '안테나 분야가 국방 기술이어서 외국인이 미국에서 취업하기 어렵겠다'라고 생각해서 박사과정에서는 전공을 바꿀 생각을 하고 있었다. 그래서 지도교수의 연구조교 장학금 제시도 사양했다.

1972년, 1973년: 시카고 섬머 잡

미국 대학은 여름방학이 3개월 정도로 길다. 가난한 유학생은 이때 아르바이트로 1년 학비를 번다. 유학 생활 첫해가 끝나는 1972년 여름방학 동안에 나와 아내는 2년 차 등록금과 생활비 마련을 위해서 「섬머 잡」을 택했다. 「섬머 잡」이 많다는 시카고에서는 자동차 운전이 필수이므로, 서울 집에서 800달러를 빌려 1968년산 하늘색 포드 머스탱을 사서, 이 차로 운전면허를 땄다. 당시에 미국 차는 거의 자동 변속이었는데 폭스바겐은 공랭식이어서 경제적인 것으로 알려져 있었다. 그러나 폭스바겐은 수동이라서 내가 실기시험에서 자꾸 떨어져서, 좀 비싼 자동 변속 포드 머스탱을 산 것이다.

봄학기가 끝나자마자 아내와 나는 막무가내로 시카고에 가서 남부 빈민가인 아미티지의 지하 단칸방을 월세로 얻고, 다음 날 신문광고를 보고 찾은 직장이 당시에 새로 나온 휴대용 계산기 조립회사였다. 나는 완제품 검사원, 아내는 전자회로 조립원이다. 검사라고 해 봐야, 더하기, 빼기, 곱하기, 나누기가 제대로 되는가를 확인하는 정도이고, 조립은 PCB 보드에 맞는 저항, 콘덴서 같은 부품을 끼워 넣고 납땜하는 일이다.

오후 4시에 업무가 정확히 끝나니 늦은 오후부터 밤까지 시간이 아까워서 야간 부업(moonlight job)을 찾기로 했다. 서울로 치면 종로 1가에서 종로 7가 남쪽 길과 북쪽 길을 훑으면서 찾은 것이 독일 광부 출신 한국인이 운영하는 조그마한 중국집이다. 테이블이 10여 개이고 스탠드바도 운영하고 있었다. 나는 웨이터 겸 바텐더로 종업원 중에서 나만이 직접 손님을 대할 수 있다. 식당에는 주방과 테이블 간에 접시만 나르는 버스 보이(bus boy) 한 명과 그릇만 씻는 설거지 담당자(dish washer) 한 명을 내가 거느린다. 받은 팁을 두 사람에게 나누어 주고 나서도 내 웨이터 수입이 계산기 제조회사 급여보다 많다. 술손님은 밥 손님보다 팁이 훨씬 많다. 바텐더와 웨이터는 술손님, 밥 손님과 줄기차게 대화해야 하니, 돈 받고 배우는 생활 영어가 급속도로 늘어 간다.

이렇게 3개월 동안 일하고 나니, 우리 손에 10,000달러가 들어왔다. 웬만한 초임 교수의 연봉이다. 이래서 미국 생활에 자신이 붙었다.

미주리대 가족 성탄 파티. 오른쪽에서 두 번째가 우리 부부. 1972.

미주리대 학창 시절에 탁병기 교수, 이광인 교수, 임정, 조종시, 윤기현, 박덕원 들과 살갑던 시절이 그립다.

1973년 5월에 석사학위를 받고 나서 8월의 텍사스대 박사과정 입학 사이의 3달 동안에도 다시 시카고에 가서 거금을 손에 쥐고 포드 머스탱에 최신 소니 컬러TV를 싣고 텍사스 주도인 오스틴으로 향한다. 유학생들은 우리가 부잣집 유학생인 줄로 착각했을 것이다.

6.
텍사스대 박사학위 취득

1973년, Quo vadis, Minho?

미주리대학에서 석사학위 논문[1]이 마무리되어 가는 1973년 초에 앞으로의 진로를 아내와 상의했다. 내가 고등학교 1학년 때의 '이공계냐, 인문 사회계냐'가 첫 번째 진로 고민이었다면 이번 고민은 '공학박사 학위를 계속할 것이냐? MBA를 할 것이냐?'이다. 아내가 "어느 쪽에서 세계적인 위치에 오를 수 있느냐? 한국에 귀국할 것이냐? 귀국한다면 어느 쪽이 더 필요할 것이냐?"의 경우의 수 문제를 연이어 던졌다. 지금 생각해도 현명한 질문이다. 한참 상의하다가, 한국에서 더 필요한 공학박사 쪽으로 결론을 내려서, 처음 계획대로 오스틴의 텍사스대학으로 향했다.

오스틴은 텍사스주의 주도로서 1840년에 텍사스공화국의 수도가 되었다. 1973년 인구는 25만 명 정도였는데, 지금은 100만 명이 넘어서 미국의 10대 도시가 되었다. 이름은 텍사스의 아버지로 알려진 스티븐 오스틴의 이름을 딴 것이다. 콜로라도강이 시내를 가로질러서 살기 좋은 도시이자, 최고의 대학도시로서 텍사스대학교의 본교가 도심의 중심에 자리 잡고 있다. 처음에는 토카막용 전기자기학, 최종적으로는 비선형 광학(nonlinear optics)으로 전공을 바꾸었다.

1973~1974년. 토카막 프로젝트 참여

석유자원이 엄청나서 부유한 텍사스는 인류의 에너지 문제 해결을 위해서 텍사스 토카막(Tokamak)을 미국에서 두 번째로 건설했다. 토카막은 소련에서 1958년에 최초로 제안했는데, "태양에서와 같은 핵융합반응을 지구상에 재현할 수 있으면 전기를 무한정 생산할 수가 있다." 그러나, 지상에서 인공태양을 만드는 것이니 어려움은 말할 것도 없다.

TIP: 토카막 핵융합 발전의 원리

토카막(Tokamak)은 고온의 플라즈마를 자기장을 이용해 가두어서 핵융합을 실현하려는 장치이다. 핵융합은 태양에서 일어나는 반응으로, 중수소와 삼중수소 같은 가벼운 원자핵이 결합하여 더 무거운 원자핵과 에너지를 방출한다. 이런 핵융합이 일어나려면 1억도 이상에서 원자핵이 전자와 분리되어 300초 이상 고밀도 플라즈마 상태가 되면 핵융합 속도를 올릴 수 있다.
1950년대에 제안된 토카막은 플라즈마를 감싸기 위해 도넛 모양의 진공 용기를 사용하고 초전도 코일을 통해 강력한 자기장을 생성하여 플라즈마가 용기 벽에 닿지 않도록 한다. 현재 「국제핵융합실험로」 프로젝트 등에서 연구 중이고 상용화를 위해서는 추가 개발이 필요하다.

1970년대에 텍사스대학에서도 토카막을 본격적으로 연구했는데, 내 지도교수인 스완슨 교수도 이 프로젝트에 참여하고 있어서 내 연구

비도 이 프로젝트에서 나왔다. 「한국 핵융합에너지연구원」의 초전도 핵융합 장치인 KSTAR[1]나, 2003년부터 우리나라도 참여하고 있는 초대규모 국제공동연구 시설인 ITER[2]도 이런 도넛형 토카막이다. 내 지도교수였던 스완슨 교수는 텍사스 토카막에서 플라즈마를 가두는 자기장을 만드는 연구를 이끌어 나갔는데 갑자기 남가주 대학으로 옮겨 갔다. 그 당시 플라즈마 과학자들이 공언했던 토카막은 50년이 지난 지금도 상업화되지 못하고 있다. 토카막은 '100년 프로젝트'이다.

1974년에 스탠포드 대학 출신으로 새로 부임한 마이클 F. 베커 교수를 만나서 박사학위 논문 주제를 바꾸게 된 것이 나의 광통신 행로의 시작이었다. 내가 베커 교수를 만나지 않았더라면 내 인생도 지금과는 많이 달랐을 것이다. 우연스러운 선택이 때로는 인생을 바꾼다.

1974~1977년, 비선형 광학 연구

베커 교수는 강력한 레이저로 빛의 주파수를 바꾸는 비선형 광학(nonlinear optics) 전공이었다. 내 박사학위 논문은 고출력 탄산가스레이저 펄스를 SF_6 가스에 쏘아서 레이저 주파수의 3배가 되는 주파수를 발생시키는 이론과 실험 분야로서 경쟁 상대는 하버드대와 MIT였다. 이때 같은 연구실의 미국 학생들의 실험 능력에 놀랐다. 학부 학생들인데도 가스, 전기, 안전, 광 기술을 폭넓게 도와주어서 실험에 필요한 고출력 펄스 레이저를 연구실에서 만들 수 있었다. 물리학과의 석성호 박사는 SF_6와 UF_6(원자폭탄 재료)가 결정학(crystallography) 측면에서 같다고 가르쳐 주었다. 이러한 연구결과를 『Journal of Applied Physics』라는 세계 최고 수준의 학술지에 논문[2]을 실었고, 이것이 내 박사학위 논문[3]이 되었다.

오스틴 유학 생활은 연구 장학금도 안정적이고, 아내도 개인의 이름, 이니셜, 로고 등을 새겨 넣어 맞춤형 의류 제품을 제작해주는 가게(모노그램 샵)에서 일하고, 학위 논문도 순조로워서 생활이 여유로웠다. 주말에는 오스틴 인근의 레이디 버드 존슨 야생화센터, 부다 바베큐, 산마르코스 등으로 자주 여행을 했다. 초기의 현대전자 반도체사업에 참여했던 천동우 박사 내외와 주립공원에서 텐트 캠핑도 즐겼고 비슷한 시기에 첫아이를 임신한 이석호 부부와도 가깝게 지냈다. 이 교수는 텍사스에서 9×9줄 바둑 프로그램을 연구했는데, 나중에 서울대 컴퓨터공학과 교수가 되었다.

주립공원 2층 침대 텐트. 1974.

베커 교수댁 성탄 모임. 1975. 12.

박사학위 논문을 완전히 끝내고, 1977. 8. 오스틴에서 여러 날 걸려 운전하면서 벨연구소가 있는 뉴저지 홈델로 갔다. 중간에 석사과정 때에 살았던 미주리 롤라의 2층집 할머니 댁에 들러서 인사도 했다. 애팔래치아산맥을 넘으면서 '인디언 보호구역'에 들렸다. 부엌이 우리 시골과 똑같았고, 인두 다리미도 같았다. 모습도 우리와 비슷해 보였다.

1977년, 한국의 놀라운 산업발전 견학

1977년 초에 내 박사학위 논문이 마무리될 때에 국방과학연구소(ADD)의 한필순 박사께서 나를 포함한 고출력 레이저 과학자 4명을 국내에 한 달 동안 초청하여서 우리나라의 중공업, 자동차, 조선, 철강, 무기 등의 1급 비밀 현장을 자세히 견학시켜 주었다. 같이 간 라이스대학의 김대만 교수, 브라운대학의 김영욱 교수, 노스캐롤라이나대학의 김진중 교수 모두가 레이저 관련 저명 과학자들이다. 아마도 ADD에서는 레이저 무기나 우라늄 동위원소 개발에 동참을 기대했을 것이다. 내 아내도 동행했다.

창원에 있는 한국기계에서는 일반인이 보기 힘든 대포, 탱크들을 볼 수 있었고, 울산 현대자동차, 현대조선, 포항제철 등의 엄청난 발전상을 보고 놀라울 따름이었다. 어떻게 짧은 기간에 이러한 발전을 이루었는지가 불가사의였다. 나를 어떻게 알았을까? 왜 나에게 이러한 국책산업 현장 견학을 시키는가? 왜 국방연구소에서 초청했는가? 초청한다면 귀국할 것인가? 같이 일시 귀국한 아내와 나를 궁금하게 만들었다. 내가 연구하고 있던 고출력 탄산가스레이저의 무기화 가능성을 유추는 하나, 확인하지는 못했다. 우리나라가 이렇게 놀랍게 발전하고 있으니 해외과학자가 할 일이 많겠다고 생각했다. 우리 부부는 언젠가는 귀국하되, 국방 기술이 아닌 일반 산업기술 쪽이 더 맞겠다고 생각했다. 한필순 박사는 그 후에 원자력연구소로 옮겨서 우리나라 핵연료 국산화에 성공했다.

2024년 여름에 우리나라 핵연료 국산화의 선봉에 있었던 김시환[37] 박사와 앞서 궁금증에 대해 의견을 나눈 적이 있다. 내 박사학위 논문[3]이 '고출력 CO_2 레이저 펄스를 SF_6 가스를 통과시키면서 레이저 주파수를 3배수로 높이는 비선형 광학 연구'인데, 왜 나를 국방연구소에서 초대하였는지가 논의의 초점이었다. 우리의 잠정 결론은 "고출력 레이저는 무기체계 연구에도 필요했을 것이고, SF_6 가스연구는 우라늄 농축에 직접 관련이 있다. 여기에서 "강 박사의 논문이 도움이 될 수도 있었을 것이다." 김시환 박사는 국방이나 원자력 분야는 몇 10년의 선행연구가 필요한데, 내가 민간 섹터를 선택해서 시간 싸움인 광통신, 정보통신 개발에 뛰어든 것이 오히려 잘되었다고 격려해 주었다.

7.
Bell Labs 취업, 정부 유치과학자로 귀국

1977~1978년, AT&T Bell Labs에서 광통신 입문

　1977년 여름에 전자교환기, 트랜지스터, 레이저, 광섬유 통신의 산실인 『AT&T 벨연구소(홈델)』에 취직이 되었다. 나는 광전자 그룹(그룹장, H. 코겔니크)에서 나를 채용한 반트란 뉴엔과 같이 박사학위 논문의 연장 선상인 비선형 광학(nonlinear optics) 현상을 연구하고 있었는데, 코겔니크 그룹은 갓 태어난 『광섬유 통신』 기술의 모든 분야에서 세계를 선도하고 있었고 ATT, NTT 등의 전화회사에서는 구리 전화선을 유리로 만든 광섬유로 대체하는 기술경쟁이 화끈하게 달아오르던 때이다. 나는 이 분야가 마음에 들었다. 명망 높은 광통신 대가들이 대거 포진해 있는 광전자 그룹에서 나는 자연스럽게 광섬유 통신 쪽으로 관심을 넓혀 나갔다.

　우리 부부는 맨해튼 인근의 매타완에 보금자리를 잡았다. 큰딸 진이는 레드뱅크 병원에서 1977. 11. 7.에 태어났는데 서울 집에서는 딸이라는 생각은 해 보지도 않고 아들 이름만 지어 왔다. 퇴원 전에 출생신고와 지역신문의 출산 코너에 이름을 올려야 해서 예쁜 간호사에게 이름이 뭐냐고 물었더니 Jeannie(지니)라고 한다. 당시의 인기 드라마 프로그램인 「I Dream of Jeannie」의 사랑스러운 요정, Jeannie(바버라 이든 역)와 조선 시대의 유명한 시인 '황진이' 생각이 나서 나는 Jeannie(眞伊)로 작명했다.

뉴저지 집에서 갓 태어난 Jeannie와 함께.
1977. 11.

1978년, 정부 유치과학자로 귀국

KIST 부설 전자통신연구소가 1977. 12. 10. 체신부 산하의 한국통신기술연구소(KTRI)로 독립되면서 KTRI는 기존의 전전자 교환기 개발과 함께 광통신 개발을 핵심 연구과제로 계획하고 있었다. 정만영 초대 소장은 1977년 말부터 광통신기술 개발책임자로 나를 점지하고 귀국을 종용하기 시작했다. 나는 "나이도 어리고, 미국에서 광통신을 몇 년만 더 배우면 더 잘할 수 있겠다."라고 말씀드렸으나, 연구소는 당장 광통신 개발에 착수해야 하니 "강 박사가 지금 오지 않으면 다른 사람한테 실장직을 맡길 수밖에 없다"라고 한다. 맞는 말이다. 귀국하면 소장께서 연구실 설치를 직접 지원하겠다고 한다.

TIP: 광섬유 통신의 장점

광섬유 통신은 레이저 빛 신호를 머리카락처럼 가느다란 유리 줄의 코어로 입력하여 전반사된 빛이 외부로 새지 않고 멀리까지 전파된다. 광섬유 통신은 빛의 주파수가 매우 높아서 초고속 데이터 전송이 가능하고, 전기신호보다 감쇠가 훨씬 적어서 장거리 전송에 유리하고, 전자기 간섭을 받지 않아서 도청이 불가능하며, 기존의 동축케이블에 비해서 가볍고 유연해서 지금은 거의 모든 곳에서 광통신 방식을 사용한다.

1978년 초에 CLEO(국제 레이저 및 전자광학 학술대회)와 IQEC(국제 양자전자 학술대회)가 합동으로 애틀랜타에서 열렸는데, 100일이 채 안 된 지니를 호텔 침대에 묶어 두고, 아내는 내 논문발표를 들었다. 저녁에 나는 반도체 레이저 기조 강연을 한 일본 동경공업대의 야스하루 스에마츠 교수 호텔 방을 막무가내로 찾아가서 "이렇고 이런데, 한국의 귀

국 요청을 어떻게 해야 하냐?"고 물었다. "앞으로 광섬유가 한국과 일본을 연결할 것이고, 아시아와 미국도 연결할 것이다. 내가 전적으로 도울 테니 귀국하라"라고 격려해 주었다. 이분의 예측도 그대로 이루어졌고, 이분이 약속한 대로 나를 적극적으로 도와주었다. 선각자의 한 단면을 보았다. 내가 귀국하니까 이분은 NTT 연구소와 기업체를 연결해 주었고, 한국의 반도체 레이저 개발을 도왔다.

　벨연구소에서 서울에 필요한 연구예산, 광학 테이블, 반도체 레이저, 광다이오드, 커넥터 등의 구매 리스트를 만들고, 캘리포니아대학 산타바바라 캠퍼스에서 「광섬유 통신 시스템」 단기강좌도 수강하면서 신발 끈을 단단히 매고 1978. 9. 9. 김포공항으로 귀국했다. 미국으로 출국한 지 8년 만이다.

UC Santa Barbara 대학 광섬유 통신 시스템 강좌 수료증.
1978. 7. 14.

내 나이 33살에 KTRI[3] 1호 유치과학자, 책임연구원 1호로 광통신 연구실장 보직을 받았다. 일본육군사관학교 출신의 정만영 소장은 나한테 "책임급은 군대의 장성급이다."라고 추켜세웠다. 이때 유치과학자한테는 기사 있는 승용차, 아파트 무상 임차, 국립대 교수 급여의 2~3배, 아파트 분양 특혜를 제공했다. 그때가 우리나라가 과학기술자들에 대한 배려가 가장 높았던 때라고 생각된다.

1막 33년 동안에 정촌에서 유년기 10년, 진주에서 소년기 9년, 서울에서 청년기 7년으로 더 넓은 곳으로 옮겼고, 미국 생활 7년도 소도시 롤라에서 석사, 중도시 오스틴에서 박사, 대도시 뉴욕 인근에서 직장 생활을 시작했으니, 미국에서도 더 넓은 곳으로 옮길 때마다 시야도 더 넓어졌다. 그래서 1막의 제목을 「더 넓은 곳으로」 정했다. 초등학교 6년 동안 2개교, 중고등학교 6년 동안 2개교, 대학교 4년 동안 1개, 석박사 6년 동안 2개 학교를 다녔다. 1막은 22년 동안에 7개 학교를 옮길 때마다 「더 넓은 곳에서 열심히 공부했던 시기」로 보아도 되겠다.

여기서 1막을 내린다.

미주

1) Korea Superconducting Tokamak Advanced Research, 한국 차세대 초전도 토카막연구.
2) International Thermonuclear Experimental Reactor, 국제 열핵융합 실험로.
3) 1977. 12. KIST 부설 전자통신연구소가 독립한 통신기술연구소. 1981. 1. 20. 한국전기연구소를 합병, 한국전기통신연구소(KETRI)로 개명.

2막 ──── 정보통신 4관왕

1.
ETRI, 광통신 시대 개막

여기서는 1978~1985년에 ETRI[1]에서 광통신연구실을 조직하고 광섬유 통신 시스템을 개발해서, 전화국 현장에서의 현장시험, 실용시험, 상용시험, 표준화 활동 순으로 기술한다.

1978년, 광통신연구실 설치

한국통신기술연구소(KTRI)는 소장 산하에 교환기술(안병성), 전송기술(김종련), 시스템기술(경상현) 담당 부소장 3명이 있었다. 나는 전송기술 부소장 산하의 특수통신연구실장으로 내정되어 있었으나 내가 요청하여 1978. 9. 1. 자로 광통신연구실장으로 발령을 받았다. 광통신연구실에는 정신일, 김장복, 이상호 연구원과 공비호 기능원이 전부이다. 광통신 연구에 필수적인 광학 테이블조차도 없었다.

10. 20. 현안 사항인 '광섬유 전화' 시범을 위하여 PCM(아날로그 전화 신호를 여러 개 묶어서 디지털 신호로 변조시키는 기술)과 광통신 방식이 결합된 시나리오를 작성하여 12. 20.까지 구현하기 위한 장치의 선정, 설

치, 패널 제작 PERT 작성, 예산, 인력의 추가 지원 필요성을 검토했다. 10. 30. 체신부의 이상범 과장과 실용시험 원칙을 합의하고 이희두, 이영희 과장과 국간 거리가 2.3km인 광화문-중앙전화국 간을 현장시험 장소로 거론했다. 11. 10. 광 링크 시험 계획을 서울 체신청의 박성원 보전과장, 금성전기 하용진 소장과 협의했다. 1979. 1. 『전자공학회 논문지』에 「6.3M²⁾ 광섬유 통신 시스템 장치개발」 논문⁴을 발표했다.

1979년, 대통령께 '광섬유 전화' 시범

1979. 2. 대통령의 연두 순시에 맞추어 광섬유 한 가닥으로 96명이 동시에 통화할 수 있는 6.3M 광전송기술 데모 준비에 바빴다. 이때는 광화문우체국 건물 4층에 있던 KTRI가 내 생활의 전부였다. 연구실원 다섯 명은 실험실에서 가슴 졸이면서 밤샘을 밥 먹듯이 했다. 청진동 해장국집에서 따로국밥으로 아침을 때우고. 2월 중순의 대통령 연두 순시 전날 밤에 시범 장치가 고장 났을 때의 난감함은 지금도 잊을 수가 없다. 다행히도 모두가 밤을 꼬빡 새워서 대통령 앞

박정희 대통령 '광섬유 전화'시범.
정만영 KTRI 소장과
이재설 체신부 장관이 보인다. 1979. 2.

에서 국내 최초로 전화 신호 96개를 묶어서 광섬유 한 가닥으로 전송하는 '광섬유 전화' 시연에 성공하기는 했지만, 지옥과 천당을 오간 긴장의 연속이었다.

1979년, 33일간의 광통신 선진국 유람

이때는 광섬유 여러 가닥을 묶는 케이블을 어떻게 만들고, 땅속에 깔고, 접속하고, 고장 위치를 파악하는지가 우리의 현안 숙제였다. 이 숙제를 풀기 위하여 우리는 1979. 2. 20. ~ 3. 24. 장장 32일간 미국, 벨기움, 프랑스, 일본에 출장 갔다. 이원승 과장(금성전선), 김덕삼 차장(대한전선)과 같이 세계 각지의 광섬유 케이블링, 포설, 접속, 유지보수 기술개발 현황과 현장시험 자료를 수집하고 OFC[3] 참가가 여행 목적으로서, 우리나라 최초의 '광통신 선진국 유람단'인 셈이다[7].

미국에서는 네바다의 센트럴 전화회사에서 현장을 답사하고, 홈델 벨연구소를 방문해서 옛 동료·선배께 인사하고, 광섬유 손실과 대역폭 측정, 1.3μm 소자연구 동향을 물었다. 뉴저지의 제너럴 케이블에서 광섬유 케이블링, 코네티컷에 있는 GTE-ATEA 현장시험을 견학하면서 고장 위치를 찾아내는 OTDR[4] 시험도 견학하였고 코닝에서는 광섬유 제조공정과 전송특성 측정 장치를 견학했다. GTE 연구소에서 광케이블 설치기술을 견학했다. 3. 6. ~ 8. 애틀랜타에서 열린 OFC 학술대회와 전시회에 참석했는데, 광통신이 막 실용화되는 시기여서 광통신 전 분야에 청중의 관심이 대단했다. 광섬유개발로 2009년에 노벨물리학상을 받은 찰스 카오 박사의 강연을 듣고 백운출, 마동성, 이용경, 김범만, 심상근 박사들을 만났다.

3. 12. 벨지움 앤트워프에 도착해서 GTE-ATEA를 방문해서 34M, 10.5km 광통신 현장시험을 답사하고, 케이블 유지보전 방식을 물었다. 프랑스 CNET-바뉴에서 광신호 방향성 결합기를, 콰르츠앤실리스에서는 VAD 광섬유 제조공법[5]을 견학했다. 3. 19. 일본 동경공업대학을 방문, 나의 귀국을 격려했던 스에마츠 교수의 장파장 레이저 연구현황을 듣고, 교수가 미리 연락해준 NTT 요코스카연구소, NEC, 히타치 연구소를 방문하여 32M 광통신 시스템, 전력회사 응용, 1.3 마이크론 반도체 레이저를 소개받았다.

긴 여행 중에 얻은 소감은 다음과 같다[5]. ① 광통신 실용화 시험이 세계 각지 80여 군데서 이루어지고 있으며, 신뢰성에 대한 불안이 해소되고 있다. 현재는 시내 및 시외국간 응용이 대부분이나 광섬유의 가격이 매년 50%씩 하락하므로, 가입자 회선에도 응용이 가능할 것이다. ② 수년 내에 시내 국간 중계는 장파장 다중 모드 100M-10km, 시외국간 중계에는 장파장 단일 모드 광섬유가 쓰일 것이다. ③ 새로운 기술을 한국의 통신 시스템에 성공적으로 도입하기 위하여, 현 동선 케이블 제조회사들을 기술 지도해서, 광통신을 경제적이고 신뢰성이 높은 전송시스템으로 자리 잡아야 할 것이다.

1979. 6. 「해외의 광통신 시스템 운용현황[5]」을 『KTRI 전기통신』에 실었고, 1979. 10. 「광화문-중앙전화국 국간 중계시험용 광섬유 케이블 포설[6]」을 『한국통신학회 합동 심포지움 논문집』에 실었다. 6. 28. ~ 7. 11. 정신일을 미국 GTE 연구소에 광통신기술 연수 파견했다.

7. 22. ~ 29. 대만전기통신연구소에서 초청해서 김종련 부소장과 같이 대만의 중리 소재 「대만 전기통신연구소」 소장과 연구실장 면담을 시작으로. 대만의 광통신 현황 및 계획을 파악하고, 타이페이 전화국을 방문하여 광섬유 접속 현장을 목격하고, 패치 코드를 사용한 간편 시험 방법, 케이블 설치과정 및 특성측정을 견학했다. 대만은 광케이블 연구 활동은 없고 광통신 시스템연구는 우리보다 늦었으나, 방식 개발 의지는 확고했다. 귀로에 31일 일본 동경공업대학에서 수에마츠 교수와 해양대학의 홍창희 교수를 만나서 최근의 광통신기술 동향을 소개받았다.

1979년, 광화문-중앙전화국간 44.7M 시스템 현장시험[6]

1979년 여름부터 광화문-중앙전화국 간의 통신구에 광케이블을 깔았다. 지하 통신구가 소형 승용차가 다닐 수 있을 만큼 넓어서 놀랐다. 「발텍」사의 광섬유로 대한전선 및 금성전선이 제조한 케이블을 서울 중앙전화국과 광화문 전화국 간의 2.2km 관로에 포설하여, KTRI가 자체 개발한 광 송신기와 광 수신기를 단말장치로 사용하여 1979. 9.부터 국간 중계 시험통화를 해 왔다[6]. 자체 개발한 광섬유 융착 접속기도 현장에서 사용했다. 이 시스템은 1,200시간 동안 양질의 국간 중계용 음성신호를 전송하고 있어서 국내기술로도 광통신 실용화가 가능하다는 확신을 얻었다. 12월 말에는 이만섭, 유강희, 이경식, 이용탁 등의 새로운 얼굴들이 합류하여 연구실이 두 배로 커졌다.

최초의 광통신 현장시험. 1979. 9.　　남산 시절 연구원. 1980. ~ 1982.

　미국 샌디에이고에서 열린 CLEO(국제 레이저 및 광전자 학술대회)에 참석하고 북미지역의 광통신 시스템 현황 파악과 연구실에서 필요한 광학 부품 및 측정 장치의 시장조사 차 1980. 2. 9. ~ 3. 1. 출장을 갔다[7]. 2. 10. ~ 11. 소병채 박사의 도움으로, 캐나다 앨버타 주 전화회사와 캘거리 전화국을 방문하여 44.7M 및 274M 시스템 규격, 전송품질 측정기, 베이 등의 설계자료를 수집했다. 2. 13. ~ 14. 오타와의 노던 텔레콤(NT) 공장을 방문하여 디지털 통신 장치 제조공장을 견학하였고 2. 15. 요크빌에서 20 가입자 데모 시스템을 관람했다. 2. 17. ~ 18. GTE 월트햄을 방문하여 전화국의 잡음 제거방안, 아날로그 광 CATV 시스템, 광섬유 대역폭 측정 장치 등을 견학했다. 1979. 6. 28.부터 1년간 GTE 연구소에 연수 중인 정신일 연구원의 연구 진도와 계획도 보고받았다. 2. 19. ~ 20. 홈델 벨연구소를 1년 만에 다시 방문하여 1.3/1.55μm MBE 광소자 연구현황을 파악하고 KTRI가 필요한 요소 기술과 시스템을 자문받았다. 내 가정교사들이다. 2. 21. ~ 22. ITT 랄리에서 FT-3 시스템기술 자료를 수집했다.

　2. 26. ~ 28. CLEO에서는 광섬유 통신 및 레이저 개발 관련의 학

술발표회와 전시회에 참석하여 다음의 개발 현황을 파악했다[7]. ① 북미지역은 뉴욕-워싱턴 DC의 500km에 1983. 2.까지 40,000km 광섬유를 깔고, 1984. 1.까지 뉴욕-보스턴까지 470km 연장을 FCC(미국 연방통신위원회)로부터 승인받았다고 한다. ② 0.85μm 파장의 LD-APD 시스템보다 훨씬 경제적인 1.3μm 파장의 LED-PIN FET 시스템으로의 전환을 주시하여야 한다. 또한, ③ 코닝의 0.85μm와 1.3μm의 이중 윈도우 광섬유도 주시할 필요가 있다.

1981년, 국산화 구로-시흥-안양 중계 실용 시험[10]

1979년의 광화문-중앙전화국간 현장시험이 성공하면서 1980년부터 연구실에서 광통신 논문이 쏟아지기 시작했다. 1980년 벽두부터 한국의 광섬유 통신 시스템을 국산화하는 개발계획을 세우고, 1981년에 완전 국산기술로 국가 중계시스템을 구로-시흥-안양 국간 상용 시범할 것을 체신부에 건의했다.

1981. 1. 20. KTRI는 창원의 전기기기시험연구소와 통합하여 한국전기통신연구소(KETRI, 소장 최순달)가 출범했다. 1981. 4. 금성전선과 대한전선의 용역을 받아서 수행한 『광섬유 케이블의 광학 특성 측정 장치 제조 수탁 연구보고서』를 제출했다. 이것 때문에 1년 치 연봉에 해당하는 기술이전 보상을 연말에 받았고, 개발한 광섬유의 손실 측정 장치와 OTDR(광섬유 고장 위치 탐지기) 개발은 『전자공학회 논문지[8]』

에 보고했다.

    1981. 12. 44.7M 구로-시흥-안양 전화국 국간 중계 실용시험은 최대 중계기 간격을 12km로 정하고 광케이블의 주요 특성은 CCITT[6]의 규격[11]에 맞추어 맞추었고 자체 개발한 광섬유 융착접속기와 OTDR을 현장에 적용했다. 현장의 케이블 포설과 접속, 성능 측정은 모두 나이가 지긋한 체신부 공무원들이 직접 했는데, 하루 작업이 끝날 때마다 현장직원이 "광섬유케이블 자투리를 집안 아이들에게 자랑하고 싶다."는 현장 공무원들의 신기술에 대한 자부심에 감복했다[12]. 시험 시에는 완전 국산 시스템과 광케이블 업체들과 수시로 협조해 설계 목표에 부합하는 결과를 얻었다[12]. 이후 전화국 간의 현장시험 시스템의 성능보강을 계속해서 1932. 8. 최대 시설용량인 672회선 중에서 384회선에 상용 전화회선을 실었다[12]. 이와 함께 장거리 대용량 전송 시 기존 시스템보다 훨씬 경제적인 1.3μm, 90M 시스템의 개발 타당성[13]과 예비설계를 완료했다.

1982년: 30년 후의 세상 전망, 국민훈장 동백장 수훈

    『주간과학』 제15회 과학의 날 특집(1982. 4. 24.) 「그림으로 펼친 2010년의 세계」에서 다른 과학자들과 함께 나는 30년 후인 2011년의 전기통신의 발전전망을 다음과 같이 예측했다.

> 오늘날 전기통신의 주축을 이루는 전화통신망은 완전히 디지털로 되어서 컴퓨터·TV·팩시밀리 및 각종 정보가 광섬유 한 가닥을 통하여 가정의 모든 통신 장치에 연결될 것이다. 이때의 컴퓨터화된 가정통신 장치는 상대방의 얼굴을 화면에서 마주 대하면서 전화통화를 하는 픽쳐폰이 등장한다. 또한, 가정의 일상정보, 즉 쇼핑, 은행 업무, 일기예보, 관광 안내, 교육, 사무실 업무 등이 가정통신 장치에서 처리가 되고 여행 중에도 지금의 휴대용 라디오 크기의 장치만 있으면 가정 내 요리, 조명, 온도조절, 방범 등을 가능하게 한다. 그리고 오늘날의 신문 형태는 영원히 사라지고 단일화된 형태의 통신망이 구성된다. 따라서 인류는 더욱 많은 시간을 연구, 예술 등의 창조적 노력과 스포츠, 관광 등의 여가 선용에 할애할 것이다.

43년이 지난 오늘날은 내 예측을 훌쩍 넘어서서 지능을 갖춘 휴대폰이 웬만한 개인 업무는 다 처리하고, 자율주행 자동차, 인공지능 통역, 로봇 의사가 실용화되기 시작했다.

1982. 5. 최순달 소장이 체신부 장관으로 영전함에 따라, 1982. 6. ~ 1984. 7. 백영학 소장이 연구소를 지휘했다. 10. 20. 청와대의 「제3회 기술진흥확대회의」에서 나는 광통신기술 개발 공로로 국민훈장 동백장(3등급)을 받았다.

'광통신 주역'. 한국일보. 1982. 2. 6.   KETRI 강민호 국민훈장 동백장 수훈. 1982. 10. 20.

1983년 11월, 구로-화곡-오정-부평-간석 전화국 간 상용시험 시스템 개통[15]

　1982. 11. 20. ~ 12. 10. CCITT SG XV 회의 참석[11] 및 광통신 케이블 측정 장치 구매 자료수집 차 유강희와 함께 스위스 제네바에 갔다. 1982년도 국간 중계 광통신 시스템 상용시험 연구보고서에는 1983년 예정인 KTA의 상용시험에 사용될 장치 및 광케이블 규격(안)을 KTA에 제출하였고, 시스템의 측정 및 유지보전 방식도 제안했다.

　1983. 1. 『KETRI 전기통신』 1월호에는 「우리나라 광통신의 앞날[13]」을 실었는데, 당시는 내가 우리나라의 광통신을 명실공히 이끌어 나갈 때였다. 1983. 2. KETRI 1 연구동이 대덕연구단지에 준공되어서 KETRI 남산 연구소가 대전으로 이사를 하고 가족도 뒤따라 대전 관사로 이주했다. 1983. 2. 금성전기와 광진전자에 기술 전수한 『44.7M 광통신용 장치에 관한 기술지도』 보고서를 냈다. 기술 전수하여 시작품을 제작하고, 그 시작품을 전화국 현장에 설치하여 실용화 시험을 했다. 이 과정에서 1:N 절체 기능을 추가하여 1983년의 구로-간석 간의 상용시험에 사용했다[15]. 9월에는 광통신연구실이 확대되어 광통신개발부(광통신연구실, 광소자연구실)가 되었다. 이상호가 광통신연구실장 발령을 받고 그렇게 좋아했었는데, 이듬해인 1984. 11. 유명을 달리 한 것이 지금도 가슴 아프다. 10. 23. ~ 11. 2. KETRI의 이재호, 유완영, 강철희와 같이 스위스 제네바에서 4년마다 열리는 「Telecom 83」 포럼에 참석했다. 유 박사가 운전하여 넷은 프랑스 샤모니(몽블랑)로 가려다가, 실수로 몽블랑 터널을 통과하여 이탈리아로

들어간 김에, 토리노 성당에서 예수님 성의?를 직접 만져 보았다. 실수가 더 귀한 경험으로 연결된 것이다. 최순달(직전 체신부 장관) 박사도 논문을 발표했다. 이 당시의 「Telecom」은 전 세계의 전기통신 지도자가 이곳에 오지 않으면 뭔가 잘못되었다는 생각이 들 정도로 대단했다.

1983. 11. 2. ~ 12. 30. 구로-화곡-오정-부평-간석전화국 간에 순수 국내기술로 제조된 광섬유 케이블을 영남통신에서 땅속에 깔아서 연결했다. KETRI의 기술지도로 전기신호-광신호 변환 장치는 금성전기 및 대우통신에서 만든 제품을 사용하였고 각종 케이블 특성 측정 장치도 금성전선과 대한전선에 기술을 전수했다[15].

1983. 11. 오명 체신부차관은 우리나라 최초의 구로-화곡-오정-부평-간석 광통신 상용시험 시스템 개통행사에 직접 참석해서 격려해 주셨다. 이 구로-화곡-오정-부평-간석 전화국 간 시스템은 공사화된 KTA가 실제의 전화 트래픽을 수용한 최초의 상용 광통신 시스템이다. 이때, 일기가 나쁘더라도 작업 중인 케이블은 끝까지 관로 속으로 넣어야 하므로 밤늦게 작업을 마치고, 삼겹살집에서 목 안의 먼지를 쓸어 내던 기억이 생생하다. 추운 날씨 속에서도 본 설치공사가 성공적으로 수행되도록 수고를 아끼지 않은 금성전선, 대한전선, 금성전기, 대우통신 및 영남통신 관계자 여러분께 감사드린다.

1984~1985년: 광통신 표준화, 올림픽 통신 지원

1984. 6. 1. 연구실의 광통신 단말장치 개발팀과 회의 시에 미국,

유럽에서 쓰는 565M 대신에 우리가 쓰는 90M의 4배인 360M의 표준화 타당성을 검토하자고 했는데, 지금 생각하면 부질없는 객기이다. 인터넷 시대에는 아예 디지털 전송 계층 자체가 없어져 버린 것이다. 1984. 6. 20. KTA의 이응효 실장이 광케이블 표준화를 위해서 광케이블 제조사와 회의를 통해 금성, 대한, 삼성반도체통신 모두가 단일 모드 24코어 장파장 끝케이블을 공동으로 제안해서 이를 표준으로 수용했다. 표준길이는 1km로 하고 케이블 심선의 색상은 추후에 검토하기로 했다.

1984. 7.「장파장 다중모드 광섬유 통신 시스템의 실용시험」과 「구로-간석 전화국 국간 45M 광통신 시스템의 현장 상용 시험[15]」의 논문 두 개를 『KETRI 전기통신』에 같이 실었다. 1985. 3. 26. KETRI에서 전기연구소가 분리돼고 구미에 있던 전자기술연구소가 통합되어서 한국전자통신연구소(ETRI, 소장, 경상현)가 발족되어 오늘에 이르고 있다. 1985년에 광통신 시스템 표준규격 작성 건으로 많은 회의가 있었다. 1985. 1. 24.에 이희두 KTA 계획국장이 방문해 표준 90M 광통신 장치개발을 치하했다. 규격의 범위도 KTA, ETRI, 기업이 합의해서 3월 말까지 약식규격을 확정하기로 했다. 또한, 9월 말까지 상용제품을 준비하기로 했다. 1985. 5. 7. 90M 규격심의회를 개최하여 업체 간의 단위장치 간의 호환성을 조건부로 통과했다.

1985. 9. 28. ~ 10. 11. 유강희와 같이 이탈리아와 스웨덴에 출장 갔다. 29일에 베니스에서 열린 ECOC(유럽 광통신 학술대회)에서는 내가 분과 의장을 맡아서 단일 모드 광섬유, 광가입자망, 대용량 해저 광케이블 시스템기술 추세를 토의했다. KIST의 최상삼 응용광학연구

실장, 대한전선의 임종성 광통신 부장도 같이 참석했다. 수상 도시 베니스는 산 마르코 대성당, 리알토다리, 무라노의 유리작품 만들기, 파노라마 보트 투어, 곤돌라 등 볼거리가 많다. 6일, 노벨상으로 유명한 스톡홀름에서는 과학기술, 연구개발관리 기관들을 방문해서 작은 나라가 잘 사는 법을 배웠다.

우리나라가 광통신 시스템의 설계, 개발, 현장시험, 실용시험, 상용시험, 표준화까지의 긴 여정을 비교적 짧은 기간에 이룰 수 있었던 것은 방향을 제시해 준 선배 리더들과 헌신적인 동료, 후배 덕분이다.

TIP: 광통신 시대 개척 소회

40년이 지난 지금은 외경 약 25mm의 광케이블의 최대 심선 수는 288심이고, 광섬유 직경[7]은 변함없이 125μm이다. 전송손실[8](사용 파장[9])은 3db/km(850nm), 1db/km(1,310nm)를 거쳐 지금은 0.2db/km(1,550nm)이다. 광섬유의 가격은 초기 1,000달러/km가 현재는 5달러/km이니 모래값이 되었다. 광섬유 한 쌍으로 초기에는 음성 96~672회선을 보냈는데, 지금은 HDTV, 초고속 인터넷, 가상현실 신호를 광통신으로 보낸다. 격세지감이다.

2.
MOST, 4M DRAM 국책개발사업 기획 · 조정

1985년, 과학기술처 전기전자연구조정관 발령

1985. 1. 22. 경상현 KETRI 소장이 "오늘 조경목 과기처 차관이 연구소를 방문하는데, 강 박사를 과학기술처(MOST[0]) 조정관으로 추천하고 싶다."라고 하시면서 나의 의향을 물었다. 흔하지 않은 기회이고 인생 활동 범위를 넓힐 수 있으니, 안주보다는 일시적인 변화를 택하기로 하고, 1. 29. 소장께 나의 의사를 말씀드렸다. "주 4일은 과천에서 근무하고 2일은 연구소에서 전송연구부장 보직도 유지하라"고 했다.

4. 2. 김성진 과학기술처 장관께서 연구소를 방문하여서 "지금까지 연구소에 있습니까? 조정관 임용을 서둘러 달라"고 당부하고 나서 6. 24. 대통령 명의의 과학기술처 전기전자연구조정관(2급 상당) 발령통지서를 받았다. ETRI 대전 관사 매입계약까지 했던 우리 가족은 대전 연구소와 과천 정부 청사 겸직근무의 편의를 생각해서, 서울 경부 고속 터미널 인근 잠원동으로 이사했다.

1985년, 특정연구개발사업 조정

　1985년도 특정연구개발사업은 이미 과제가 선정되어 집행 중인 상황이어서, 신임조정관이 새로이 할 일은 많지 않았다. 7. 15. 확대간부회의에서 김성진 장관은 "조경목 차관은 과학기술 전문가로서 국회 상공분야 상임위원과 당에 전념하고, 권원기 실장을 차관으로 승진 발령했다."라고 한다. 8. 1. 조정관 회의 시에 박승덕 실장이 종래의 종합과학심의회가 대통령 주재 기술진흥심의회로 바뀐다고 한다. 8. 5. 국립천문대가 통신위성, 원격탐사, 전자망원경 업무추진에 맞도록 소속 변경을 검토하면서 김두환 박사가 바쁘게 돌아다녔다. 8. 29. 전기전자연구조정관 소관의 전문분과를 컴퓨터·소프트웨어, 반도체, 통신, 자동화, 전력기술, 우주과학 등 6개 분과로 나누었다.

과학기술처 연구조정관.
왼쪽부터 김호기, 저자, 박승덕 실장, 강박광, 김지문, 이상태 과장. 1985. 9. 30.

10. 12. 권원기 차관실 간부 회의에서 1M DRAM을 체신부가 연구비의 50% 분담해서 국내 독자개발·기술도입을 추진하라는 대통령 지시사항을 전달받았다. 10 16.에 중과제 개발책임자를 구상했다. 컴퓨터 분야에서 기간전산망 컴퓨터(오길록), 지식처리형 컴퓨터(조정완, 김영택), 소프트웨어 엔지니어링(이단형), 터미널(미정), 반도체 분야에서 주문형 VLSI 기술(이진효), GaAs 소자 집적화와 광소자 기술개발(박신종, 이종덕, 권영세), 통신기술(이원웅, 전길남), 제어계측(변증남), 소프트웨어 및 자동화 기술(조삼현), 의료전자(민병구), 전력기술 분야의 전력수송절연설계, 전력경제, 전력전자(원주희), 전기재료 국산화 및 신소재(신대승), 우주과학(김두환)으로 구상했다.

11. 8.에 1986 특정연구개발사업 대상으로 반도체 분석연구실, 마스크샵(mask shop)[11], MS-DOS 한글화[12]와 UNIX OS 한글화[13]를 검토하고, 기타 사항으로 정보화 사회의 의의와 시스템엔지니어링 방향을 정리하는 것이다. 12. 11. 국회에서 경제과학위원회가 열렸다. 구미 KIET의 반도체 시설 민간 매각 현황은 "연구시설로는 노후 되었지만, 생산시설로는 가치가 있어서 대우와 금성이 인수를 희망하고 있다."라고 답변했다. 이렇게 1985년은 저물어 갔다. 정부의 분위기를 익히고, 대형 국책개발과제를 구상하고, 대학의 역할을 부각하고, 21세기 국가계획에 참여하게 되어서 뿌듯하다.

1986년: 주전산기 개발계획, 국민 생활정보망 연구기획

1986. 1. 7. 김성진 장관 후임으로 전학제 교수가 과학기술처 장관으로 부임하였고, 전기전자조정관실은 나와 최응태 사무관, 이재홍 기좌로 단출했고 이상태 연구관리과장이 연구개발조정실 전체의 행정을 도왔다. 구미 반도체 시설 매각은 경상현 ETRI 연구소장이 장관 결재(1. 10.), 입찰안내서 발송(1. 13.), 현장설명(1. 17.), 입찰(1. 20.) 순으로 초고속으로 진행되었다.

1986. 1. 17. 『전자·정보·통신기술 발전전망; 1985~2000년』을 기획했다. 전자·정보·통신기술의 발전전망을 정책 입안자와 일반인들이 알기 쉽도록 소개하는 것이 1차 목표이다. 2차 목표는 관련 기술을 선택적으로 집중하여 개발하고, 국책연구개발 중장기 실천계획의 설명 자료로 활용하는 것이다. 1986. 7.에『전신전화연구』에「2000년대를 향한 정보산업 기술분야의 국책연구개발계획」을 기획 테마로 기고했다. 생활정보 서비스, 컴퓨터기술, 통신기술, 소프트웨어기술, 반도체기술 등 5개 분야를 6차(1987~1991년), 7차(1992~1996년), 8차(1997~2001년)의 3단계로 나누고 2001년의 정보산업 기술 분야의 장기목표를 6차, 7차 계획 기간에 구축될「국가기간전산망」과「종합정보통신망」의 기반 아래, 국민 개개인이 가정과 직장을 포함한 모든 생활정보망 구축으로 잡았다. 그대로 이루어지지는 못했지만, 국책개발의 목표로 국민 생활 향상을 잡은 것은 잘했다고 생각한다.

2. 17. 홍성원 청와대 비서관에게『1986년 특정연구개발사업』을 보고하고, 반도체 기술개발 기본계획을 설명했다. 3. 5. 데이콤의 이용태

사장실에서 『전자·정보·통신기술 발전전망; 1985~2000년』 1차 회의를 열었다. 3. 26. 『천문우주과학연구소』 개소식 참석하고 나서, ETRI의 경 소장은 "주문형 VLSI 설계기술이 깨지지 않았으면 좋겠다"라고 했다. 이 주문형 VLSI 설계기술이 요즘 인구에 회자하는 'NVIDIA의 ChatGPT[14]용 그래픽 반도체 설계와 이를 주문 제작하는 대만의 파운드리 회사 TSMC의 밀월'로 이어진다. "그때 주문형 반도체 설계기술 명맥을 유지했더라면 참 좋았을 텐데" 하고 후회된다. 5. 2. 다시 청와대에서 상공부, 체신부, 과기처가 중심이 되어, 「행정 전산망용 주전산기 개발」 방안을 검토하였고, 11월에 국가 전산망 조정위 실무위원회에 개발방안을 접수했다. 1986. 9. 2. 행정 전산망용 주 컴퓨터 개발계획을 검토했다. 기술도입 방식의 소형 미니컴퓨터는 1987~1988년에 정부·민간이 공동으로 기술을 도입해서 개량·생산·공급하고 독자개발 방식의 『슈퍼 미니컴퓨터(TiCCM)』는 1986~1987년에 국가 주도로 과제를 착수하여 1988~1989년에 정부·민간공동으로 개발하여, 1990년에 민간이 상품화해서 공급하도록 구상했다.

  10. 21. 10시 30분부터 15분간 광화문의 체신부 장관과 과천의 과기처 장관 간에 우리나라에서 처음으로 장관급 화상회의가 열렸다. 이대순, 윤동윤, 이태섭, 강민호 등이 참석하여 행정 전산망 추진 등을 논의했다. 1986년은 앞만 보고 달렸던 한해였다. 공무원으로서의 보람도 실감했다. 반도체 공동개발계획의 출범, TiCOM 컴퓨터 개발계획의 진전, 한글코드 표준화 지원, 국민생활정보망을 2000년대 과학기술 중장기계획에 반영한 것은 자랑스럽다. 열심히 했고, 주위의 학자, 공무원, 연구원들과 힘을 모을 수 있었다는 것이 다행이다.

1986년: 케냐 학회 참석, 마사이마라 사파리 여행

경상현 ETRI 소장이 나와 임주환 박사를 대동해서 1986. 8. 4. ~ 8. 8. 케냐 나이로비에서 열린 ICCC(국제컴퓨터통신학술대회)에 참가해서 '개발도상국에서의 컴퓨터통신 기술의 역할과 영향'을 다루었다. 현지에서 「사파리 파크호텔」을 경영하던 전낙원 회장의 안내로 마사이족 마을과 마사이마라 사파리, 세계 홍학의 60%가 있다는 나쿠루 호수 국립공원을 관광했다.

인류 진화를 전시한 「나이로비 인류학 박물관」은 영국의 영향을 받아서인지 체계가 잘 잡혔다. 여기 전시된 "남쪽의 유인원" 오스트랄로피테쿠스 그룹(남쪽의 유인원, 380~300만 년 전)은, 바로 서서 두 다리로 걷는 첫 번째 호모 그룹(700~400만 년 전)을 이어받은, 두 번째 호모 그룹이다. 세 번째 호모 그룹(270~120만 년 전)인 파란트로프스는 '강한 턱과 큰 어금니를 가졌다. 아프리카를 벗어나기 시작한 현대인은 네 번째 호모 그룹인 호모사피엔스(20만 년 전 ~현대)에 속한다[36].

1987년: 주전산기 개발 착수, 컴퓨터 가정교사 시범, KITE 2000 계획

1987. 1. 6. 과기처 확대간부회의에서 박승덕 연구개발조정실장은 특정연구기관 성공사례를 연중 발표하며, 88올림픽을 지원하겠다고 보고했다. 전자조정관실은 1987년도 중점사업으로 「국가기간전산

망용 주전산기 개발』사업 착수, 소프트웨어기술 활성화 방안 확정, 『국민 생활정보망 구축 시범』을 계획했다. 이때는 4M DRAM 국책사업은 이미 개발이 진행되고 있었다.

1. 14. 전경련회관 20층에서 이태섭 장관은 정보산업협회(회장, 정주영) 주최의 간담회에서 『국민 생활정보망 구축계획』을 발표했다. 다음날인 1. 15. 나는 KBS 라디오와 인터뷰에서 국가기간전산망, 종합정보통신망, 기업정보망이 확충되는 이때 첨단정보통신기술을 이용하여 국민가정 활동에 직접적인 편익을 주기 위하여 교육열이 높고 교육투자가 방대한 우리나라에서 첫째 대상으로 '가정교사를 컴퓨터가 대신하는' 『컴퓨터 가정교사 시스템』 시범계획을 발표했다. 40여 년이 지난 지금은 인터넷의 보편화, 생성형 AI인 챗 GPT 보급 등으로 국민 생활 구석구석에 정보화의 혜택이 스며드는 것을 보니 격세지감이다. 1987. 2. 12. 과기처 대통령 연두 보고 시에 전두환 대통령께서 "1981~1986년 기간에 대통령이 과기처 장관 역할을 했다"고 했다. 이때 ETRI 박항구 박사의 TDX 개발 성공사례 발표도 좋았다.

2. 20. 오후 5시에는 금성사의 구자두 사장이 과기처를 방문해서 "지난 2년 동안에 구미 반도체 시설인수를 도와주고 4M DRAM이 시작될 수 있도록 도와주어서 고맙다"고 했다. 같이 온 민병준 박사는 한글코드 표준화 진전에도 고마워했다. 2. 21. 실무 전문분과위원회를 반도체(이종덕), 컴퓨터(전길남), 소프트웨어(성기수), 생활 정보(이용태), 통신(서정욱), 계측제어(고명삼), 전력(안우희)으로 구성했다.

3. 19. 윤동윤, 김태준, 강민호, 경상현이 프레스센터 20층 무궁화실에서 주전산기 개발업체 네 개(금성사, 대우통신, 삼성전자, 현대전자산

업)를 선정했다. 1987. 4.『행정 전산망용 주전산기 개발사업』이 확정되었다. 주전산기 I은 1987. 6. 국가기간망 사업자인 데이콤이 미국 톨러런트사와 원천기술 도입계약을 체결하여 1988년을 목표로 국내에서 조기에 개량 개선하기로 했다. 주전산기 II는 밀 결합 다중 프로세서(Tightly Coupled Multi-processor)로서 목표시스템을 1987년에 개발 착수하여 1991년에 자체개발·생산하는 것이다. 주전산기 II의 애칭은『타이콤(TiCOM)』이다.

4. 25. ~ 5. 3. USAID[15] 주관으로, 한국의 과학기술개발 경험을 전파하고자 인도에 출장을 갔다. 현대엔지니어링의 정훈목 사장, 산업연구원의 전용욱 박사와 한 팀으로, 현 인도 수도 뉴델리, 인도 제국의 수도 콜카타, 인도의 실리콘밸리 벵갈루루, 인도 최대 도시 뭄바이를 하루씩 돌면서 강연했다[16]. Country of Contrast! 미국 의사의 인도 생활을 그린 영화「City of Joy[16]」가 실감 난다.

8. 20. 박긍식 장관이 취임하고, 같은 날에 나는 주전산기 자문위원회에 참석했다. 자문위원은 전자통신연구소장, 과기처, 상공부, 체신부 관계 국장, 금융전산위원회 사무국장, 기업체 연구소장, 데이콤 사장, 통신진흥(주) 전문가로 구성되어서 행정 전산망용 주전산기 개발 정책을 자문한다. 12. 11. 전자분과위에서는 PC-OS, 컴퓨터 가정교사, 영한번역, 국민 생활정보망, 대덕 망이 채택되고, 국제공동연구는 차기 회의에 조정해서 상정하도록 의결했다. 12. 23. 나는 연구소 복귀를 대비해서 조정관 거취 일정을 만들었다. 12. 31.의 1988 사업계획 결재 시에 "2월의 정부 이양 시기에 조정관을 사직하고 연구소로 복귀하겠다"고 과기처에서 계속 모셨던 박승덕 연구개발조정실장과

권원기 차관께 말씀드렸다.

1987년을 마무리하면서 "나는 국가 과학기술 분야의 커다란 기둥인 전자분야의 연구개발 기획, 조정에 자신을 갖고 임했다"라고 자부한다. 범국가적 4M DRAM 개발 성공, 한글코드 표준화,『국민 생활 정보망 구축계획』,『컴퓨터 가정교사 시스템 시범』계획은 정부가 국민을 고객으로, 정보통신의 혜택을 누리는 사업으로 계속 추진되었으면 좋았을 것이다. 나는 산업기술뿐만 아니라, 어렵지만 사회 전체의 효율과 편익 증진도 구상하면서 공복으로서 보람을 느꼈다.

과학기술처를 떠난 지 6년이 지나서, 나는「한국컴퓨터 연구조합(이사장 강인구)」과 컴퓨터 4사로부터 TiCOM 주전산기 모형과 함께 다음과 같은 감사패를 전달받았다.

감 사 패

강 민 호 님

귀하께서는 모든 이의 소망 속에 이루어진 국산 주전산기 개발사업이
성공적으로 수행될 수 있도록 아낌없는 지원을 다하여 주셨고, 국산 주전산기의
보급 활성화 및 우리나라 정보산업 발전에 크게 이바지하여 주셨음을 감사드립니다.

1994년 3월

한국컴퓨터연구조합 이사장 강인구
주식회사 금성사 대표이사 이헌조
대우통신주식회사 대표이사 박성규
삼성전자주식회사 대표이사 김광호
현대전자산업주식회사 대표이사 김주용

1985년, 4M DRAM 대통령 프로젝트 시동

　1990년대 중반부터 지금까지 우리나라의 수출 효자이자 고도 산업 기술의 쌀인 품목이 있다. 바로 DRAM 기억소자이다. 지금도 삼성전자를 비롯한 SK하이닉스, 마이크론 등 주요 메모리 업체들의 개발 경쟁이 치열하게 전개 중이기도 하다. 사실 우리나라가 DRAM 분야에서 세계 선도국가로 평가받기 시작한 건 그리 오래되지 않았다. 1980년대 초의 반도체 메모리 분야의 선두주자는 미국과 일본이었다. 일본은 1984년에 0.8 μm 선폭의 미세패턴 형성기술을 사용한 1M DRAM의 개발에 성공하며 미국을 앞질러 가기 시작했다.

　우리나라도 1976. 12. 30. 구미 전자공업단지에 설립된 한국전자기술연구소(KIET)가 연구개발용 반도체 제조 일괄공정을 갖추면서, 과학기술처의 특정연구개발사업으로 고집적 반도체의 회로설계, 제조공정 및 시험기술을 다지기 시작했다. 여기서는 4M DRAM 개발 이야기를 편의상 공동개발계획의 잉태, 정부 부처 간 기본계획 조정, 대통령 프로젝트 성공, 성공 다음 이야기로 나누어서 싣는다.

TIP: DRAM 반도체의 원리와 특성

DRAM(Dynamic Random Access Memory)은 컴퓨터와 전자기기의 주기억 장치로 사용되는 반도체 메모리의 한 종류이다. 데이터를 일시적으로 저장하기 위해 컨덴서(capacitor)와 트랜지스터(transister)를 사용하며, 저장된 데이터는 전하(electric charge) 형태로 유지된다. 읽기, 쓰기와 데이터 처리 속도가 높고 가격이 싸다. GPU의 성능과 메모리 대역폭도 DRAM 기술에 크게 의존한다.

1985년, DRAM 공동개발계획의 잉태

우리나라에서 본격적으로 DRAM 반도체 공동개발 사업 이야기가 나온 때는 1985년이다. 대덕연구단지에서 전자기술연구소를 통합한 한국전자통신연구소(ETRI)에서 광통신기술 개발사업을 마무리하고 있던 내가 전기전자연구조정관으로 발령받은 1985. 6. 김성진 과기처 장관은 정부가 지원하여 첨단 반도체, 컴퓨터를 개발해야 한다는 신념을 갖고 있었다.

1985. 10. 12. 과기처 차관 주재 간부 회의에서 연구개발조정실(실장, 박승덕)과 나는 "1M DRAM을 체신부가 50% 분담해서 국내 독자개발/기술도입을 추진하라"는 대통령의 지시사항을 전달받는다. 당시의 국가 전체의 연구개발비가 600억 원으로 당장 시급한 기초연구과제와 중소기업을 지원할 연구비조차도 버거운 상태여서, 우리나라를 대표하는 삼성, 금성, 현대 등 대기업을 국가연구비로 지원한다는 것은 상상할 수도 없었다. 더욱이 반도체 연구개발에는 엄청난 투자가 필요해서 과기처의 특정연구개발비를 다 투입해도 모자랐다.

이 시점에 국가연구개발사업을 총괄하던 박승덕 연구개발조정실장은 다음과 같은 특단의 대책을 마련했다[26]. ① 범부처가 지원하는 특정연구개발사업에 재벌기업들이 공동으로 참여하는 범국가적인 공동개발사업으로 확장한다. ② 여러 정부 부처의 원활한 지원과 3대 재벌그룹 모두가 적극적으로 참여하는 대통령 프로젝트로 만든다. 삼성, 금성, 현대는 명실공히 우리나라를 대표하는 3대 재벌로, 당시만 해도 상호 간에 라이벌 분위기가 팽배하여 재벌 총수끼리는 서로 맞대면조차 하기 어려운 상황이었다.

이때부터 전자연구조정관실이 바빠졌다. 10. 28. 나는 반도체 산업계의 김광교, 천동우, 장홍조 들과 반도체 공동개발을 협의했다. 마스크 샵, 미세가공기술, 분석기술, 통신용 주문형 VLSI 설계기술 등을 토의하였고, 초고집적 반도체 공정 기술개발의 필요성을 처음으로 공식화했다. 이어서 반도체 업계의 김광교, 강인구, 김창수, 이경식이 참석한 권원기 과기처 차관 주재 회의에서 공통애로기술과 제품화 기술로 구분하고, 공통애로 기술은 3사와 ETRI가 공동으로 개발하고, 제품화 기술은 3사가 경쟁적으로 개발한다는 원칙을 세웠다. 개별 프로젝트는 Case by Case로 협의하기로 했다.

12. 16. 이러한 반도체 공동개발 방향을 청와대 「기술진흥확대회의」에 보고했다. 12. 24. 연구개발조정실 회의에서 개발 목표를 1M DRAM보다 한 단계를 높인 4M DRAM으로 하여, 개발과 동시에 세계시장에서 일본과 바로 경쟁할 수 있도록 했다. 연구비는 정부가 500억 원, 3사가 대응기금 500억 원을 만들고, 경상현 ETRI 소장을 총괄연구책임자로 제안했다. 이때의 키워드는 최첨단 기술 수준, 3대 기업 주도, ETRI 활용, 투자비 회수 등이었다.

1986년, 정부 부처 간 기본계획 조정

1986. 1. 22. 체신부 윤동윤 국장실에서 경상현 소장과 내가 반도체사업을 협의했다. 과기처와 체신부가 1:1로 지원하며 기업이 참여

하여 과기처 주관의 특정연구 과제로 추진하기로 했다. 3. 10. 나는 윤동윤 국장을 찾아가서 초고집적 반도체 공동개발을 협의했다. 체신부는 상공부의 연구조합 결성 주장을 수용하고, 기업이 50%를 부담하고, 『기술개발촉진법 10조 3항』을 근거로 과기처가 조정, 감독하고, ETRI가 개발을 총괄하기로 했다. 이때 체신부가 정부 부담 연구비의 60~70%를 부담하겠다고 해서 큰 힘이 되었다.

 3. 28. 오명 체신부차관이 통신진흥협의회에서 강진구 사장, 구자두 사장, 선우 전무에게 과기처 안을 밀자고 당부했다. 성공한 TDX(Time Division Exchange, 시분할 전자교환기) 개발방식으로 DRAM을 개발하면 승산이 있다고 본 것이다[39]. 청와대 홍성원 비서관은 서울대에 반도체 공동연구시설을 설치해서 산학협동 연구로 필요한 반도체 인력 조달을 도모했다.

 정부 예산 총괄 조정권을 쥐고 있는 경제기획원, 반도체 업계를 관장하는 상공부, KTA(한국전기통신공사)를 통하여 연구비 염출이 가능했던 체신부, 그리고 그동안 특정연구개발사업 추진으로 범부처적인 조정이 상대적으로 용이했던 과학기술처가 공동으로 지원하고, 3사와 ETRI, 그리고 대학이 공동으로 개발하는 대한민국 초유의 초대형 산·학·연·관 공동연구가 착계획은 이렇게 잉태되었다.

 개발 목표는 0.8 ㎛ 선폭의 4M D램 반도체를 3단계로 나누어 개발토록 했다. ① 제1단계(1986. 8.~1987. 3.)에서는 1.25㎛ 선폭의 1M D램 반도체를, ② 제2단계(1987. 4.~1988. 3.)에는 1.0㎛ 선폭의 4M D램 반도체를, ③ 제3단계(1988. 4.~1989. 3.)에서 0.8㎛ 선폭의 4M D램 개발을 목표를 세웠다. 1986. 3. 29. 전학제 과기처 장관이 「반도체개발 기본계획」을 대통령께 보고하여 승인받았다. 이어서 청와대에서 홍성원 비서관 주재로 경제기획원, 재무부, 상공부, 과기처, 체신부 국장들이 모여서 개발계획을 조정했다.

3. 30. 내가 ETRI에 내려가서 정의진 기획부장, 이진효 반도체 개발단장과 함께 재원을 포함한 반도체 연구계획을 장시간 심층 토의했다. "반도체란 무엇인가?, 왜? 지금? 4M이냐?" "세계시장이 급성장하고, 공정기술 위주의 대량생산 제품으로 국내 실정에 맞으며, 단계적인 설계기술 확보로 향후의 주문형 반도체 국산화에도 견인차 역할도 하자는 거국적인 합의가 이루어지고 있기 때문이다!" 그리고, "1980년대 말까지는 기억소자 선진국, 90년대 말까지는 반도체 선진국을 달성하여 선진산업국이 되겠다! 삼성이 기억소자 부분에만 기업이 이미 수천억 원을 투자했지만, 단일 기업으로는 미, 일과의 1~2년 기술격차 해소가 어려우므로 거국적인 공동개발이 필요하다."라는 논리로 가다듬었다.

5. 13. 반도체 공동개발이 논의된 경제장관회의에서 기획원은 타당성, 경제성, 개발의 효율성을 언급하였고, 상공부는 반도체 조합을 부각하면서 서둘지는 말자고 했다. 체신부는 ETRI에 통신용 반도체 시설을 투자할 생각이 있었기 때문에 공동개발에 가장 적극적이었다. 다음날인 14일에는 강인구, 김광교, 이종원 씨가 참석하는 참여 3사와의 실무회의에서 개발단계를 줄이자고 의견을 모았다.

6. 7. 김영태 경제기획원 정책조정국장실에서 관련부처 국장들이 모여 과기처 안을 중심으로 토의했다. 11일의 반도체 기업체 대표 회의에서 순수연구비의 95% 이상과 1986년에 연구 기자재 비용 200

억 원 지원과 연구관리지침 제정을 요청해 왔다. 나는 "시간은 우리의 적이므로, 먼저 배를 띄운 다음에 세부 방향을 조정하자"면서, 산학연 공동연구가 유일한 출구이며, 총괄연구 책임기관으로는 ETRI가 현실적인 방안임을 강조했다.

이렇게 정리된 과학기술처의 계획서를 대상으로, 6. 26. 기획원 진념 차관보 실에서 임인택, 박승덕, 윤동윤, 김영태 그리고 내가 참석해서 관계부처 조정회의를 했다. 체신부는 연구관리의 주체는 ETRI라는 것을 선행조건으로 내걸었고, 상공부가 주장하는 조합을 통한 개발 참여에 대해서, 과기처는 ETRI의 역할을 'technology pool과 선의의 관리자'로 보자고 중재안을 제시했다. 기획원은 연구총괄책임자는 ETRI로 하고, ETRI가 반도체 조합에 위탁 개발하는 조정안을 제시하자, 체신부와 과기처가 동의하였고 상공부도 긍정적이었다. 기타 사항으로는 순수연구비의 50%를 체신부와 과기처에서 부담하고 나머지 50%는 석유비축기금을 활용하도록 했다. 이 안을 4개 부처가 합의함으로, 정부 부처 간의 조율은 사실상 끝났다.

1986~1988년: 대통령 결재, 4M DRAM 개발 성공

86. 7. 8. 오후 3시에 전기전자전문분과위원회를 소집했다. 서정욱, 경상현, 전길남, 이종덕, 김태준, 유영욱, 이용태, 강민호가 참석하여 서정욱 박사를 분과회의 회장으로 선임하고 특정연구개발사업으로 추진하는 4M DRAM 프로젝트를 보고 받고, 다음 분과위원회에

상정해서 승인을 받았다.

　7. 21. 4M DRAM 대통령 결재를 위한 관계부처 발의를 준비하여 22일에는 공동개발안을 기획원, 청와대, 체신부, ETRI에 보내고, 23일에는 상공부에도 보냈다. 8. 8. 10시 30분에는 각하 결재 준비를 위해서 권원기 차관, 기획관리실장과 내가 사공 수석을 만났다. 특정연구개발사업비 증액을 위해 기획원 장관의 승인을 얻어 목간 전용하고, ETRI의 정부 이사들이 사업비를 전용하기로 미리 의견을 모았다. 8. 12. 안병성 단장, 이진효 부장, 박승덕 실장 등이 배석해서 전학제 장관께 공동개발계획을 브리핑했다. 장관이 지적한 '기존의 1M 대비, 4M의 문제점'으로는 "트랜지스터의 구조 자체가 달라져야 하고 패턴이 작아져야 하고, 상호접속, 설계, 분석 및 시험기술이 새롭게 접근되어야 한다"고 설명했다.

　드디어 8. 22. 오전 약속된 시간에 전학제 과기처 장관과 경상현 한국전자통신연구소 소장은 『초고집적 반도체기술 공동개발(안)』의 대통령 결재를 받았다. 경 소장은 "1989년 초까지 0.8㎛ 선폭의 4M 디램을 순수연구비 400억 원, 기자재 구입비 479억 원은 석유안정기금에서 200억 원을 지원받고 나머지는 기업이 부담해서 총 879억 원 투입한다. 순수연구비 재원으로는 KTA가 200억 원, 특정연구개발비로 100억 원, 참여 3사가 100억 원을 분담하여 1990년대 초에 세계시장의 11%를 우리나라가 차지한다"는 요지로 보고했다. 우리 역사상 대통령이 직접 서명한 초유의 879억 원(당시 미화 1억 달러)에 달하는 대형 국책 공동연구사업이 탄생하는 순간이었다. 전 대통령은 결재문서 표지에 다음과 같은 주(註)를 달았다. "전자통신연구소장은 전 연구원의 인사권(人事權)을 장악해야 하며 3사는 공동운명체로서 연구소장의 지휘에 순응, 협조해야 함."

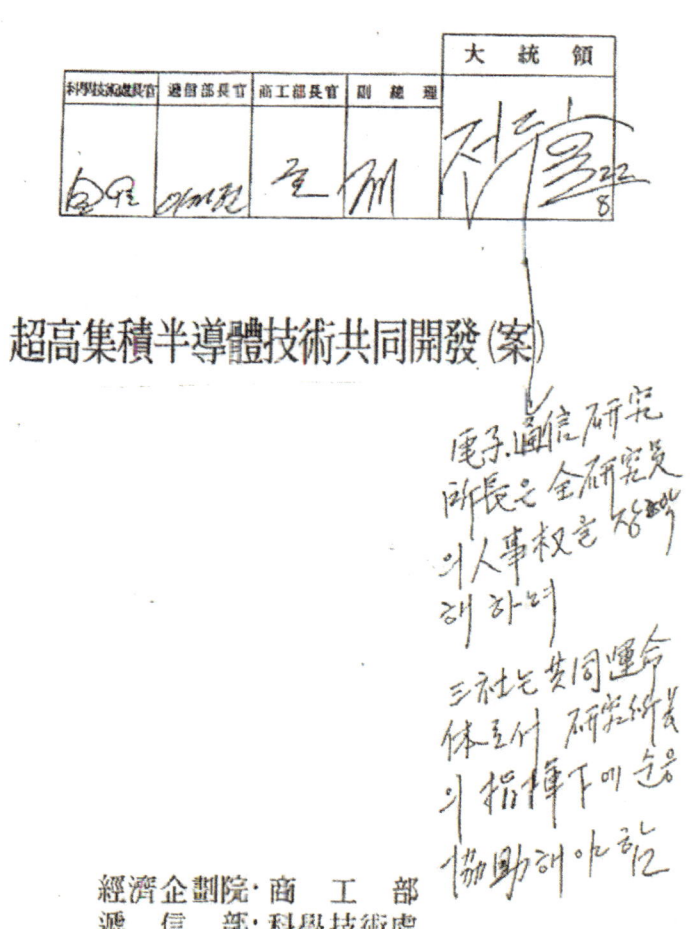

대통령의 공동개발계획 결재 표지(사본). 1986. 8. 22.

1987년 초의 초고집적 반도체 개발상황은 다음과 같다. 1986. 10. 과기처와 ETRI 간에 특정연구협약을 체결하고 11월에 ETRI와 3사가 세부 협약을 체결했다. 이 과정에 ETRI는 연구개발 총괄관리와 설계 생산, 기본 기술개발을 지원하고, 참여기업의 자율성과 창의성을 존중해서 가장 효과적인 연구개발이 이루어지도록 유도하고 기술별 특성에 따라서 핵심기술은 분담해서 연구하기로 했다. ETRI의 경 소장은 제품기술, 개별공정기술, 협동기술로 나누어 개발을 본격화하면서 매일 아침에 회의를 주재하여 사업의 진도를 점검하는 등, DRAM 개발에 ETRI의 연구역량을 모두 동원했다. 기업체의 공동참여 인력들도 최첨단 기술개발에 참여하고 있다는 자부심과 세계시장을 석권하겠다는 일체감으로 뭉쳤다. 미세패턴 형성, 식각(etching), 소자 격리를 위해서는 groove를 층을 쌓아 올리는 스택(stack)기술[17]과 홈을 파고 들어가는 트렌치(trench)기술[18]의 우열을 따지기 힘들었는데, 각사가 분담하여 개발된 공정기술이 제품개발로 바로 이어질 수 있도록 사업을 관리하였고, 개발 속도를 높이기 위해서 참여기업마다 개발 목표를 배당하고 모든 과정을 문서화했다.

  이렇게 3사의 개별 결과 중에 부족기술을 공동활용하여 상호 보완하는 등으로 계획 일정 내에 개발될 수 있는 여건이 충분히 조성되어 있다. 각종 기술문서 표준화, 개발체계 및 방법론 등 제도적 장치 마련과 최신 소요 연구 설비 도입을 조속히 마무리해야 할 일이 남아 있다. 1988. 3.까지 수율 7%의 engineering sample[19] 출하를 낙관하는 분위기를 기술진흥심의회를 통하여 청와대에 수시로 보고했다.

  연구개발 착수 이듬해인 1987. 5. 핵심 개별공정기술의 확보에 성공하였고, 2개월 후인 7월에는 제품 설계 시안을 완성했다. 그리고 같은 해 9월에 종합 제품공정기술을 확보하였고, 1938. 2. 0.8μm 선폭의 4M D램 개발에 삼성전자가 먼저 성공했다. 최종 3단계(1989. 2.) 목표인 0.8μm 선폭 기술을 1년 빨리 달성한 것이다.

1988년의 4M D램 시제품 개발의 성공으로 우리나라가 첨단기술의 세계시장 확보에 유리한 고지를 점령하는 계기가 되었고, 반도체산업의 자생력을 확보하고, 첨단 산업기술 개발에서 자신을 갖게 되었다. 정부는 시제품 개발 성공 소식에 기쁨을 감추지 못하고 서둘러 대통령께 보고 준비를 했다. 1988. 1. 27. 4M DRAM의 대통령보고 관련으로 홍성원 비서관과 사전에 협의했다. 대통령 보고시간은 1988. 2. 8. 오전이었다. 전 대통령의 임기 종료 2주 전이다. 연구책임자인 경상현 전자통신연구소장이 보고하고, 박긍식 과기처 장관, 오명 체신부 장관, 경제수석, 홍성원 과학기술비서관, 그리고 박승덕 연구개발조정실장이 배석했다. 대통령보고 요지는 다음과 같다.

> **대통령 보고 요지**
> **4M D램 시제품 개발의 성공**
>
> 4M DRAM 공동개발사업은 1986. 10.부터 정부, 민간 및 학계 공동으로 개발에 착수하여 현재까지 개발업무가 계획한 바와 같이 순조롭게 진행되어 시제품 개발에 성공하였습니다.
>
> 시제품 개발내용은 신문 8면들 기은할 수 있는 4M DRAM으로서 당초 계획보다 집적도가 높은 0.8마이크론 선폭 기술로서 독창적인 설계개념에 의한 새로운 소자구조를 실현하였으며,

> 개발의 의의는 공동개발사업의 독창적인 추진으로 국제시장에서 경쟁력이 있는 4M DRAM의 조기확보 및 세계시장의 점유율을 제고하고,
>
> 정부, 민간 및 학계 간 공동연구개발체계를 확립하여 국내연구능력을 총동원하는 관리체계를 구축했다는 내용과 개발기술에 대한 실적 평가제도를 정착시켜서
>
> 미국 및 일본과 양산 시기 격차를 6개월로 단축한 사실 및 향후 상용화 추진 계획을 보고드렸습니다.

보고는 문자 그대로 축제 분위기였다. 대통령의 표정이 그렇게 밝을 수가 없었다. 보고를 받은 후에 대통령은 아주 만족하시면서 경제적인 효과와 시장점유율 등을 일일이 물었다. 가만히 듣고 있던 대통령은 고개를 끄덕이면서 "오늘은 아주 기분 좋은 날이다. 내가 한턱낼 터이니 개발에 참여한 핵심 연구 요원들과 3사의 총수들도 오늘 저녁에 청와대로 초청하시오"라고 즉석에서 지시했다.

1988년, 개발 성공 다음 이야기

1988. 2. 8. 오전의 4M DRAM 개발 성공 대통령 보고에 이어서, 갑작스럽게 같은 날 저녁 6시에 개발 축하 연회가 청와대에서 열렸다. 여기에는 연구개발에 직접 참여했던 ETRI 및 참여기업의 연구원들과 개발 참여 3사의 이병철, 정주영, 구자경 회장 그리고 4개 부처의 장관, 청와대 비서관, 과기처의 연구개발조정실장과 전자연구조정관 등

30여 명이 참석했다. 대통령이 기분을 돋우며 돌아가면서 모두에게 마주앙을 직접 따라주면서 격려해 주었다. 3사의 회장들을 가리키면서는 "당신들 평소에는 서로 얼굴도 마주 보지 않고 싸운다면서요? 이번 반도체 개발계획에 니가 직접 서명해서 과제를 성공시키는 바람에 서로 화해하는 계기가 되었다면서요?"라고 하면서 앞으로는 계속해서 서로 협력해 나가라고 하여 좌중을 웃음바다로 만들었다.

대통령은 4M 상품이 나오건 "바로 나에게도 연락을 달라"고 하면서 "퇴임 전에 4M 디램이 나와서 내가 직접 만든 것보다 기쁩니다. 나중에 4M 디램이 나오면 내 머리털을 팔아서라도 연구원들에게 한 턱 내겠습니다. 노태우 당선자를 찾아뵙고 보고를 드려서 16M, 64M 디램도 계속 개발할 수 있게 하세요. 별도로 시간을 내시도록 내가 말해 주겠습니다."라고 말했다[39]. 모두가 지난날의 어려움을 기쁨으로 바꾸는 시간이었다. 그때 청와대에 참석했던 연구원들은 대통령의 휘장이 그려진 손목시계를 한 개씩 선물로 받았다.

그리고 얼마 후에 신임 이건희 삼성그룹 회장이 삼성반도체통신 사장(강진구)과 함께 과학기술처 권원기 차관실에 와서 정부가 4M DRAM 개발사업을 잘 이끌어 주어서 고맙다고 하면서 16/64M DRAM 계획까지 설명했다[27]. 사실 우리나라 반도체산업의 개척은 삼성이 중심역할을 해 왔다. 1974년에 이건희가 한국반도체를 인수하고, 1982년 말에 한국전자통신주식회사(사장 이춘화)를 인수하여 나중에 「삼성반도체통신」으로 이름이 바뀌고 삼성전자와 합병된다. 이것이 세계 1등을 향한 반드체사업 진출 수순이었다. 삼성은 유학파를 대거 스카우트하여 1983년 말에는 64K DRAM을, 1986. 7. 1M

DRAM을 개발하여 일본의 도시바를 2년 격차로 따라붙었고, 이번 대통령 프로젝트가 일본과의 제품기술 격차를 6개월로 줄이는 결정적인 역할을 한 것이다.

삼성은 급기야 1992년에 64M DRAM을 세계 최초로 개발하여 1997년에 국내 재계 1위로 올라서고, 우리나라는 세계 1위의 메모리 반도체 기술국으로 등극하여 대한민국이 세계 7대 산업기술 선진국으로 도약하는 초석이 되었다.

우리나라의 DRAM 메모리 반도체가 최단 시간에 세계의 기억소자 반도시장 석권에 성공한 요인이 무엇일까? 나는 성공 요인으로 천시, 지리, 인화의 3가지 열쇠를 꼽는다.

첫 번째 열쇠는 20세기 후반부터 시작된 디지털 혁명이다. 트랜지스터가 1956년에, 레이저가 1960년에, 광섬유가 1966년에 발명되어서, 모두가 노벨물리학상을 받았고 1970년대부터 컴퓨터, 전화, 인터넷, TV 등 모두가 전자식 디지털 기술로 급속히 대체하게 됨으로서 우리나라와 같은 아날로그 후진국들도 디지털 선진국으로 도약할 수 있는 절호의 기회가 왔다. 이러한 디지털 혁명이 없었더라면 오늘날의 대한민국 산업기술이 일본, 유럽을 단기간에 능가하기는 불가능했을 것이다. 강인구 박사는 "그 당시의 큰 고민은 2년에 4배로 용량이 증가하는 개발 순기였다. 우리 계획의 목표연도인 1988년이면 일본은 이미 4M 디램 제품 순기의 후반에 있을 것으로 예상했다. 반도체의 원가는 장비의 감가상각이 상당한 부분이므로 후반기에는 값이 형편없이 내려서 한국 같은 후발 업체가 살아남기 힘든 구조였다. 사실은 달리 대안이 없어서 그대로 추진했던 것인데, 하늘이 도왔다고 할까. 4M의 수명이 2년 정도 연장되고 또 호경기를 맞아 이 개발 사업은 성공했고 차기 공동개발도 계속 지원되었다. 반면에 당시에 일반 순기에 맞춘 일본은 닥대한 시설비를 투자하여 개발에는 성공하였으나, 16M D램은 팔리지 않아서 낭패를 보았고, 한국이 4M DRAM 반도체 시장에서 일본을 넘어서는 계기가 되었다."라고 회고했다[27].

두 번째 열쇠는 2막 5장(천지인 조화)에서 자세히 기술한 대로, 60년대, 70년대, 80년대의 우리나라의 체계적인 산업기술 중시 정책이다. 1960년대 후반부터 KIST, KAIST[20] 설립으로 산업기술개발과 전문인력 양성, 그리고 KIET, ETRI 등의 전문 출연연구소 확충과「정부 유치과학자」제도 도입 등으로 농업 국가를 중화학 공업 국가로 최단 시간에 탈바꿈시켰다. 1982년부터 과학기술처에서는 특정연구개발사업 도입 때에 외부 인사를 특별 임용할 수 있는 제도를 마련했다. 이 제도 때문에 나는 평생 공무원을 해도 승진하기 힘든 이사관급의 조정관 자리에 임용되어서, 정통 공무원으로는 힘든 새로운「초고집적 반도체 공동개발」을 기획·조정할 수 있었다. 1980년대 중반에는 메모리 반도체가 산업의 고도화, 디지털화에 필수적인 '산업의 쌀'로 인식되어서, 우리나라도 정부·민간·대학 및 정부출연연구소가 모두 참여하는 범국가적인「특정연구개발사업 공동개발」의 씨앗이 뿌려지기 시작했다.

마지막 열쇠는 앞서서 이끌어 가는 리더들과 실두자들의 헌신적인 합심이다. 우리나라는 6·25의 폐허 속에서도 국책연구소를 만들고, 선진기술을 체화한 고급인력들이 청와대, 중앙정부, 연구계, 산업계에 포진하면서 1970년대 말부터 반도체 기본기술 개발에 착수했다.

삼성의 이병철 회장을 비롯한 금성, 현대 등의 재벌그룹 회장들의 도전정신과 전자기술연구소를 흡수한 한국전자통신연구소의 경상현 소장과 유능한 연구원들, 청와대와 정부 부처의 애국심에 불타는 훈련된 기술관료들이 "하면 된다.", "우리도 반도체 선진국이 될 수 있다."라는 슬로건 아래 하나로 뭉쳤다. ETRI 출신의 전자연구조정관이 과기처와 체신부, 과기처와 ETRI 사이의 다리 역할을 하고, 연구비를 가장 많이 출연한 체신부가 부처 간의 역할 조정에 앞장서 준 것이 큰 힘이 되었다[39]. 그리고 지금 생각해도 사업을 태동시키고, 격려하고, 단합시키고, 온갖 지원을 해준 전두환 대통령이 가장 큰 공로자였다고 나는 생각한다. 그래서 당시에 이 공동개발사업에 참여했던 많은 사람은 이 프로젝트를 '대통령 프로젝트'로 기억하고 있다.

권원기 당시 과기처 차관은 "4M DRAM 추진에 박승덕 연구조정실장과 강민호 전자조정관의 노고가 큰 몫을 했다."고 회고했다[27]. 당시 연구개발조정실장은 "이 과제를 직접 담당한 전기전자조정관 강민호 박사는 탁월한 전자 부분의 전문지식과 행정 능력으로 업무 처리에 많은 도움을 주었다."라고 회고했다[27]. 나는 1988. 2.에 총괄연구기관인 한국전자통신연구소장 경상현과 3대 참여기업인 금성반도체㈜ 사장 김지주, 삼성반도체통신㈜ 사장 강진구, 현대전자산업㈜ 사장 정몽헌 명의로 다음과 같은 문안의 기념패와 최초 개발 8인치 웨이퍼 및 4M DRAM 시제품 세트를 받았다.

필자가 과학기술처 전자연구조정관 시절에 받은
국내 최초의 4M DRAM 메모리 반도체와 웨이퍼 시제품 개발 공로패. 1988. 2.

1988~1989년, ETRI 통신정보기술단장

나는 1988. 3. 24. 과학기술처에서 ETRI로 복귀해서 기초연구부(단장급)를 설치하고 나서 통신정보기술단장 보직을 받았다. TDX, DRAM, TiCOM을 제외한 ETRI의 모든 연구개발 활동을 총괄하는 수석 단장이다.

1988. 10. 30. ~ 11. 3. 경상현 ETRI 소장이 이스라엘 텔아비브에서 열린 "90년대를 위한 컴퓨터 커뮤니케이션기술"이라는 주제의 ICCC(국제 컴퓨터 통신 학술대회) 출장 가는데 내가 동행했다. 이스라엘로 가는 중간 기착지인 아테네 공항에서 자투리 시간을 활용해서 파르테논 신전을 구경하고 에게해의 싱싱한 가재 요리를 맛보았다. 일행

은 아테네 최고급 힐튼호텔에 가서 우선 짐을 맡기고, 세수한 다음에 호텔 포터가 추천하는 관광택시로 8시간 동안에 최고급 관광을 한 것이다. 여행 팁을 또 하나 배웠다. 이스라엘에서는 유대교, 기독교, 이슬람교의 중심도시인 예루살렘의 통곡의 벽, 십자가의 길과 사해, 마사다, 갈릴리 호수를 답사했다. 텔아비브호텔 앞 잔디를 종일 스프링클러로 적시는데, 그렇게 키운 이스라엘 오렌지가 맛이 좋아서 비싸게 거래된다.

1989. 9. 3. ~ 10. 나는 UN개발계획[21]산하의 '시험·개발·협력 네트워크'[22]의 아태지역 책임자로서 관계 국가 책임자(인니, 태국, 싱가폴, 인도, 스리랑카, 파키스탄, 중국 등)들과 베이징에서 지난 성과와 향후 지역협력과제 도출을 위한 회의를 주관했다. 이때 우리나라는 아직 중국과 수교가 되지 않아서 일반인은 여행하기 어려웠다. 새벽녘 천안문 광장의 긴 자전거 행렬과 평온한 노동자들의 얼굴, 100원짜리 리어카 아침과 10,000원짜리 호텔 조식의 이중적인 경제구조, 야시장의 청바지, 택시기사보다 못한 교수의 급여가 한국과는 너무 대비된다. 만리장성, 자금성, 이화원, 왕실 무덤, 천안문 광장들의 규모에 놀라면서 건설 과정에서의 인민의 아픔도 상상해 보았다.

1989. 12. 31. 서정욱 KTA 품질보증단 단장(당시 기술 부사장 내정)이 "연초에 이력서를 갖고 집으로 오라"고 하신다. 경 소장과 상의 후에 서 박사를 찾아뵈었더니, 경쟁을 대비해서 새로 만드는 KTA 연구소 소장으로 추천하시겠다고 한다. 이렇게 해서 나는 KTA의 신설 연구 조직의 수장이 되었다.

3.

KT 연구개발 체계 구축, 해외 통신영토 확장

 3장에서는 1990~1999년의 국내외 경쟁과 개방을 대비한 KT[23]의 통신사업자 연구개발 체제 구축과 해외 통신영토 확장사업들을 차례로 소개한다.

1990년, 신설 KTA 연구개발단장 취임

 ETRI의 정보통신기술연구단장이었던 내가 1990. 2. 5. 오전에 KTA 이해욱 사장으로부터 연구개발단[24](KTRC) 단장 임명장을 받았다. 당시의 사업지원단(단장: 이관하, 박하구)을 대대적으로 확장해서, KT의 대내외 경쟁력 제고를 지향하는 『연구개발단』 구축이 1차 책무이다[18]. 직급은 집행간부급 책임연구원이다. 2. 6. 연구개발단의 직제, 편제 개선안(단장-본부장-부장-실장)을 사장께 보고하여 내락을 받고 9일 직제규정이 이사회에서 확정되었다. 기간통신 연구, 정보통신 연구, 경영연구, 기술지원 등 4본부와 연구관리기구인 사업지원본부를 설치하여 직전 조직보다 5배로 확대되었다. 또한, 단내의 본부장을 위원장으로 하는 연구협력위원회, 학술진흥자문회의, 산학협력위원회를 구성하여 김진수, 김현우, 정규찬 본부장들에게 부탁했다.

1990. 2. 14. 기존의 기술 중심의 중장기계획에 국제감각을 최대한 가미하고 ETRI 과제나 기술기획실의 연구과제를 자연스럽게 수용하기 위한 Macro Strategy로 'VISION 2000' 프로젝트를 구상했다. "KTRC의 연구과제 확장 시에는 기존 ETRI의 연구에 지장이 없어야 한다"고 이우재 체신부 장관, 신윤식 차관뿐만 아니라 이해욱 사장도 반복해서 강조했다. 2. 16. 사장실 간부 회의에서는 우면동 17번지에 신축하는 연구개발단의 IBS[25] 건물은 세계적인 수준이 되도록 건설하라고 지시했다. 1990. 5.에 IBS 설계 용역, 단규 제정, 'VISION 2000' 프로젝트가 발전된 「KT2000」 과제의 기획이 본격화되었다.

4. 26. ~ 5. 9.에 이해욱 사장을 모시고 미국 출장을 다녀왔다. 플로리다주 올랜도 디즈니월드 에프코트(EPCOT) 테마파크[26]는 대전 EXPO의 정보통신관 기본설계에 참고가 많이 되었다. 워싱턴 D.C.에서는 한국인 위성통신 과학자 다수와 Intelsat[27], KTA 워싱턴사무소를 방문하였고, 뉴욕지역에서는 AT&T의 본사 회장, 벨연구소의 Allen 사장 방문으로 바빴고, Bellcore[28]에서 김노식, 이상훈 박사를 소개받고, IBM Watson 연구소를 방문하여 첨단 사업자들의 비전을 주마간산으로 살펴보고, 지능망, 망 관리 기술협력을 협의했다. 여행 중에 이 사장은 나와 동행한 유완영 박사에게 "KTA가 민영화하는 데 회사의 이름을 미국의 AT&T나 일본의 NTT처럼 KTT로 하면 어떻겠는냐?"하고 물어왔다. 우리는 "영국의 BT나 프랑스의 FT처럼

KT가 더 좋다"고 하였다. 알다시피, 나중에 민영화 시에 KT로 정해졌다.

벨코어의 이상훈 박사, 김노식 박사는 얼마 후에 KTRC에 합류했다. 여행 후에 사장께서는 1/4분기 심사분석보고회에서 "KTA의 향후 목표인 통신망의 고도화, 지능화를 위해서는 망 관리가 기본전제가 되어야 하므로 통신망 관리시스템(TMN)의 조속 도입방안을 검토하라", "벨코어에서 KTRC가 배울 점이 많겠다. 전화번호부 관리도 중요하다."라고 지시했다. 1990. 8. 민영화를 대비한 KT의 새로운 연구개발 대상으로 가입자 루프 디지털화, 통신망 관리 네트워크, 네트워크 서비스 개발, 종합 네트워크 계획, 조립식 접속관 등을 1991년의 대형 간판 과제로 해 나가자고 내부에 지시했다. 12. 28. 과학기술처 차관으로 발탁된 서정욱 부사장의 후임으로 김낙성 기술실장이 부사장으로 승진했다.

1991년 새해를 맞아 KTRC의 조직도 다시 정비했다. 기간통신 연구본부의 기존 연구부(통신망, 네트워크시스템)에 가입자연구부를 추가하고, 정보통신 연구본부는 기존의 서비스연구부와 기업통신연구부 외에 광대역 서비스연구부를 추가했다. 나는 우면동 IBS 연구센터 준공을 대내외에 알리기 위해서 『KTIS[29]』 개최를 구상했다. 3. 2. 이해욱 사장은 발족 1년이 된 KTRC는 ETRI의 연구 흐름에 방해되거나 인력을 스카우트하지 말고, 선로기술, 응용 소프트웨어 등의 분야에 역점을 두어서 1996년까지 KT 예산의 5%, 2001년까지 6%를 투입하자고 했다. 나도 이렇게 생각하고 행동한다고 생각해 왔지만, 외부에서는 여전히 KTRC가 ETRI 발전에 걸림돌이라고 우려하는 시각이 있었다. 매월 열리는 대통령 과학기술자문회의(PCST)[30] 전문가 회의에도 계속 참석했다. 4. 9. 사장께 우수인력 확보계획, 조직 발전, 우면동 IBS 입주 계획, 산학연 협동 강화, KTIS 준비, 각 연구본부의 비전을 보고했다. 사장은 "새로운 조직에 새로운 책임자가 참신하고 의욕적인 보고를 해 주어 고무적"이라며 "개인적으로도 기술력을 키운 사장으로 기억되고 싶다"고 했다.

6. 13. 월례회의에서 김진수 연구관리본부장은 연구소 분화 준비와 수요와 공급을 연계하는 연구사업 발굴을 보고했다. 19일의 내부 주례보고 시에 선진기술을 추월하기 위해서는 해가 지지 않는 해외연구소 설치, 불 꺼지지 않는 젊은 연구소, 야간급식, 차량 운행 검토를 지시했다.

강민호 단장, 제네바 「Telecom Forum 91」 연설. 1991. 10. 15.

10. 6. ~ 16. 이해욱 사장을 수행해서 스위스 제네바에서 열린 ITU[31] 「Telecom Forum 91」에 참석해서 "KT의 연구개발"을 주제로 논문[19]을 발표했다. 네덜란드 헤이그에 있던 이준 열사의 묘역도 둘러볼 수 있었다. 이해욱 사장의 여행 준비, 특히 예술에의 관심은 놀라웠다.

11. 8. 월례보고회에서 사장은 "KTRC의 시설이 호텔 수준이니, 1991. 11. 29. KTIS 개최 시에는 학계, 학생, 연구기관을 많이 참석시키도록" 당부했다. 행사가 끝나고, 이해욱 사장은 "KTIS가 적절한 토픽에, 적절한 시기에 성공적으로 개최되었다"라고 칭찬했다. 1991년 업무를 종료하면서 KT2000, IBS 준공, 국제심포지엄의 개최 등이 보람으로 기억된다. 옆도 보지 않고 앞으로만 뛰었던 것 같다. 보람과 함께. 1992년은 7차 5개년 계획의 시작으로서 연구부장들이 주인답게 중기 연구사업을 주도하고, 산학연 협동 연구에 힘쓸 것을 같이 다짐했다. 공채 1기에 118명이 합격. 좋은 사람이 모여들던 때였다.

1992. 1. 22. 송언종 체신부 장관 업무보고 시에 장관께서는 "연구개발체계와 기능을 더욱 확충해서 성과를 올리고, ETRI와의 기능 정립을 고려, KT의 인력 증원을 억제하라."라고 지시했다. 23일에는 연구센터를 방문하신 사장께 1992년 업무보고를 했다. 3. 11. KTRC 월요회의에서는 신설 소프트웨어연구소장실과 선로연구소장실 확보를 논의했다. 9. 4. 금요 월례회의에서는 사장의 해외여행 소감으로 "G7 선진국의 기술개발수준이 엄청난 것을 실감하였고, 특히 KT는 정보통신망연구, Human Interface 연구가 특히 낙후되어 있다. 새롭게 뒤돌아보고, 선진국 수준으로 도약하도록 계획을 보완하라."라고 지시하고, "KTIS 92가 적절한 토픽을 적절한 시기에 잘 준

비했다."라고 거듭 치하했다. 1992년은 대체적으로는 1991년의 분위기가 계속된 한 해였다. 하드웨어는 제대로 차려지는데 연구소 운영 소프트웨어, 연구원 자체의 변화가 미흡했던 한 해가 아니었나 하고 생각된다. 사장, 부사장의 연구개발에 대한 애착, 그리고 좋은 지적들이 언젠가는 실현될 것이다. 개인적으로는 MIT 교육연수가 가장 보람이 있었다.

1993년 초는 정권교체작업으로 시작되었다. 나는 KTRC 신년사에서 사내 중앙 연구기관으로의 역할 정립, 국제경쟁력 제고 측면에서의 연구사업 수행, 대내외 기술협력 강화, 조직과 조직원의 균형 있는 발전을 제시했다. 김정수가 경영연구본부장으로 오고, 신입연구원 179명을 해당 부서에 배치했다. 나는 『한국통신 경영과 기술』에 「LAN에서 B-ISDN까지[20]」를 투고했다. 2. 25. 김영삼 대통령이 취임하고 체신부 장관에 윤동윤, 과기처 장관에 김시중, 경제부총리에 이경식이 입각했다. 3월 들어 경상현 박사가 체신부차관으로 발령받았다.

1993. 4. 1. 이해욱 사장 후임으로 조백제 박사가 사장으로 취임했다. 19일의 신임 사장 접견 인사 시에는 "관리의 통합화, KTRC의 유관연구소의 중심역할 당위성, 연구소장들이 능력 있다"라고 언급했다. 6. 7. 조백제 사장이 연구센터에서 다음과 같이 훈시했다. "KTRC의 시설과 인재는 위력적이다. KT의 운명, 정보통신의 발전을 좌우할 수 있다. 조직과 개인 모두 성장 후에 대나무와 같이 매듭을 잘 만들어야 더 크게 성장할 수 있다. 기술 분야에서 목표의 90% 달성은 0%의 성과와 같다. 연구원은 평균 처신, 평균 노력만으로는 KT의 앞날이 없다"라고 했다. 6. 24. 박사급 연구직 유치와 영입기준안 보고를 받은

후에, 사장은 "강민호 박사가 품질보증단장[21]을 맡으라"고 했다. 충격이었다. 한참 지난 사석에서 왜 나를 품보단장으로 임명하셨냐고 물었더니 "강 박사가 때가 가장 덜 묻었기 때문"이라고 했다.

우수 연구원 대거 유치

1990. 2. 19. 연구원 응시자 254명 중에 타 사내기관 재직자가 48명으로 인기가 대단했다. 21일 KAIST 석사 38명을 특채하고, 국내 박사 3명(김영탁, 김재욱, 이명수)들도 발령단계에 있었다. 전임연구원을 67명 공개 채용하고, 박사급 20명을 유치하기로 했다. 내부에서는 해외 박사유치에 대해서 불안해하는 일반연구직 간부들도 있었으리라.

3. 2. 사장실 회의에서는 "처음 발족한 연구개발단은 선로, 소프트웨어, 기초 등의 분야를 집중하여 ETRI의 연구를 흔들거나, 인력 스카우트를 하지 말라"고 지시하면서 1996년까지 재원의 5%, 2001년까지 6%를 투입하자고 했다. 4월에는 KTRC에 박사 4명(박광수, 최두환, 김노식, 이상훈)을 포함하여 80여 명의 새 가족이 합류하였고, 이용경 박사와 이명성 박사도 접촉하고 있었다.

1990. 9. 7. 월례 사장 업무보고 시에 사장이 "과학자 유치 창구를 일원화하고, 거시적인 연구소 확장계획과 연계하며, 내가 미국에서 면담한 과학자들이 오느냐?"고 물었다. 9. 26. 서정욱 부사장과 함께 국방과학연구소에서 이상철 박사를 만나서 연말에 유치했다. 11. 8. 신윤식 차관은 KTRC 방문 시에 연구직 519명 중 506명 석사 이상

이라는데 놀라고, "KTRC가 21세기를 주도하는 자부심, 긍지, 책임을 갖고 ETRI의 젊은 연구원들이 걱정하지 않도록 한 배에서 나온 쌍둥이로서 같이 발전하자."라고 했다. 또한, 1991년의 IBS 입주 시에는 KTRC의 명칭으로 중앙연구소를 사용하도록 지시했다. 11. 20. 노을환 기술실장은 "500억 원, 700명, 새 IBS 건물이 합쳐진 KTRC의 위상은 한층 높아졌다."라고 했다.

1991. 8. 6. 한국일보, 중앙일보, 서울신문에 연구원 공채 광고를 내었는데 SKY 출신 대졸자를 중심으로 150명이 응모했다. 대 성황이다. 이때는 KT가 우리나라의 전기 전자, 정보통신 연구자들이 가장 선망하는 직장이었다. 1992년도 연구원 증원 규모가 책임 37명, 선임 77명, 전임 137명, 보조 25명 등 도합 276명이다. 획기적이다. 1992. 3. 11. KTRC 월요회의에서는 현원 676명 중에서『소프트웨어연구소』에 33명, 『선로연구소』에 54명을 배정했다. 4. 21. 선로 및 소프트웨어연구소 기공식이 대덕에서 열렸다. 4. 30. 경상현 ETRI 소장의 이임식에 참석했다. 나의 ETRI, MOST, KT 활동에 등불이 되어 주신 분이다. 5. 1. 후임 양승택 ETRI 소장 취임 축하 화환을 보냈다.

경상현 소장의 추천으로 1992. 6. 8. ~ 19. 미국『MIT 연구개발관리 특별과정[32]』을 이수했다. 2주간의 짧은 시간이었지만, 다루는 내용은 기술혁신, 연구개발 조직, 인력, 전략계획, 기술이전, 상용화, 세계수준의 연구소 등이다. 오전은 전문 강의, 점심시간에는 마케팅 및 전략 강의가 주로 병행되었고, 오후에는 주제별 세미나, 저녁에는 자유토론 시간을 두어 참가자들의 공통관심사를 집중적으로 토의했다. 3,000여 페이지 이상의 각종 예습, 복습자료를 배포해서 온 정신을 이 과정 이수에만 쏟았는데, 내가 관장하는 연구개발, 기술혁신 분야의 경영기법을 섭렵하는 좋은 기회였다.

MIT 연구개발 경영과정 수료증. 1992. 여름.

1991년: IBS 연구센터 준공, 우면동 연구센터 입주

1990년 초, 신축 중인 KTRC 빌딩을 IBS(지능형 빌딩 시스템)로 건축하는 것이 현안이었다. 기업통신사업본부(본부장, 이재철)에서 빌딩 자동화 환경을 담당하고 KTRC는 사무 자동화, 통신 자동화를 담당하도록 업무를 정리했다. KTRC는 소개 책자를 기획하고 IBS 사무자동화계약을 독려하고 입주 배치 계획을 세우고, 1990. 5.에 IBS 설계용역을 계약했다. 11월에 우면동 건물의 세미나실, 강의실 등의 이름을 정했다. LAN[33], OA, ISDN[34] 연계, 영상통신, 조각 등의 상징물을 검토했다.

그 당시에 정부의 수도권 과밀억제 정책으로 수도권에는 연구소 신설을 허가하지 않아서 KTRC가 우면동에 입주하기 위해서는 특단의 조치가 필요했다. 이 문제를 해결하기 위해서 1991. 6. 22. 김낙성 부사장 주재로 김영재 기술실장, 이재철 기업통신 본부장, 강민호 연구개발단장, 정규찬 운용보전실장이 모여서 논의한 결과, 기업통신본부가 준공행사를 주관하고, 명패는 운용연구단으로 하되, KTRC가 실질적인 주인이 되도록 정리했다. 이 건물은 지금도 KT 주주총회 등 큰 행사에 잘 활용되고 있다.

1990~1991년, 『KT2000』 프로젝트 수행

1990. 8. 28. 경쟁체제로 거듭나는 KT의 2000년대 준비 프로젝트인 『KT2000』 프로젝트의 파트너 자리를 놓고 ADL, BCG, 데이터퀘스트, 모니터가 치열한 경쟁에 돌입했다. 본사 간부들은 "아는 이야기 아니냐? 우리 비밀이 새어 나가는 것이 아니냐?"면서 부정적 의견 개진도 있었으나, 1991년에 「KT2000」 연구를 미국의 「모니터」 그룹과 같이 수행하여 KT의 7차 5개년 계획(1992~1996년)에 반영하는 것으로 결정했다. 1991. 2. 23. KT2000 진도 점검 회의가 조병일 부사장 중심으로 열렸다. 추광영 교수, 김인호 교수는 일단 「모니터」의

능력을 인정하고 가능한 서비스 제시에 역점을 둘 것을 제안했다. 5. 8. 이해욱 사장이 KT2000 용역기관인 「모니터」의 마크 풀러 수석부사장에게 "급변하는 경영환경 속에서 KT가 2000년 G5 목표 달성을 위한 필요충분조건과 개선해야 할 내용과 방향"을 주문했다. 8. 28. 모니터의 풀러 형제가 사장께 용역 결과를 다음과 같이 보고했다.

- KT의 포괄적인 마케팅 전략이 필요하다. 이를 위해서는 내부어 마케팅 부서를 만들고 고객평가기술, DB를 활용해서 시장을 차별화해야 한다.
- KT의 포괄적이고 합리적인 조직체계를 건의했다. 현 조직은 전화 위주로서 미래 또는 새로운 서비스를 감당할 수 없으며, 의사결정권을 간부들에게 내려 주어야 한다. 이런 점에서 KT2000은 KT에 전환점을 시사하고 있다.
- 규제대응 창구를 단일화하라.
- 연구개발 대상은 소프트웨어, '시스템 종합' 위주로 강화하고, KT의 주도적인 위상 유지를 위해 우선순위를 정해야 한다.

최종 보고회에서 사장은 "이 과제의 목적이 민영화, 경쟁체제를 앞두고 커다란 전략과 방향을 진단하는 것이다. 이제는 G5를 대비한 우리의 위상을 잡았으니, 우리 스스로 용역에서 주는 암시를 바탕으로 G5에 도전하는 자세가 더 중요하다. 알고 있던 내용이더라도 일깨워주는 효과도 중요하다. 각 부서에서 진지하게 실천해 나가라"고 지시하면서 과제수행자들의 노고를 치하했다. 1991. 11. 「KT2000」 용역 결과를 사장께 최종 보고해서 1991. 12. 10. 기업문화선포식에 맞추었다. KTRC(경영연구본부)는 『KT 경영과 기술』에 「KT2000 연구」의 주요 내용을 발표했다.

1990~1993년, 연구원 소통 강화

KTRC가 신설 조직이므로 소통 강화가 우선 과제이다. 먼저 ETRI와 상생발전이 중요하다. 1990. 2. 21. 4시에 연구원협의회 간부와 만나서 상의하달, 하의상달의 촉매제가 되겠다고 했다. "KTRC가 KTA의 희망이니, 우리가 오늘날의 미켈란젤로가 되어서 Information Architect(정보 설계자)로서, 품위 있고, 자랑스러운 KTRC의 위상을 만들자."라고 당부했다.

1990. 6. 월례조회에서 KTRC는 미국 통신사업자 연합체의「벨코어연구소」를 배워서 통신망 계획, 통신서비스 개발, 운용지원 활동을 강화하고, ETRI는「AT&T Bell 연구소」와 같은 기술혁신과 시스템 개발 활동을 강화해서 상부상조하면서 발전할 수 있도록 KT의 연구개발 방향을 잡자고 했다. 1992년 말에는 통신망연구소와 시스템개발센터를 발족시켜서 외형적으로는 6개 연구소에 연구원 1,000명, 박사 50여 명의 연구개발 체제를 갖추었다. 당시에 채용한 인재 중에는 KT의 최고경영자, 장관, 국회의원, 유명 기관의 CEO, 중견간부 등이 많으며, 신입연구원들은 오늘날 KT 그룹의 AICT[35]혁명을 이끄는 핵심 역할을 하고 있다. '한국 인터넷의 대부'인 KAIST의 전길남 교수가 대전으로 이전하면서 나에게 '한국의 인터넷, KORNET[36] 운영을 KT가 맡아달라'고 부탁해 왔다.

1993. 7. 7.에「제1회 KORNET 학술 워크숍」이 우면동 연구센터에서 열렸는데, 내가 개회사를 하고 체신부의 박성득 실장이 축하해 주었다. 아쉬운 것은 KTRC가 1990년대 초에 Kornet 인터넷의 사

업화로 다양한 정보통신 서비스 개발과 KT 본체의 대외 경쟁 대비에 더 주도적으로 대처하지 못했던 점이다.

1981~2003년, 정보통신 전문서적 저술

저자는 1981~2003년에 아래와 같이 12권의 정보통신 전문서적을 공저로 출판했다.

① 강민호, 신상영, 『광섬유 통신개론』, Ohm사, 1981. 3. 12. 초판, 1997. 9. 20. 5판.

KTRI와 체신부는 1979. 9.에 국내 최초로 서울의 광화문-중앙전화국 간에 672 음성 회선을 다중화한 광통신 시스템을 구성하여 우리나라 최초의 실용화 시험에 성공하면서 광통신이 실용화 단계에 접어든 시점에, 저자는 대학 수준의 광통신 기술인력의 저변확대를 느껴서, 우리말로 이러한 광통신기술을 알기 쉽게 소개했다. 이 책에서는 특정한 기술보다는 광섬유, 광원, 광검출기의 원리뿐만 아니라, 시스템 구성과 운용을 차례로 설명했다. 본인은 이 책으로 서울대학교 대학원, 한국항공대학교, KAIST에서 여러 해 동안 강의를 하면서 소기의 목적을 달성했다. 이 책은 1997년까지 5판이 발행되어 학계, 일반 독자와 산업계에서 오랫동안 사랑을 받았다.

┌─ TIP: 광섬유 통신의 원리 ─────────────────────────

광섬유 통신의 원리를 살펴보면, 머리카락 굵기의 광섬유 내부와 외부가 서로 다른 굴절률을 가지는 유리 섬유로 제작하여, 한번 들어간 빛이 전반사하며 진행하도록 만든 것이다. 구리선보다 100만 배 많은 양의 데이터를 중계기 없이도 훨씬 더 멀리까지 전달할 수 있다. 1966년에 광섬유를 발명한 찰스 K. 카오는 이 업적으로 2009년에 노벨물리학상을 받았다.『광 파이바』,『광학 섬유』라고 써오던 용어를 내가『광섬유』로 바꾸었다.
└─────────────────────────────────────

②, ③ 오명, 강민호,『레이저 응용[14]』, 청문각, 1983. 6. 10.『개정판』, 1987. 7. 30.

오명 당시 체신부차관과 함께『레이저 응용[14]』을 출판했다. 이 책은 오명 차관의 제의로 1981년부터 집필하여 1983년에 출판하였는데, 레이저 계측, 대기오염의 감시, 레이저 가공, 레이저의 군사이용, 레이저 핵융합, 레이저와 의학, 반도체 레이저와 광섬유 통신, 광 정보처리, 레이저의 안전 사용 등을 다루었다. 1987년에 개정판을 출판했다.

최순달 체신부 장관과 이우재 KTA 사장 주최 「레이저 응용」 출판 축하회. 1983. 6.

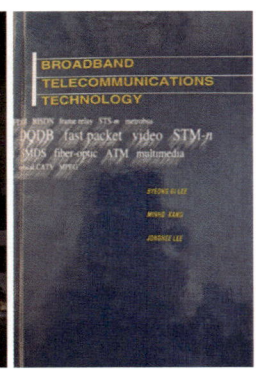

BTT 출판. 1993, 1996.

④ 강민호, 강철희, 이영규, 이혁재, 임주환, 정동근, 조규섭,『전기통신기술개론』, 청문각, 1989. 11.

이 책은 내가 ETRI 통신·정보기술연구단장 때 같이 일하던 6분과 함께 전기통신 시스템, 통신망과 교환기술, 전송기술, 광통신 시스템, 무선 및 위성통신 기술, 정보 처리기술, 새로운 통신 서비스, 2000년대 사회와 통신을 다루었다. 당시의 ETRI 경상현 소장이 머리말을 써 주셨다. 이 책이 ⑤ 집필의 밑거름이 되었다.

⑤ 유완영, 강민호, 강철희, 임주환, 이병기,『ISDN 개론』, 기다리, 1990.

⑥ 이병기, 강민호, 이종희,『광대역 통신 네트워크』, 교학사, 1992
『광대역 통신 네트워크』는 1986~1991년에 저자들이 서울대학교 하계강좌 '광통신과 디지털 전송' 내용을 편집, 보강해서 교과서로 출판했다. 이 책이 ⑦, ⑧, ⑨, ⑩ 집필의 출발점이 되었다.

⑦, ⑧ ByeongGi Lee, Minho Kang, JongHee Lee,『Broadband Telecomm. Technology』, Artech House, 1993.『Second Edition』, 1996.

이 책은 국내 학자들이 출판한, '최초의' '영문판' 정보통신 전문서적으로 생각된다. SDH는 KT의 최두환 박사, ATM은 KT의 이상훈 박사들이 집필을 도왔다. 저자는 각자 1만 5천 달러 정도의 인세를 받았다.

⑨, ⑩ 이병기, 강민호, 이종희,『광대역 통신기술』, 교학사, 1994.
『개정판』, 1996.

2건의 한글판은 위에 기술한 영문판의 '국역본'으로서, 영문판이 먼저 출판된 것이 특이하다.

⑪ 강민호, 이상일, 이상홍,『정보통신 2000』, 교학사, 1999.

이 책은 저자들이 KT를 주 무대로, 살아 있는 현장에서 쌓은 총 경력 60년을 바탕으로 하여, 정보통신 패러다임의 변화를 구현하는 네트워크, 미디어, 기술 및 사업 환경 등에서 200개 이슈를 체계적으로 선정하여 알기 쉽게 정리했다. 이 책의 특징은 기초이론에서 응용기술까지, 시스템에서 서비스까지, 기술에서 사업까지, 전화에서 인터넷까지 정보통신의 근간이 되는 분야 모두를 다룬다.

⑫ 이병기, 강민호,『광대역 네트워크』, 교학사, 2003.

이 책은 인터넷과 TCP/IP, ATM 기술, SONET/SDH, WDM/광 기술들을 세로축으로 하고, 계층화 구조, 라우팅·동기화, 네트워크 제어, 트래픽 제어, QoS 기능들을 가로축으로 해서, 기술과 기능을 서로 구체적으로 대비하도록 했다.

1995~1998년, 해외 통신영토 확장

저자가 품질보증단장 때인 1995. 6. 6. ~ 6. 8. 캐나다 오타와에서 열린 글로벌 표준협력회의(GSC-2)에 문영한, 이상홍과 같이 참석 후에 귀국 길에 해외협력단 단장으로 내정되었다는 소식을 들었다. 6. 16. 임용받고 나서 첫 업무보고 시에 이준 사장은 "우리나라는 국토는 작지만, 통신영토는 얼마든지 넓힐 수 있다. 단장은 '해외사업주식회사' 사장으로 일하라"라고 격려했다. 이때는 WTO 기본통신 개방 협상 타결이 임박하여 우리 정부도 통신사업자의 해외 진출을 독려하는 시점으로서 세계 국제통신 시장규모가 24위인 KT드 해외시장 개척에 눈을 돌리기가 좋았다[22].

지금부터는 1995~1998년에 추진한 주요 통신영토 확장사업들을 시간순으로 기술한다.

1995년, 플로리다『무궁화 위성』발사 참관

1995. 8. 1. ~ 11. 이준 사장을 수행해서 미국 플로리다 케이프 커내버럴에서 우리나라 최초 통신위성인『무궁화위성』1호 발사를 참관했다. 무궁화위성 1호는 한국 최초의 통신위성이고,「맥도넬 더글라스」로켓에「휴즈 항공」에서 만든 위성체를 실었다. 당연히 KT가 무궁화위성 프로젝트의 기획, 발사와 운영을 총괄하면서, 대한민국의 통신 인프라 확장에 중심적인 역할을 했다.

발사일인 8. 5. 새벽 1시에 사진 촬영차, 버스 4대에 분승, 발사장 1km 정도까지 접근해서 발사 준비 중인 델타 로켓을 찍었다. 남자의 심볼을 연상케 했다. 호텔로 돌아와서 쉬다가 5시경에 다시 4km 거리의 일반 전망대로 가서 7시 15분에 발사 성공을 직접 눈으로 확인했다. 약간은 싱겁다.

대한민국 무궁화위성 1호 발사 현장.
왼쪽부터 3번이 저자, 5번이 이준 사장. 1995. 8. 5.

그렇게 소란을 떨고 했는데 불과 10여 분 사이에 대서양 쪽으로 사라져버리니. 조금 후에 미국의 한 방송사에서 나한테 전화가 와서 "발사가 실패했다는데 알고 있느냐"고 물어 왔다. 마침 같이 있던 KT 위성사업단장 황보한 박사한테 답을 부탁드리고, 이준 사장에게 보고했다. 결과는 50% 사실이었다. 발사 후 위성이 궤도에 도달한 뒤, 태양전지판 한쪽이 제대로 펼쳐지지 않아서 전력 부족으로 계획보다 수명이 반으로 줄어들었다. '절반의 성공'이다.

8. 5. 오후에 워싱턴 D.C.로 와서 저녁에 축하 교민 만찬을 리츠칼튼 호텔에서 열었다. 8. 6. 밤늦게 미국 통신주파수 경매 관계자 셋이 이준 사장을 호텔로 찾아왔다. 사장이 "KT는 참여하지 않기로 이미 결정했으니, 사장을 도와달라"고 했다. 사장이 멋지다.

1995년: 콜카타, 뉴델리, 타지마할 방문

1995. 9. 27. 콜카타에서 MKT(인도의 Modi와 Korea Telecom 합작사) 페이저 서비스 개통을 축하했다. 인도는 1987. 4. 25. ~ 5. 3. USAID 강연차 출장 후 두 번째 방문이다. 콜카타 최고급 호텔인 샹그릴라 호텔로 가는 우리 차에는 남루한 옷차림의 어린이들이 벌떼처럼 붙었다. 몇백 원을 구걸하려고. 놀라운 일은 그들의 표정이 그렇게 밝다는 것이다. "자기가 그걸 받으면 그만큼 손님이 내세에 천국 가도록 좋은 일을 했으니, 손님이 자기에게 고마워해야 한다."라는 논리라고 한다. 29일에는 다시 델리로 와서 합작사인 MKT 본사에서 업무보고를 받고, KT 델리사무소(소장, 오성주) 현판 행사를 했다. 저녁에는 모디 회장이 델리의 유지들을 오버로이 호텔에 초청하여 페이저 개통 기념 만찬을 열었다.

30일 새벽에 승용차로 타지마할 등 티무르 왕국의 찬란한 문화와 애증이 같이 서린 아그라로 출발했다. 1631~1653년에 무굴제국의 황제였던 샤 자한이 출산 중에 사망한 아내인 뭄타즈마할의 무덤을 궁전에서 언제든지 볼 수 있도록 '세계7대 불가사의'인 타지마할을 세웠는데, 막상 황제는 아들한테서 쫓겨나서 아내 무덤을 볼 수 없었다는 슬픈 이야기가 숨어 있다.

인도 아그라의 "사랑의 기념비", 타지마할. 1995. 9. 30.

다음날에 뉴델리의 한 명사의 집에 초대를 받았을 때 「4주 8자(생년, 생월, 생일, 생시가 일생을 결정한다는 속설)」 이야기가 나왔는데, 인도는 「5주 10자」라는 것이다. '부모가 누구냐'가 일생의 운명을 정한다는 것이다. 계층 이동이 불가능하다는. 인도의 4단계 계급을 생각하면 맞는 말이다. 사실, 시간(하늘)도 중요하지만, 공간(땅)도 중요하다.

1995~2006년, 베트남 전화망 확장사업 참여

　베트남(越南)은 북부 4개 성(하이퐁, 라이쯔, 흥옌, 꽝닌)의 전화망을 확장하기 위하여 「BCC(Business Cooperation Contract)」라는 '외국 투자자와 베트남 정부가 같이 투자하여 생기는 이익을 투자자와 나누는 사업'을 추진하고 있었는데, KT도 이 경쟁에 뛰어들었다. 나는 1995. 12. 10. ~ 12. 13. 이준 사장을 모시고 하노이를 처음 방문하여 주요 당정 인사를 만났다. 우리가 KT의 「1가구 1전화 시대」 성공 경험을 100% 전수할 테니 BCC 사업권을 달라고 했다.

　우리는 「Asia Telecom'95」 한국전시관과 하박 지역의 금성통신의 전자교환기 개통행사를 참관 후에 꽝닌성 체신청장과 같이 BCC 사업 대상 지역인 하롱(下龍)베이를 순시했다. 3,000여 거의 기암괴석과 섬들로 구성된 하롱베이는 1994년에 유네스코의 세계자연유산으로 지정되었다. 헬리콥터로 떠나는 우리한테 주민과 꽝른 체신청 직원들이 보이지 않을 때까지 손을 계속 흔들어 주어서 한자문화권, 유교 전통, 과거시험, 교육 중시, 독립정신 등과 같은 동질감을 느꼈다.

　1996. 5. 27. 베트남 BCC사업 선포식 행사 주관차 다시 이준 사장을 수행했다. 2006년 퇴출 때까지 원본 4천만 달러와 10년간 통신요금의 60%인 3,300만 달러를 KT 본사로 환입시켜서 KT에 큰 이득을 안겨 주었다.

1996년, 해외사업 개발 조직 확대

KT는 1996. 3. 기존 해외협력단을 본격적인 해외사업개발을 위한 본부 조직으로 확대하여 해외협력국(임성빈), 사업1국(김기열), 사업2국(배상석)을 두고, 산하에 프로젝트팀장, 과장, 직원이 배치되었다. 해외에는 기존의 워싱턴사무소(남중수), 뉴욕사무소(고순영), 북경사무소(박태일), 델리사무소(김영재), 동경사무소(문행규), 제네바사무소(조유현), 브뤼셀사무소(박익수)에서 사업개발 앵커 역할도 했다.

WTO 기본통신 시장개방이 가시화된 1995년 중반부터 IMF 위기인 1997년 말까지 러시아 블라디보스토크 이동통신 사업(최재만, 이광진), 베트남 전화망 확장사업(박균철), 이스라엘 국제통신 입찰(김동훈), 중국 안휘성 셀룰러 사업(배상석, 이영삼), 몽골 기본통신 민영화 사업(한복교, 이영삼), 멕시코 미디텔 종합통신 사업(김노식, 서정수) 등을 동시다발적으로 추진했다.

1996년, 루마니아 통신협력회의 참가

1996. 9. 24. ~ 30. 한국-루마니아 통신협력 회의에 이계철 정보통신부 차관을 수행해서 한·루 간의 국제회선을 8회선으로 늘이기로 합의했다. 수도 부쿠레슈티 인민궁전은 북한의 주석궁을 베껴서 급조했다는데, 문틀이 엉성하고 엘리베이터가 제대로 동작하지 않았다. 궁 전면에 널찍한 광장 양쪽으로 그럴싸한 아파트들이 들어찼는

데 제대로 돌아가는지 의심스러웠다. 1990년 민주화 이후 7년 만인 1996. 11. 민주 인사가 정권을 잡았고, 차우셰스쿠 전 대통령 부부는 사형당했다. 시사하는 바가 있다.

1996년, 캄보디아 앙코르와트 사업지역 답사

1996. 11. 4.부터 이준 사장을 모시고 캄보디아 TRS[37] 사업 지역인 앙코르와트와 시엠립 호수 지역을 답사했다. 이 앙코르 유적 단지 전체를 유네스코는 1992년에 세계유산으로 지정했는데 일본이 복원 사업을 지원하고 있었다. 앙코르에서 가장 큰 사원이 앙코르와트인데, 캄보디아 국기에도 새겨진 세계 최대의 종교 건축물이다.

1996년, 남미의 「섬나라」 칠레 방문

11. 29. ~ 12. 9. 이계철 차관을 수행해서 브라질의 상파울로, 브라질리아와 KT가 투자를 검토하고 있던 포르투알레그레를 각 1박으로 순방하고, 아르헨티나의 부에노스아이레스를 경유해서 칠레 산티아고에서 2박, 콜롬비아 수도 산타페데보고타에서 1박, 멕시코시티에서 1박하고 LA에서 해단식을 했다. 여기서는 남미의 섬나라 칠레 여행 소감을 적었다.

칠레는 남태평양과 남북으로 4,000km나 접하고 있는 남미의 대륙

국가이다. 그러나 칠레는 이러한 이론과는 달리, 로빈슨 크루소 섬처럼 오랜 세월 동안 고립되어서 섬과 같은 나라이다. 동쪽으로는 남미 대륙을 세로로 지르는 거대한 안데스산맥이 가로막고 있다. 안데스산맥(브리태니커, 최고봉 6,959m, 평균 고도 4,000m)이 이웃한 브라질, 아르헨티나를 막아서, 육로 소통이 사실상 불가능했다. 수도인 산티아고를 중심으로 1,000km 북쪽은 10년 동안에 비 한 방울 안 올 정도의 숨 막히는 사막을 수백km 횡단하여 북쪽의 페루로 가는 것도 대단한 모험이다. 산티아고 남쪽 1,000km부터는 습지 및 동토의 연속으로서 끝이 푼타 아레나스 항구이다. 남태평양 쪽 2,000km 안쪽으로는 로빈슨 크루소 섬 하나 외에는 그 흔한 섬조차 구경할 수가 없다. 그렇다면, 칠레는 남미대륙의 섬이나 다름없지 않은가! 아르헨티나와 브라질은 침략자의 문화에 흡수되어서 국가와 민족의식이 희박한 데 반해서, 칠레는 나름대로 자기만의 문화를 형성하여 새로이 교배 문화를 만들어 가고 있다. 우리의 중남미 사업 전개 시에 참고하여야 할 점이다.

1995~1996년, 이스라엘 국제통신 입찰 참여

여기서는 1995~1996년에 추진된 이스라엘 국제통신면허 입찰 참여 경과를 3국 컨소시엄 구성, 파트너 투자계약, 입찰제안서, CDMA[38] 기술 세미나, 아쉬운 결과 순으로 소개한다. 1995년에 이스라엘이 국제통신 사업자를 대상으로 국제통신 사업면허를 부여하는 공개경쟁입찰이 있을 것이라는 소식이 우리에게 날아들었다. 요즈음에는 국제전화, 국제메시지 전송 등 모든 국제통신서비스를 인터넷망을 통하여 별도의 이용료 부담 없이 무료로 이용하고 있지만, 당시에는 통신서비스사업 중 국제통신사업이 일반적으로 가장 수익성이 높아서 황금알을 낳는 효자사업으로 알려져 있었다.

　우리나라에서도 1991년도에 국제전화사업에 경쟁체제를 도입하여 KT가 독점하던 국제전화서비스를 데이콤도 제공하고 있었는데, 이스라엘도 국영 통신회사인 베젝이 독점하던 국제통신사업을 해외 사업자에게 개방하여 경쟁체제를 도입하겠다는 것이었다.

　해외사업본부에서는 국제통신 면허획득 사업에 참여하기로 하고 컨소시엄 파트너로는 현지 파트너로 이스라엘 최대은행인 '루미뱅크'를 물색하였고 미국의 신흥 장거리 통신사업자인 '프런티어'와 합작 투자 계약을 체결하기 위한 협상을 시작했다. 각 사의 지분참여 비율은 KT가 51%, 다른 참여사들이 49%로 합의를 보았는데, 막판에 현지 파트너인 '루미뱅크'가 합작사의 CEO 임명권을 자기들이 가져야만 정부의 입찰 평가에서 좋은 점수를 받을 수 있다고 주장하고 나선 것이었다. 우리는 이 사안은 양보할 수 없을 뿐만 아니라 상식에도 맞지 않아서 입찰을 포기할 뻔했다.

　컨소시엄 파트너 중에 국제통신사업에 대하여 경험이 있는 회사는 KT가 유일하므로 우리가 주도적으로 작업을 이끌어 나가야만 했다. 그래서 KT 국제사업본부 소속직원과 자회사인 KTI 소속직원 중에서 국제통신 세부 분야의 전문가를 선발하여 10여 명으로 추진단을 구성하였고, 미국 프런티어에서 수익성 분석 전문가, 이스라엘의 루미뱅크에서 행정지원인력을 파견받아 이스라엘 현지에서 입찰제안서를 작성했다. 컨소시엄 대표자 '기요라 롬' 전 이스라엘 공군 2성 장군은 '중동 6일 전쟁' 때에 전쟁영웅으로 부상하여서 명성이 높은 인사였기에 우리는 기대하는 바가 컸었다. KT의 프로젝트 매니저는 해외사업본부 해외사업 2국(배상석)의 김동훈 부장을 지명했다. 컨소시엄의 명칭은 「Suntel」로 정했다.

1996. 2. 8. 인도네시아 이동통신 사업개발 현장 파악과 이스라엘 현지에서 갖기로 한 컨소시엄 계약서 서명식 참석을 위하여 출장길에 올랐다. 동행자는 인도네시아에서 PCS 사업과 페이징 사업을 개발하던 한복교 부장이었다.

김포공항을 출발한 항공기가 자카르타에 도착하자마자 자바섬의 반둥 푼칵에서 현장 답사 후에 현지 파트너와 협의하여 KT의 수정 제안서를 한 달 이내에 제출하기로 했다. 이번 인도네시아 출장에서 특히 기억에 남는 일은 볼탁 골프장에서 행운의 'eagle'을 잡은 일이었다.

자카르타에서 이스라엘 텔아비브(벤구리온 공항) 직항노선이 없어서 카이로를 경유했다. 피라미드, 스핑크스를 주마간산으로 관광했다. 카이로박물관은 이집트를 대표하는 고고학 박물관으로서 주로 고대 이집트 시기의 유물들을 소장하고 있는데, 10년이 지났는데도 관리시스템은 여전히 후진적이다.

긴 비행 끝에 11일 새벽 1시에 텔아비브공항에 도착했는데 비행기 문이 열리자 공항 직원인 듯한 사람들이 비행기 안으로 들어오더니 갑자기 Dr. Kang을 찾는다. 웬일일까? 깜짝 놀라서 "내가 Dr. Kang"이라고 조심스럽게 대답했더니 우리 일행을 제일 먼저 트랩으로 인도하더니 별도의 승용차로 공항 VIP실로 우리를 안내한다. 놀란 가슴을 진정시키면서 VIP실에 들어가니 김동훈 부장이 설명하기를 현지 파트너인 루미뱅크에서 나의 첫(사실은 두 번째였음) 이스라엘 방문을 환영하기 위하여 이런 서비스를 준비했다고 한다. 고마운 일이었다.

월요일인 12일 파트너 조찬회의에서 나는 컨소시엄 리더인 '기요라 롬' 장군에게 이스라엘에서 잘 모르는 KT를 인상 깊게 소개할 수 있는 이벤트 행사를 준비하자고 제안했다. 이벤트는 이스라엘 정보통신 리더들에게 당시 세계 최초로 상용화를 추진하고 있었던 한국의 CDMA 기술을 ETRI와 KT 전문가들이 소개하는 세미나르서 우리 파트너들의 경쟁력 과시에 모두가 찬동했다. 13일에는 서울에서 파견되어 텔아비브 북쪽의 지중해 해변 도시 네탄야에서 입찰제안서 작성작업을 진행하고 있는 KT 직원들을 격려했다. 1996. 2. 15. 텔아비브의 루미뱅크 회의실에서 파트너들 간의 투자계약서에 서명했다.

「Suntel」 컨소시움 투자 계약. 1996. 2. 15.

이스라엘은 거의 모든 국토가 성경에 나오는 유명한 유적지들이어서 이름만 들어도 우리에게 친숙하게 느껴지는 곳들이 많은데, 예루살렘과 텔아비브를 오가는 바쁜 일정 속에서도 기요라 장군이 명소 이곳저곳을 안내해 주었다. KT 브뤼셀사무소의 이영길 과장 부부의 호의로 2. 16. 귀국 경유지인 파리에서 에펠탑, 노틀담 성당, 몽마르트르 언덕, 베르사유 궁전, 리도 쇼 등을 돌아보고 서울에 도착하니 17일 밤이었다.

입찰제안서 작성에는 약 3개월이 걸렸다. 수익성 분석을 담당했던 미국의 「프런티어」가 분석한 요금 단가를 제시했는데 당시 KT가 서비스하고 있는 국제통신요금과 비교하면 약 30% 정도 낮은 수준이었다. 「루미뱅크」에서는 제안 단가를 더 낮추어야 선정될 수 있다고 주장했지만 「프런티어」가 제시한 단가를 내리지는 못했다. 이 결정이 훗날 통한의 아픔으로 돌아왔다.

이스라엘 정부의 입찰서 심사가 진행 중인 가운데 KT의 CDMA 세미나 준비를 착착 진행했다. 우선 발표자를 섭외하였는데 ETRI의 박항구 박사, KT의 이상훈 박사를 비롯한 CDMA 전문가들을 세션별로 배정하여 분야별 주제발표를 하도록 하였고 나도 한 세션을 맡았다. 1996. 8. 19.로 예정된 세미나에는 특별히 이준 KT 사장께서도 이스라엘의 현직 총리인 '시몬 페레스' 총리 예방과 세미나에 참석 예정인 이스라엘 정보통신부 장관과의 면담도 예정되어 있었다. 그러나 이게 무슨 날벼락인가? 이스라엘로 향하는 비행 중에 텔아비브 쇼핑센터에서 팔레스타인 폭탄테러가 발생한 것이다.

8. 19. 오전 10시부터 오후 4시까지 세미나에는 이스라엘 왁스 차

관과 정보통신 리더 200여 명이 참석하여 성황을 이루었다. 세미나에서는 국제통신사업 입찰 컨소시엄 「Suntel」에 대한 소개도 잊지 않았다. 21일에는 예루살렘 근교의 키부츠에서 대정부 설명회 개최 후에 왁스 차관이 우리의 논리를 이해하는 것 같아서 다행이었다. 입찰결과 발표를 기다리고 있는데, 현지 파트너는 「Suntel」의 기술제안서가 최고 점수를 받았다는 소식을 접했다. 그러나, 아뿔싸. 기술 세미나 후 4개월이 지난 1996. 12. 16. 이스라엘 정부의 입찰결과 발표에서 「Suntel」이라는 이름은 찾아볼 수가 없었다. 우리가 제시한 국제통신 요금이 패착이었다. 아쉬운 마음이 컸다.

1996~1998년, 중국 안휘성 휴대전화사업 참여

1996. 4. 9. ~ 10. 북경에 가서 연통과 KT의 합작사인 안휘 신통 간의 안휘성 셀룰러 사업 즈주협약(Share Holder Agreement)을 체결하였고, 5. 27. ~ 6. 1.에 이준 사장을 모시고 안휘성 합비에서 셀룰러 사업 선포식을 열었다. 선포 행사 만찬에서는 사장을 대신해서 내가 20여 개 테이블을 돌면서 마오타이주를 돌리느라고 완전히 취했다. 한 행사에서 이렇게 많은 술잔을 돌린 것은 처음이다.

1997. 8. 6. ~ 9. 이계철 사장을 모시고 다시 안휘성을 여행했다. 8일 오후에는 성 비서장, 연통의 이혜분 총경리를 비롯한 지역 인사와 같이 「안휘연통」의 「디지털 셀룰러 개통행사」와 리셉션을 가졌다. 1997년 말 목표는 12,000대이다. 안휘성 사람들의 휴대전화에 대한

열기를 느꼈다. 순항하던 사업에 날벼락이 떨어진 것은 중국 중앙정부의 갑작스러운 통신정책 변경 때문이었다. 성 단위로 외자기업과의 합작을 통해 GSM 네트워크 구축을 허용하던 중국 정부는 이들을 국가 단위의 China Mobile과 China Unicom으로 통합한다고 발표했다. 1998. 2. 24. KT도 중국 안휘성 이동통신 사업 투자지분 보상을 받고 철수할 수밖에 없었다. 재무적 손실은 없었으나 철수가 아까운 사업이었다.

1996~1998년, 멕시코 미디텔 사업 참여[40]

여기서는 1996. 11. 멕시코의 미디텔(Miditel) 사업 착수, IMF 위기로 인한 미디텔 사업 엑시트[39](exit) 결정, 멕시코 사업 엑시트 3원칙, 숨 막히는 KT 지분의 3자 매각 협상과 1998. 6.의 엑시트 성공 이야기를 소개한다. 미디텔은 1996년 말에 KT와 멕시코 사업가 까나와띠가 49:51 비율로 1억 달러를 투자하여 설립한 멕시코 종합통신사업자이다. 주요 사업 영역은 멕시코 전역의 농촌 지역 전화, 장거리·국제전화, 이동통신 사업이다. 회장은 까나와띠, 사장은 김노식 박사, 부사장은 서정수 부장이었다. 이 사업은 1996. 10. KT 경영기획심의회에서 지적된 미디텔 네트워크 구축계획, 수익 전망, 경영참여계획을 보완하여 11월 이사회 의결로 본격화되었다.

1997. 1. 말에 멕시코 사업의 주요 현안이었던 거래구조, 농촌 지역 보상 협의, 사업 조직과 KT의 역할과 사업 진도 파악을 위해서 나

는 멕시코 시티에 출장을 다녀왔다. 현지에서 김노식 사장과 함께 칸쿤으로 향하는 기내에서 내려보는 사업지역은 한국과는 달리 드넓은 산악지대와 밀림지대에 산발적으로 농촌들이 형성되어 있었다. 지역 특성상 무선이나 위성 기술을 이용하는 것만이 경제성을 담보할 수 있을 것이라는 생각이 들었다.

유카탄반도 동북부 카리브 해안에 있는 칸쿤은 국제적으로 이름난 관광·휴양도시답게 10km가 넘는 순백의 백사장 따라 빽빽하게 들어선 초호화 호텔들과 국내외 관광객들로 인산인해를 이루고 있었다. 이들 모두가 향후 미디텔 잠재고객이라고 생각하니 가슴이 뛰었다. 칸쿤 해변 호텔에 묵으며 국제통신 재판매 사업 등 전반적인 통신 경쟁 상황을 살폈다. 멕시코시티로 돌아오는 기내에서, 김노식 박사는 멕시코 정부 당국자들과 통신업체 대표들과의 면담 결과를 설명해 주었다. "세디요 대통령에게 멕시코에서 사업추진의 어려운 점을 솔직하게 피력하였는데, 대통령은 물른 배석했던 교통통신부 장·차관, 연방통신위원회 위원장, 독점 사업자였던 텔멕스와 신규 사업자 대표들로부터 공감을 얻었다."라고 설명한다.

다음 날엔 연방통신위원회의 까사수스 위원장 및 담당 국장과 면담했다. 이 자리에서 KT의 멕시코 합작 투자 배경을 설명하고 위원회의 지원을 요청했다. 멕시코 정부는 KT의 미디텔 사업 참여를 긍정적으로 평가했다. 1997. 5. 미디텔 교환기와 텔멕스 교환기의 연동에 성공하면서 장거리 게이트웨이가 개통되었다. 미국에 있는 엄청난 수의 멕시코 출신 노동자 때문어, 멕시코는 농촌 지역에서도 미국과의 국제통신이 장거리 통신의 주종을 이룬다. 소규모 장거리 사업자와 국제 게이트웨이 협정을 체결하고 위성을 이용한 농촌 지역 국제통신을 시범했다. 7. 23. 김노식 사장이 440~450MHz 주파수를 배정받을 예정이고, 32개 주지사에게 편지를 보내 주(州) 예산, 군(軍)인력 동원에 대해 협의했으며, 연방정부의 텔멕스 과잉보호 등에 대해 시정을 요구 중이라고 부연했다.

7월 하순에 이계철 사장이 멕시코 PCS 주파수 경매에 참여하고 있는 미디텔에 KT 본체가 증자하지 말라고 지시했다. 12. 6. 서정수 부사장은 유선 전화는 마케팅을 시작한 지 두 달 만에 장거리 가입자 5만 고객을 달성하였고 아파트촌에는 위성안테나로 액세스를 제공하는데, 여러 주(州)와 우체국, 전신국 등 대용량 가입자들의 반응이 좋다고 한다. 1998년 말까지 30만 고객을 확보하여 영업이익을 보이겠다고 당찬 자신감을 보였다. 어수선한 서울의 IMF 사태 분위기 속에서 1998. 2. 3. 서정수 부사장은 PCS 브릿지론과 입찰 진도를 나에게 보고했다. 브릿지론 요청 건에 대해서는 정권 이양기, KT 경영진의 불안, 새로운 경영지표인 획득가치 분석 등을 사유로 현지에서 자체 해결하라고 지시했다. 멕시코시티 PCS와 농촌 지역 WLL은 일부 지역이 경합 중이고 나머지는 거의 정리된 단계라고 한다.

1998. 2. 6. 현지에서는 "주식 10%를 3,000~4,000만 달러에 매각을 검토 중인데, 성사되면 까나와띠와 같은 조건으로 KT 지분을 매각하는 쪽으로 협의 중이다." 2. 24. "미디텔 신규 사업권을 담보로 노텔, 루슨트 등과 장비 공급권을 협상 중이다."라고 한다. 2. 25. 이같은 현지 사업 전망을 사장에게 보고했는데, 이계철 사장은 크게 질책하면서 본부장이 직접 멕시코로 가서 사업 철수 방안을 찾으라고 했다.

나는 2월 말에 김영한 부장, 양훈모 과장을 대동하고 멕시코 현지에 가서, 미디텔 김노식 사장, 서정수 부사장, 박연일 이사와 만나 미디텔 엑시트에 따른 투자금 회수 방안, 대기 신용장(SBLC, standby letter of credit) 해소 방안을 숙의하고, 까나와띠 회장에게 미디텔 사업 엑스트 방침을 통보했다. 까나와띠는 "지금 상황에서 PCS 입찰 번복은 불가하지만, KT 측이 납입 자본금으로 멕시코 은행에 예치해 놓은 1천만 달러를 전환해서 KT 본사의 SBLC를 해소하겠다."라고 한다.

미디텔의 용사들. 왼쪽부터 김영한, 김노식, 저자, 서정수, 송우찬, 양훈모. 1998. 2. 말.

3월 1일 일요일에 사업주인 포포카테페틀 답사 후에 현지 파견 KT 직원과 가족들을 격려했다. 귀국 직후에 김정수 기조실장과 멕시코 대책을 협의했다. 본체의 재정지원이 없이 미디텔을 지원하는 방법으로는 미디텔의 주식을 프리미엄 부 매각하여 미디텔에 증자하거나 미디셀(미디텔의 셀룰러 담당 자회사)의 자본금을 활용하는 것이다. 미디텔-PCS/WLL-멕시코 정부의 연결고리는 KT의 손을 떠났고 중지할 수도 없는 상황이다.

1998. 3. 18. 김정수 기조실장과 남중수 재무실장 배석하에 '미디텔의 PCS/WLL 입찰 참여 대응책'을 이계철 사장에게 보고하였는데 이 사장께서 사업 엑시트 3원칙을 다음과 같이 지시했다. ① KT 본체의 증자 불가, ② KT 지급 보증 불가, ③ 강 본부장이 책임지고 전적 전출 후 미디텔의 자산가치를 보전하라. 어려운 원칙이다. 나는 다음날 멕시코시티로 가서 까나와띠에게 이러한 엑시트 3원칙을 통보했다. 이를 위하여, 해외본부와 현지 KT 임원들은 기존 투자 가치 보전에 진력하면서, PCS 사업을 분리하여 프로젝트 매각을 추진하는 쪽으로 내부 방향을 잡았다. 이때의 미디텔은 어떤 경우이건 1997년 상반기까지 최소한 2,700만 달러의 현금이 필요했다.

4월 하순, 까나와띠가 "5천만 달러를 주면 가 철수해 줄 것인지"를 이계철 사장에게 편지로 문의해 왔다. 이제는 KT가 재정적으로 아무런 도움이 될 수 없다는 것을 확실히 안 것 같았다. 나는 5. 25. 미디텔 사장으로 부임했다. 다음날부터 까나와띠는 외부 투자자 유치 활동을 KT 측 경영진을 거치지 않고 직접 처리했다. KT가 투자자 유치에 도움이 안 된다고 판단하고 비밀 유지를 위한 조치였다.

6. 8. 까나와띠가 서울에 편지를 보내왔는데, "KT 투자지분 전체(4,950만 달러)를 까나와띠가 인수할 테니, 모든 책임과 권한을 동시에 해결하자"고 제안하였다. 이때부터 KT-까나와띠-SG(프랑스 금융그룹

인 소시에테 제너럴) 3자 매각 협상이 본격화했다. 변호사들의 시간이다. 까나와띠는 SG에서 8,500만 달러를 차입하여 KT에 4,950만 달러, 멕시코 정부에 2,700만 달러를 갚고, 나머지 금액을 미디텔 운영 자금으로 투입할 생각이다. 나는 간부 회의에서 "미디텔이 곧 새롭게 태동할 것 같다"라며 KT가 멕시코를 떠날 수 있다는 것을 암시했다.

  6. 13. 한국 직원의 노고를 위로하고 사기 앙양을 위하여 아카풀코 지역으로 위로 여행을 했다. 아카풀코는 아름다운 반달 모양의 만으로 둘러싸여 있다. 마침 1998년 프랑스 월드컵 조별 리그 1차전에서 한국과 멕시코의 첫 대결이 프랑스 리용에서 열렸는데, 우리가 호텔에 막 도착하니 하석주가 멋진 프리킥으로 1-0으로 앞서갔다. 호텔에 체크인하고 다시 내려오니까 우리가 지고 있었다. 하석주의 퇴장으로 10명 대 11명의 경기가 되면서 멕시코가 압도적인 경기를 펼쳤다. 결과는 1:3 역전패였다. 아쉬움을 뒤로 하고, 아카풀코의 상징적인 볼거리인 「라 케브라다 절벽 다이빙」을 같이 구경했다.

  월요일인 1998. 6. 29. 오후 4시, 어렵게 진행되던 지분 매각 협상이 대성공이라는 소식을 김영한 부장이 전해 왔다. "KT 계좌로 4,950만 달러가 입금되었고 세금 관련 위임장은 서정수에게 부탁했다"고 했다. 이후에도 사업 철수에 따른 법적 절차상의 문제 등으로 우여곡절이 많았지만, 결과적으로 외환은행에 신고 절차를 마지막으로, 6월 마지막 날에 엑시트를 마무리했다.

  미디텔 사업에 총 4,950만 달러가 투자되었는데, 1997. 1. ~ 1997. 6. 평균 환율 866.1원으로 환산하면 428억 원이 투입된 셈이다. 1998. 6. 말에 4,950만 달러가 원화 환율 1,374원에 회수되었으니 실제로는 680억 원이 회수된 것이다. 1년 반이라는 짧은 기간에 252억 원의 투자이익(수익률 59%)을 실현했다. 나는 미디텔 사업이 당시 전대미문의 외환위기 극복과 KT의 글로벌 마인드 확산에 기여했다고 자부한다. 7. 10. 아침! 출국 공항에 들어서는데, 생각지도 않았던 비서실 직원 '로드리고' 군과 '룰루' 양이 공항까지 나와주어서 고마웠다. 미디텔! 아스타 루에고(see you again)!

우리나라가 1997년에 IMF의 고통을 헤쳐나가는 과정에 미디텔 사업을 엑시트할 수밖에 없었고, 이 과정에서, KT 본체에 손실이나 위험을 지우지 않고 미디텔 사업을 성공적으로 엑시트하였으나 기대와는 달리 KT에서 내 자리는 없었다. 나는 KTRC의 연구위원으로 "정보통신 패러다임의 변화에 관한 조사 연구[23]"를 수행하면서 내일을 기약했다. 마침 1998. 3.에 개교한 한국정보통신대학원대학교(ICU, 총장 양승택)의 교수직을 염두에 두고 일 년 동안 많은 준비를 했다.

1999년, 스리랑카 APT 연구그룹 워크숍 주재

1999. 5. 22. ~ 29. APT[40] 연구그룹(의장, 강민호, 1997~1999년) 회의 주재차 스리랑카에 출장 갔는데, 귀한 기회여서 아내도 동행했다. 22일 늦은 밤에 콜롬보에 도착해서 콜롬보 해안의 브라운비치 호텔에서 1박을 했다. 멋진 해변 산책 후의 인도양풍의 조식은 완벽했다. 예약된 승용차로 스리랑카 중부의 제1의 관광도시이자, 실론 왕

조의 마지막 수도였던 캔디 힐톱 호텔에서 일요일 밤 1박 후에, 캔디 호수, 코끼리 농장, 담틀라 황금 사원을 구경하고 목적지인 담블라로 갔다. 5. 25. ~ 27.에는 칸다라마 호텔에서 아태지역의 10여 국가가 참여한 APT 연구그룹 워크숍을 주재하고 문화 만찬을 가졌다. 귀국 길에는 방콕의 APT 사무총장으로 있는 이종순 부부의 환대를 받았다. ICU 교수임용 절차가 진행 중이어서 뒤숭숭한 시절에 멋진 여행을 했다.

4.
KAIST, 과학기술 인재 양성

여기서는 1998. 3. ICU(한국정보통신대학원대학교) 설립 과정부터 먼저 살펴본다. 이어서 1999. 8. 21. 내가 정교수로 임용받아서 2000~2009년 「ERC 광인터넷연구센터」 유치·운영을 통하여, 2001~2009년 호주연구실과 2002~2014년 국제 학술대회의 창설 운영 내용을 살펴본다.

또한, 2004~2008년 ICU가 KAIST와의 통합 논의를 살펴본 후에 2009. 3. KAIST ICC[41] 부총장으로서 통합 캠퍼스의 물리적, 화학적 통합 지휘와 1999. 8. ~ 2011. 8. 정년 퇴임 때까지의 석박사 제자 배출 내용을 실었다.

1995~1998년, ICU 설립 과정[28]

1994년에 체신부가 확대 개편된 정보통신부(MIC)는 정책실(실장, 정홍식) 중심으로 인터넷 폭풍이 시작되던 1995년부터 ICU[42]설립을 구상했다. ICU는 기술 70%, 경영 30%의 교육프로그램을 구성하여서

IT 기술과 경영에 관한 지식을 두루 갖춘 인재를 양성하여 우리나라의 IT 중소기업에 우수한 인력을 제공하는 것이 목적이었다. 1996. 12. 강봉균 장관이 발표한 「정보통신산업 발전 종합대책」의 일환으로 ICU 설립계획이 공식화되었다. 교육법상 대학원대학(단설)으로 ETRI 부설로 기존연구소의 시설과 인력을 최대한 활용하여 초기비용을 최소화하고, 필요한 경우에 별도로 독립 법인화를 추진한다는 내용이었다.

MIC는 1997. 11. 전임교수 확보 및 석사과정 160명, 박사과정 50명 정원의 대학원대학교 설립인가를 교육부로부터 받아서 1998. 3. 석사과정 87명, 박사과정 27명의 신입생을 뽑았다. 양승택 초대 총장은 ICU의 특성화 방향으로 학제 간 전공선택 범위를 확대하고 1년 3학기제, 석·박사통합과정을 운영하고, 연구개발 현장에 학생들을 위촉연구원으로 파견하고, 산업체 전문인력을 겸임교수로 영입해서 '3P 경영체제[43]'로 '세계적인 IT대학 모델'을 제시했다. 인건비·학사 사업비 등의 재정은 운영기금의 과실금, 자체수익, 「정보화 촉진기금」에서 지원하기로 했다.

1999~2009년, 광인터넷연구센터 유치·운영

1999년에 ICU에 지원하면서 나는 어떤 교육·연구 분야에서 일할지에 신경을 많이 썼다. 후배 교수들의 전공과 겹치지 않고, 사회에서 꼭 필요한 기술 분야여야 한다. 1990년대 중반부터 인터넷이 새로운 패킷 통신 수단으로 등장하였고, 21세기로 접어들면서 인터넷 트래픽 수요가 폭발하면서 통신 네트워크 연구자들은 자연스럽게 인터넷과 광대역 광 수송기술을 효율적으로 접목하는 기술을 들여다보기 시작하였다. 나는 ETRI 때 개발해 온 광통신기술과 KT 때의 인터넷 서비스를 엮으면 우리나라가 새로운 광대역 패킷 통신 서비스를 선도할 수 있겠다고 생각하고, 이 기술을 「광인터넷」이라고 명명하고 이것을 강민호 교수의 ICU 교육·연구 분야로 일찌감치 정했다.

> **TIP: 광인터넷(Optical Internet)**
>
> 광섬유를 이용하여 패킷 데이터를 전송하는 초고속 인터넷 서비스이다. 기존의 구리선 기반 인터넷보다 훨씬 빠르고 안정적이며, 대규모 데이터를 처리하거나 스트리밍, 온라인 게임, 원격 근무와 같은 고속 패킷 네트워크가 필요한 환경에 적합하고, 일단 네트워크가 구축되면 속도나 용량을 쉽게 확장할 수 있다. 한국은 세계적으로 광인터넷 보급률이 높은 국가이다.

한국연구재단은 1990년에 미국 NSF를 본떠서 장기 대형 연구개발사업인 ERC(공학연구센터)와 SRC(과학연구센터) 프로그램을 시작했다. 1999. 10. 3. 저녁에 대전 유성구 전민동에서 관련 교수들이 모여서 ICU가 광인터넷 연구사업을 ERC 프로그램에 제안하기로 하였다. 10. 18. 차세대 인터넷, MPLS[44], 파장분할 다중화, 10 GbE[45] 등을 키워드로 선정하여, 매주 월요일 오후 6시 30분에 ERC 준비 회의를 했다.

12. 15. 연구사업을 3개의 총괄 연구과제(광인터넷 네트워크, 광패킷 인터넷 프로토콜, 광패킷 라우팅 시스템)로 나누었다. 1 총괄에는 강민호, 박홍식, 최은호, 김영한, 최문기, 채창준, 2 총괄에는 최준균, 윤찬현, 김

효곤, Bannister, 이정태, 최진식, 3 총괄에는 원용협, 이만섭, 박효훈, 박진우, 김해근이 참여했다.

2000년 시작과 함께 우리는 최종 연구목표를 차세대 패킷 네트워크로 확고한 발판을 다지고 있는 인터넷기술과 초고속 네트워크의 기반인 광통신기술을 접목하여 효율이 높은 멀티미디어 사이버 통신이 가능한, 차세대 광패킷 인터넷 네트워크 핵심기술 개발로 잡았다. 1. 31. 예비계획서 접수 마감, 3월 말 본계획서 마감, 4월, 5월의 본계획서의 3단계 평가(서면, 발표, 현장)를 제대로 통고하고, 6월의 과학재단의 기초과학 실무위 및 과학기술부의 선정단계를 거치면 7월에 ERC 센터로 선정된다.

2000. 1. 10. 오후 3시에 ERC 종합회의에서 본계획서 작성 계속, 예비계획서 준비, FAQ 작성작업을 했다. 17일의 ERC 종합회의에서는 KJIST, KAIST 등의 심사위원 주변 관리 방안을 협의하고, MIC, KT, ETRI 등과 차별화하여 과학재단이 지원해야 할 필요성을 강조하기로 했다. 1. 24. 예비계획서 최종 검토 회의를 거쳐서 1. 31. 예비계획서 20부를 과학재단에 제출했다. 2. 7.부터 본계획서 작성을 다시 본격화했다.

3. 4. 이만섭, 원용협 교수와 워싱턴과 뉴욕 맨해튼 가도에 있는 볼티모어에서 3. 5. ~3. 9. OFC2000에 참석할 때에 수진이와 아내가 동행했다. 마침 수진이가 2000년 가을학기에 맨해튼에 있는 SVA(School of Visual Arts) 입학허가서를 받아서 같이 출국하게 된 것이다. 학회에서는 발표, 전시회, 강연 참가자가 18,000명으로 광통신에 대한 열기가 절정이어서 광인터넷 연구에 대한 확신이 섰다. 워

싱턴대학에 연구년으로 나와 있는 이병기 교수, NIST의 최진식 박사, 벨연구소 선배 동료들을 만나서 우리의 ERC 지원 확약을 받았다. 뉴욕으로 가는 길에 프린스턴대학, 내가 일했던 뉴저지 벨연구소를 경유해서 퀸스의 수진이 아파트에 처음 도착했다. 토요일인 10일 종일 KT 뉴욕사무소장(윤종록)이 리무진을 내어 주어서 맨해튼의 명소를 편하게 관광했다. 후배들이 고마웠다. 11일 밤 10시 30분에 수진이와 JFK에서 이별 후에 귀국 길에 올랐다. 수진이를 혼자 두고 떠나니 우리 마음이 편하지 않다.

3. 17. 예비평가 분위기를 들었는데 연구목표가 구현 가능한지에 대한 질문이 있었다고 한다. 노텔의 정수진 사장은 첫해에 13만 달러 정도의 현물지원을 하겠다고 한다. 20일의 ERC 월요회의에서는 참여연구자의 참여확인서, 본계획서 진도, 해외 협력기관 등을 확인하고 텍사스대학의 파워즈 교수에게도 협력을 부탁했다. 4일에는 페이지 점검. 산업체 지원금을 9년간 재단 지원금과 매치시켰다. 2000. 4. 10.에 본 계획서를 제출했다. 4. 20. 발표평가 자료를 제출하고, 5. 2. 오후에 재단 평가발표를 했는데. 반응이 좋다. 서면평가 때보다 발표평가에서 더 좋은 점수를 얻었다.

6. 26. 「광인터넷연구센터(OIRC, Optical Internet Research Center)」가 『기초과학 연구진흥법』에 의한 우수연구센터로 지정되어서 1999. 7.에 제1회 OIRC 워크숍을 충북 옥천에서 개최하고, 9. 1. 서정욱 과기처 장관을 모시고 개소행사를 했다[24].

제1회 OIRC 워크숍. 1999. 7.   OIRC 개소식 후 아내와 함께. 1999. 9. 1.

2001년에 "우리나라의 광인터넷 국책연구개발사업의 진화" 논문[25]을 『SK텔레콤 리뷰』에 실었고, OIRC에서는 GMPLS+OBS로 연구목표를 구체화하면서 대학원생들의 연구실적이 가시화되기 시작했다. 또한, 현지연구실을 설치하고, COIN[46] 학술대회를 구체화함으로써, 센터의 국제화 기틀을 확고히 했다[25]. 2002. 8. ~ 2008. 8. 재임용을 받고, 교학처장의 업무도 함께 수행한다. 2002년에는 OIRC의 1단계 평가를 무난히 받았고, 내가 창설한 COIN2002를 제주도에서 창설대회를 잘 마쳤고, 연구실의 실적을 가시화한 해였다.

2003년부터의 OIRC 2단계에서는 성과가 가시화되기 시작했다. 2003. 6. 삼성종합기술원이 회원사로 참여하게 되어서 광 인터넷기술의 조기 상용화의 기틀을 만들었다. 2003. 11. 미국의 NIST(국가과학기술표준기관)과 같이 핵심 연구 분야인 OBS Forum의 창립 멤버로 OIRC가 합류했다. 2003년에 연구실에서는 석사학위 학생 3명을 배출하였고, SCI급 논문 6편, 학술대회 논문 30편을 게재했다.

2001~2009년, 호주연구실 설치·운영

  2001. 6. 28. ~ 29. 신임 안병엽 ICU 총장, 원용협 교수, 최준균 교수, 박홍식 교수, 이만섭 교수 참석하에 시드니 대학의 AP-CRC에 OIRC의 재정지원으로 시드니연구실을 열고, 다음 날에 멜버른대학의 CUBIN[47]에 멜버른연구실 개소 덕분에 OIRC의 호주와 공동연구가 활성화되었다.

호주 멜버른 「OIRC 연구실 설치」 기사. 2001. 6. 29.

2004. 10. 29. ~ 12. 10. 나는 호주를 방문하여, 멜버른에서 터커 교수와 향후 OBS 시뮬레이션, 실험 등 CUBIN과 OIRC간의 세부 공동연구 방향을 협의했다. 나는 CUBIN의 수요세미나에 계속 참석하여 멜버른대학의 연구 동향을 파악하고, ICU 박사과정을 멜버른대학에 인턴으로 파견하고, 2005. 2. 1. ~ 21. 멜버른대학 연구원을 OIRC에 초청했다. 시드니에서는 NICTA(National Information and Communications Technology Authority, 우리나라의 정보통신부와 유사) 빅토리아의 R. 에번스 소장과 ICU 간 협력 협정을 체결을 합의하고, NICTA 세미나에서 ICU의 연구 활동과 OIRC를 소개하고 현지연구실의 민성식 박사를 시드니대학 연구 요원으로 선정해 주어서 감사했다. 또 APCRC-MIC(진흥원) 간의 OCDMA 공동연구협정 지원 및 ICU 참여를 협의하고 ICJ-시드니대학교 간 협력각서 교환을 협의했다. 마크 스킷츠 후임으로 APCRC CEO를 맡은 사이먼 플레밍은 부인이 한국 사람으로서 친한파이다. 국제공동연구 활성화를 위하여 향후에도 OIRC 소속 및 ICJ 교수의 지속적인 교환 방문이 바람직하다.

호주 시드니 APCRC와 멜버른 CUBIN에 설립한 OIRC 호주 연구실의 2006년 공동연구를 협의하기 위해서 2006. 1. 12.에 호주에 출장 갔다. 13일 아침에 도착해서 저녁에 플레밍 교수, 실비아 김과 같이 식사하면서 APCRC 근황, 국제공동연구 계약 진척, 파견한 민성식 박사와 양 기관의 2006년 협력 방향을 폭넓게 토의했다. 1. 14. 아침에는 승용차를 틸려서 모루야를 거쳐 밤늦게 멜버른으로 가던 중에 캥거루가 뛰어들어서 차량 접촉 사고가 났다. 캥거루는 죽고, 차량은 약간 손상이 났다. 긴급 운전은 할 수가 있어서 멜버른에 도착해서 차량을 교환하고 사고처리를 끝내기는 했다. 해외여행에도 자동차 보험은 필수다.

2006. 1. 17. ~ 23. CUBIN 현지연구실에 파견 나와 있는 정렬이와 재관이, 하이부 교수, 터커 교수를 만났다. 하이부가 있는 스윈번 공대는 현장 인력양성에 초점을 맞추고 있었다. 그리고 정렬이 졸업 논문의 대외 발표 지원을 부탁하고, 재관이한테는 새로운 연구과제 발굴 지원을 부탁했다. 두 학생이 멜버른에 머무르는 동안에 지도 편달을 부탁하고, CUBIN과 공동연구의 한 축으로 도와 달라고 했다. 나중에 재관이가 주커먼 교수의 지도로 2006년 하반기에 6개월 동안 멜버른에서 공동연구를 했다.

이번 호주 여행은 늦게나마 잘 다녀왔다고 생각한다. 그러지 않았으면 연구재단의 호주연구실 과제 지원이 중단될 수도 있었는데, 2006년의 불씨를 살려서 OIRC가 종료되는 2009. 2. 28.까지 호주연구실을 운영할 수 있었다. 호주연구실은 OIRC 참여 교수, 학생들의 견문을 넓히고, 국제공동연구 경험 축적에 도움이 되었다.

2002~2014년, 국제 광인터넷 학술대회 창설 · 운영

새로운 융합 기술 분야인 광인터넷 연구에서 세계를 이끌기 위해서는 해외 유명대학에 공동연구실 설치뿐만 아니라, 국제 학술대회 창설이 필요하다고 생각했다. 마침, 2000~2002년에 한국에서 광인터넷 연구센터(OIRC)와 광인터넷포럼(KOIF[48])이, 호주에서 초광대역 네트워크연구센터(CUBIN[49]) 및 광전자협동연구센터(APCRC[50]), 일본에서 광전자 인터넷포럼(PIF), 중국에서 광인터넷 포럼(OIFC)이 차례로 설립되었다. 아태지역에서 광인터넷 연구를 위한 학술대회 창설에 좋은 타이밍이라고 판단했다.

나는 아태지역 중심의 국제학술대회 설립을 위하여 호주 공동연구실의 로드니 터커 교수와 마크 스키츠 회장의 지원을 먼저 확인한 후에, 동경공업대의 야스하루 스에마츠(末松安晴) 교수에게 부탁하여 동경대의 토모노리 아오야마(青山智紀) 교수와 오사카대학의 켄이치 키타야마(北山健一) 교수의 동참을 유도하여 『COIN(International Conference on Optical Internet)』을 창설할 수 있었다.

두 일본 교수에게는 "아시아지역은 미국과 달리, 통신 시스템과 컴포넌트는 강하지만 네트워크와 서비스가 약하다. 그래서 앞으로 인터넷 시대에 필요한 네트워크와 서비스를 공동으로 대처하는 아태지역 광인터넷 학술대회를 같이 만들자"고 설득했다.

학술대회의 주제로 광인터넷 구조설계, 신호, OAM, 물리계층과 링크계층, 광제어 접면, 광패킷 계층, 광패킷 인터넷 시험망과 응용 등을 선정했다. COIN은 한국, 호주, 일본, 중국이 매년 돌아가면서 13번 개최했는데, 다음에 이들을 간략하게 소개한다.

COIN2002(제주 하얏트 리전시호텔, 2002. 7. 21. ~ 25.) 창립대회의 주최는 IEEE-LEOS, OSA, IEICE, 한국광학회이고, 후원은 OIRC, ETRI, KOIF, IEEE 대전지부이다. 일반 참가자는 285명, 발표자는 136명이었고 예산은 154백만 원이었다. 7. 24. KT가 후원하여 만찬을 하얏트 호텔 야외에서 개최했는데 저녁노을이 예뻤다.

국제광인터넷학술대회 창설 행사. 제주 하얏트 호텔. 2002. 7.

COIN2003(멜버른, Hilton on the Park, 2003. 7. 13. ~ 16.)에서는 ICU가 단일 기관으로 최대인 30여 편의 논문을 발표하였고 국제조정위원회(ISC)를 구성해서 향후 운영방침을 확정했다.

COIN2004는 2004. 7. 12. ~ 16. 일본 요코하마의 신개발지역인 Pacifico Yokohama에서 열렸다. 요코하마는 우리나라의 인천과 같이 서양의 신문물이 이곳으로 들어와서 전 일본으로 전파되었는데, 그 흔적을 지금도 볼 수가 있다.

COIN2005(충칭 우전대학호텔, 2005. 5. 29. ~ 6. 2.) 첫날인 29일의 광 스위치 워크숍에서는 광인터넷과 광대역 네트워크를 토의했다. 개회사도 내가 했는데, 중국식이라고 한다. 많은 VIP를 소개하는 것이 나의 일이다. 보정산 대족 석각, 발 마사지, 학생 워크숍, 중경 신과학단지 시찰, 우리의 상대방 연구센터인 COWIN와 1940년대 초의 대한민국 임시정부의 외교 중심지도 방문했다.

COIN2006(제주 하얏트 리젠시, 2006. 7. 2. ~ 6.)에서는 NTT의 사다구니 시마다(下田禎國)박사를 초빙하여 내가 ETRI에서 광통신 시대를 열어갈 때의 도움에 보답하는 의미도 있었다.

COIN2007(멜버른대 1850's House, 2007. 6. 24. ~ 27.)에서 일본의 아오야마, 중국의 우혜관 박사와 함께 내가 COIN Award 2007을 받았다. 멜버른대 1850's House는 1850년대에 지은 대학 연회장인데 고풍스럽고 멋있었다.

COIN Award 수상 연설. 멜버른대 1850's House. 2007. 6.

COIN2008(도쿄 아키하바라 컨벤션센터, 2008. 10. 14. ~ 16.)에서 논문 4편을 발표하고, 신주쿠, 오다이바를 둘러봤다. 16~17일에는 니꼬의 뉴오루리호텔 온천욕과 도쿠가와 사당을 즐겼다.

COIN2009(쓰촨성 쳉두 티베트호텔, 2009. 11. 17. ~ 19.)에서 KAIST에서는 준섭이, 용준이, 야잔, 배용인, 류미선, 이장균이, ETRI에서는 김광준이 논문을 발표했다. 중국식을 따라서 18일 내가 개회를 주관하고 주제강연을 하고 ISC를 주재했다. ETRI의 김봉태 박사가 COIN Award 2009를 수상했다. 이번에는 신축 전자과학기술대 도서관, 삼성퇴(三星堆, 쓰촨성에 있는 청동기시대 유적지), 두보 사당, 무후사(武侯祠, 쳉두에 있는 제갈량·유비 사당), 쳉두 옛날 거리 등을 구경했다. 19일 저녁의 환송 만찬에서 한국에서 열리는 COIN2010에 부부동반으로 많이 참석하라고 권유했다.

COIN2010(제주신라호텔, 2010. 7. 11. ~ 14.) 공식행사에서 내가 ETRI로 귀국할 때 힘을 실어 주셨고, ETRI에서 광통신 시대를 열 때 물심양면으로 도와주신 야스하루 스에마츠 전임 동경공업대 총장을 초청해서 아태지역 선구자로서의 노고를 기렸다. COIN 초기부터 수고했던 K. Long 교수와 KAIST의 원용협 교수에게 COIN Award를 수여했다. COIN2011은 주최국 사정으로 건너뛰었다.

COIN2012(요코하마 게이오대, 2012. 5. 28. ~ 30.)의 기조연설을 하고 일본전기통신대를 방문하였다.

COIN2013(북경 베이징호텔, 2013. 10. 18. ~ 20.)에서 개막 행사 주관, 기조연설과 ISC 주재로 바빴다. 북경은 2008 하계올림픽 개최로 도시가 많이 발전했다.

COIN2014(제주 하얏트 리젠시, 2014. 8. 27. ~ 29.)는 제13회이자 마지막 COIN으로서 ETRI의 김봉태 박사가 대회장으로 수고가 많았다. 이때, 나는 내가 태동시킨 COIN을 해산시킬 때라고 판단하고, 내가 폐막 행사에서 다음과 같이 COIN 학술대회의 종료를 공식화했다.

- ISC(International Steering Committee)는 지난 12회 동안에 한국, 일본, 호주, 중국에서 주최한 COIN 학술대회를 성공적으로 이끈 모든 당사국의 모든 조직위원회 위원들과 참가자 모두에게 심심한 사의를 표한다.
- 변화하는 주변 환경과 광인터넷 전반의 성숙도를 감안하여 ISC 위원회는 오늘의 포럼을 끝으로 COIN 학술대회를 종료할 것을 결정한다.
- ISC 위원회는 새로운 세대의 리더들이 특히 아태지역에서 COIN의 정신인 국제협력과 우정을 증진하는 노력을 환영한다.
- 끝으로, 강민호 위원장은 COIN의 성공에 헌신하신 ISC 위원님께 특별히 감사드린다. 그들은 김봉태, Tomonori AOYAMA, Ken-ichi KITAYAMA, Keping LONG, Hequan WU, Rodney TUCKER, Thas Nirmalathas, Shum Perry 등이다.

2005년, 교학처 직원, 내 연구실 학생: 지리산 천왕봉 등반

2005. 6. 10. ~ 6. 12. 교학처 직원과 연구실 학생 15명이 지리산을 종주했다. 새벽 4시 15분에 버스로 ICU를 출발. 성삼재에서 9시 20분부터 등반. 비가 계속 온다. 1조는 강민호, 김성창, 김재관, 최정렬, 김남욱, 2조는 정홍규, 정복래, 정성훈, 3조는 이승진, 김지환, 김민곤, 4조는 강석민, 김정희, 김건철, 이봉기이다. 첫날은 노고단, 화개재, 연하봉을 거쳐 벽소령 산장에서 10일 1박을 했다. 김

민곤이 무릎 문제로 탈락. 다음 날 아침에 고등학교 동기인 서울대 수의과대학의 이문한 학장을 산장에서 만났다. 11일 10시 20분에 화창한 날씨 속에 세석산장을 거쳐 장터목 산장 인근에서 잠시 눈을 붙이고 12일 새벽 3시 15분에 지리산 최고봉인 천왕봉(1,915m)에서 일출을 또 보았다. 천왕봉 두 번 와서 두 번 다 일출을 봐서 기뻤다. 치발목을 거쳐 무릉도원 계곡을 따라 대원사 주차장 도착하니, 몸은 피곤하나 마음은 가벼웠다. 일생에 천왕봉을 3번 올랐는데 1990년대 중반에는 무박 2일, 이번은 1박 2일, 2010년대에는 2박 3일로 늘어났다.

캘리포니아 OFC2005 참석, OFC2008 초청 강연

2005. 3. 4. 오후에 뉴욕행 비행기를 탔다. 수진이와 같이 브로드웨이 민스코프 극장에서 「Fiddler on the Roof」을 감상했는데 개별 좌석마다 자막이 있어서 좋았다. 졸음과 싸웠다. 월요일인 6일 아침에 OFC2005가 열리는 캘리포니아 애너하임(디즈니랜드의 고향)에 도착했다. 이만섭 교수팀도 참석했다. OFC의 위세가 몇 년 동안에 약해졌다. 8일의 개막 행사와 9일의 통신사업자 고위급회의에서는 광 가입자망(FTTH)[51]이 중심 의제였다.

캘리포니아 샌디에이고 컨벤션센터에서 2008. 2. 24. ~2. 28. OFC2008에서는 내가 "한국의 광대역 네트워크와 서비스 개발"을 주제로 초청 강연을 했다.

2008년, KTF 연구년

나는 교수로서 연구년을 한번 갖고 싶었으나 학교의 여러 가지 일로 외국으로 나갈 수는 없어서 KTF 연구소에서 2005. 2. ~ 8.의 7개월 동안 연구년을 보냈다. KTF에서는 내가 중심이 되어서 이동통신 전문가들이 매달 모여서 기술연구회를 가지고 2007. 5. 24. ~ 27. 중국 옌타이 KTF 워크숍에 정수성, 정찬우, 김태근, 한영남, 김낙명 등이 참석하고 운동도 했다.

연구년 동안인 4. 20. ~ 27.에 WWRF(Wireless World Research Forum, 2001년 설립) 참석차- 한영남 교수와 같이 캐나다 오타와 출장 결과를 6. 2. KTF 연구개발원에서 발표하였고, 연구년 기간에 내 ICU 연구실 학생들을 KTF 연구원에 견학시켰다.

2008. 12. 24. JW 매리어트서울 호텔에서 KTF 기술연구회(회장, 강민호) 회원 부부가 「파리의 노트르담」 공연을 관람했는데, 결혼 40주년에 가까운 부부로 우리가 뽑혀서 연예인 이다도시와 함께 웃기도 했다.

KTF 기술연구회 송년 행사에서. 2008. 12. 24.

1999~2009년, ICU에서 축복받은 시간

    1998. 3. 개교한 IT 전문 대학원대학교(ICU)에 1999년에 교수직에 지원할 때는 응모 타이밍이 좋았다. 또 1980년대에 ETRI에서의 광통신 시대 개막에 이어서 1990년대에 불기 시작한 초고속인터넷 바람이 KT에도 불어닥쳤는데, 이것이 내가 ICU가 필요로 하는 「ERC 광인터넷연구센터」 유치에 큰 도움이 되었다. 이것을 발판으로 2001년에 「호주 현지연구실」 설치, 2002년에 「COIN」 국제학술대회 창설로 이어져서, 내가 선배 교수로서 다짐했던 후배 교수와 신설 ICU의 국내외 위상 제고에 한 획을 그었다.

    4반세기가 지난 오늘, ICU에서 광인터넷연구센터와 함께했던 시간을 되돌아보면서 나는 이러한 성공도 1980년대에 내가 선도한 광통신 개발, 4M DRAM 대통령 프로젝트 조정처럼 천시(天時), 지리(地利), 인화(人和)의 조화라고 생각한다. 20세기에서 21세기로 접어드는 시간은 4차 산업혁명의 핵심 요소인 초고속 인터넷 시대였다. 이것에 서비스 초점을 맞춘 것이 천시를 얻은 것이다. 우리나라는 1980년대의 TDX, 광통신, 4M DRAM, 1990년대의 타이컴 컴퓨터개발, CDMA 이동통신 개발로 유무선 초고속 인터넷 서비스 준비가 무르익었고, 이를 뒷받침하기 위해서 설립된 ICU라는 지리를 갖추었다. ICU에는 나를 포함하여, 국내 최고의 광통신 및 네트워크 전문 교수진을 확보하기 시작하여 인화를 갖추었다.

    하나의 성공이 또 다른 성공으로 연쇄반응으로 이어질 수 있다는 것도 배웠다. 이 긴 여정을 함께 한 동료와 학생, 연구원들에게 먼저 감사한다. 그리고 2000. 6. 15. ~ 2009. 2. 28.(ICU가 KAIST로 합병되기 전날)에 약 100억 원의 연구비를 지원해 주신 과학기술처와 한국연구재단에 감사드린다.

2004~2008년: ICU의 현안, KAIST와의 통합론 대두

양승택 ICU 총장이 정보통신부 장관으로 영전하면서 2001. 5. ~ 2004. 2. 안병엽 전임 정통부 장관이 2대 총장으로 부임했다. 2001년에 전민동의 삼성종기원 캠퍼스를 새로운 ICU 캠퍼스로 인수하고 2002년에는 학부과정도 설치되어서, 단설 대학원대학교였던 ICU가 명실상부한「한국정보통신대학교」로서의 면모가 갖추어졌다. 이때 나는 교학처장이었다.

2004. 6. 허운나 교수가 3대 총장으로 취임했다. IT 버블이 꺼져가던 2004. 7.「정보화 촉진기금」집행 실태에 대한 감사원 감사결과 사립학교에 기금을 편법 지원한 사실과 장관이 이사장을 겸직하는 것이 부적절하다고 지적되었고 12월에 염동연 의원 외 58명이 ICU 특별법안을 발의했으나 무산되었다. 새로이 특별법 추진, 완전 사립화, KAIST와의 통합 등 다양한 대안들이 검토되기도 했다. 2006. 6. 이석채 정통부 장관이 ICU 학부와 KAIST 간의 통합을 언급한 후에, 2006. 11. 급기야 2007년의 정부 지원금 20억 원마저 삭감되어서 12월의 제42회 이사회에서 ICU의 사립화 안과 통합안을 병행 검토하도록 학교에 지시했다. 이때 대학본부에서는 제대로 된 대응이 없었다.

2007. 1. ICU 교수협의회(회장, 원용협)는 대학본부의 TFT에 참여하지 않은 일반 교수 중심으로, 2월 말까지 정체성 확립을 위한 교수협의회 의견을 내기로 했다. 협의회에서는 객관화를 위하여 개별 교수의 성향과는 무관하게, 완전 사립화 방안은 민추위(의장, 강민호)에게, KAIST와 통합안은 통추위(의장, 이혁재)에게 부탁했다. 위원회는 B 교수와 P 교수가 간사를 맡아서 2월 말까지 매주 수요일에 개최했다. 포항공대, 칼텍, 올린공대 등을 모델로 하는 완전 사립화는 스폰서를 찾는 일이 쉽지 않고, KAIST 통합안은 두 대학의 이질적인 문화 융합이 이슈였다.

2007. 6. 제44회 ICU 이사회에서 통합안이 제기되자, 여름 내내 전, 현 보직자들은 백가쟁명이었다. 의견이 분분한 것이 안타까웠다. 모두가 KAIST와의 통합에 대비한 학교, 교수, 학생을 위한 진솔한 의견들이다. 2007. 10. 정부 예산이 전액 삭감되고 황주명 이사가 ICU 이사장 직무대행을 맡았다. 11월 이사회에서 대세인 통합으로 방침을 사실상 확정하고, 총장 직무대행으로 이혁재 교수가 임명되어서 2009. 2. 28.까지 통합에 필요한 사항들을 조용히 준비했다.

2009~2011년: KAIST 부총장, ICU-KAIST 통합 캠퍼스 정착

2009년은 지난 몇 년처럼 무난한 한 해일 것으로 생각하고 시작했는데, 결과적으로는 매우 멋진 일로 가득 찬 한 해가 되었다. 먼저, 9년에 걸친 ERC 광인터넷 연구사업 종료 시점과 맞추어 2+3년 과제로 매년 3억 원을 지원받는 「정보통신연구진흥원」의 네트워크 코딩 과제가 다시 살아나서 연구실 운영에 도움이 되었다. 또, 2009. 2. 하순에 서남표 KAIST 총장께서 KAIST의 신설 ICC 캠퍼스 신설계획[52)]을 설명하면서 나한테 ICC 담당 부총장을 맡아달라고 했다. 1978년 귀국 후 30여 년의 연구소, 중앙정부, 공기업, ICU에서의 경험과 인적 네트워크만을 믿고 그러겠다고 했다. 이렇게 해서 나는 통합된 KAIST의 ICC(IT Convergence Campus) 부총장 업무를 2년 동안 맡았다.

KAIST 표지석 앞. 2025. 3. 31.

ICC 부총장은 ICU와 KAIST의 통합을 원만히 이루는 것이 주 임무로서, 조직전환 마일스톤, CI 변경, ICC 비전, 캠퍼스 활용, 운영, 제도개선, 교과과정 편성을 수행하면서, ICU 출신 교직원에게 직접 영향을 주는 호봉 책정, 연봉, 영년 직 부여 등이 머리에 맴돈다.

3. 2. 통합·합병 및 통합대학 출범 행사가 열렸다. 5일에는 ICU 출신 교직원 대상의 ICC 설명회에서 이광형 KAIST 교무처장이 치열한 경쟁, 급여, 인센티브, 학생 배정, 무학과 제도를 소개했다. 이어서 이용훈 ICC 정보과학대학장이 교수의 고령화 문제, 신나는 일 찾기, 학생 연차 초과 문제, 학교 전체 회의 일정, 학과장 자문회의, 박사 졸업 요건, 시스템교육, 학제 과목 개설, 국제화, 남들이 못하는 연구개발 등을 소개했다.

급선무는 ICU 출신 교수의 정년을 보장받는 것이었다. 3. 13. ~ 14. 1차 위원회, 3. 19. 2차 위원회, 3. 28. 3차에 걸친 위원회를 거쳐서 22명을 정년보장 추천하였는데, 총장 결재과정 등을 거치면서 11명이 영년 직을 받았다. 그 외에 나이가 만 59세 이상인 교수 7명도 영년 직을 받았다.

3. 20. 양승택 선배께 인사드리고 조선호텔에서 열린 KAIST 이사회에서 신임 인사를 했다. 23일에는 KAIST 노조 간부들과 같이 저녁을 했다. 26일에는 ICC 건물 신축이 공식적으로 거론되기 시작하고, 27일에는 구 ICU 도곡동 캠퍼스에서 진대제 스카이레이크 사장을 만났다. 도곡동 캠퍼스에는 KAIST 지주회사, IT AMP, KAIST 콘텐츠 소프트웨어, 온라인 애니메이션 연구를 집중하면 좋겠다고 했다. 30일에는 KAIST 서울 캠퍼스의 김JS 교수를 만나서 KAIST 경영과

학부와 ICU IT 경영학부의 통합 의견을 나누었다. 오후에 황주명 이사장은 통신업계를 찾아다니면서 "ICU에 대한 애착을 KAIST ICC로 모우라"고 당부했다. 4. 6.부터 전기전자공학과와 전산학과 학과장 중심의 ICC 교수회의가 영빈관에서 여러 차례 열렸다. KAIST-ICU 통합으로 인해 KAIST의 학부 정원이 120명 늘었는데, 이 학생들이 ICC를 많이 선택하도록 노력하는 일이 남았다.

 4. 26. 종일 바빴다. 10시에 총장이 영년 직 방향을 메일로 배포했다. 11시에 이용훈 학장이 L 교수와 K 교수의 구제 필요성을 제기해서 13시에 구제되었고, 16시에 장순흥 부총장이 R 교수와 C 교수 구명을 총장께 요청하고, 23시에 내가 P 교수, Y 교수, H 교수 구명을 청원했다. 결과적으로 교수 11명은 OK이다. 4. 28. 제54회 ICU 결산 이사회에 참석했다. ICU의 마지막 이사회이다. 4. 30. 12시에 문지캠퍼스의 신축 ICU 본관 9층에서 ICU 직원 석별의 시간을 가졌다.

KAIST ICC 부총장 집무실. 2009. 봄.

5. 1. 직원들의 통합이 먼저 이루어졌다. 통합되면서 가장 빨리 제자리를 찾고, 급여, 신분이 정리되어서 행복한 그룹이다. 5. 4. 비비스페이스에서 열린 ICC 비전위원회에

KAIST 문지캠퍼스 명명 행사. 2009. 4.

서 학과의 특성 유지, 건물 투자 규모 키우기 등을 토의했다. 5. 5. 저녁에는 서남표 총장이 2009학년도에 승진한 교수 부부와 보직자 부부를 총장 공관인 계룡관에 초청해서 축하해 주었다. 좋은 전통이다. 11일의 ICC 비전 회의에서는 이용훈 학장이 MIT의 예와 기초연구원 기획 책임자 자료를 소개했다. 5. 18. 총장께 제안한 'KAIST 교양과정을 문지동 캠퍼스에 개설하자.'라는 안은 현행대로 유지하기로 했다. 21일에 전임 ICU 총장들을 초청할 것을 총장께 건의했다.

5. 23. ~ 26. 러시아 상트페테르부르크에서 열린 「세계 IT대학 총장 포럼[53]」에 참석하여 KAIST ICC를 소개했다. 참석자들의 교류 시간도 충분했다. 푸시킨 시에 있는 예카테리나 여제의 궁, 루브르 박물관, 대영박물관과 함께 세계 3대 미술관의 하나인 에르미타주미술관을 구경하고 마린스키 극장의 「호두까기 인형」을 관람했다. 러시아의 베르사유라는 페테르고프 궁이 인상적이다. 27일 아침 일찍 모스크바에 도착해서 짐을 공항 보관소에 맡기고, 붉은광장, 러시아의 상징적인 건물인 크렘린궁을 주마간산. 러시아도 예술·문화적으로 프랑스, 영국, 이태리 다음은 될 것 같다. 나중에 회고라도 하도록 가는 곳마다

소개 책자를 사 두었다.

상트페테르부르크 에르미타주 미술관.
2009. 5. 24.

모스크바 붉은 광장의 성 바실리 성당.
2009. 5. 26.

6. 1. 최종 ICC 영년 조 심사 회의에서 11명이 통과되고, K 교수, R 교수, C 교수는 조건부 통과이다. 시간이 지나면서 ICU 출신 교수 모두가 좋은 실적을 쌓아서 모두 영년 직을 받고 주요보직도 잘 수행해 왔다. 양 기관의 통합 3개월 만에 인적 통합은 일단 마무리되었다.

6. 18. ~ 20. 설악산에서 정기를 받아서 현 문지동 소재 교수와 대학원생의 연구실 및 실험실(실 평수: 3,800평)을 구성동으로 이전하는 밑그림을 그렸다. 7. 2. ~ 5. 서해안에서 ICC 보직자 워크숍을 개최했다. 5일 아침에 황주명 이사장을 뵙고 양승택 장관과 점심을 했다. 22일 KAIST 골프대회에서 내가 점심을 사고, 25일 저녁에는 ICC 명예 교수님을 영빈관에서 모셨다. 24일 오전에 ITTP 입학식 축사를 하고 오후에 KAIST 이사회에 참석했다.

10. 9. 양승택 전 ICU 총장께 초빙 석좌교수직을 제안했으나 완곡히 사양하셨다. 11. 9. 경상현 장관의 ITTP 특강 후에 청양골에

모셔서 최문기 ETRI 원장, 이재호 부장들과 같이 저녁을 했다. 12. 23. 아침부터 이용훈 학장 주관으로 ICC 빌딩 현상공모 심사를 하였는데, 범건축, 아이야크, 일건이 각각 1, 2, 3등이 되었다. 2014년 초에 멋진 ICC 건물(N-1)이 KAIST 본관 동측 정문 앞에 들어섰다. 23일 오후에는 역삼동 리츠칼튼호텔에서「진대제 AMP」졸업식 축사를 하고, 24일에는 거액의 ICC 발전기금을 희사한 김병호 회장 부부를 우리 부부가 신갈의 노블카운티로 찾아가서 ICC 빌딩 명명식 등을 주제로 즐겁게 보냈다. 아름다운 모습이다. 이렇게 2009년에 자산가 ICU와 명망 있는 KAIST와의 인적, 물적, 제도적 통합은 무난하게 진전되었다.

  2010. 2. 11. ~ 20. 정진완 단장, 방진섭 팀장과 함께 ICC 건물 설계 정보 수집과 교수 유치 목적으로 미국 동부를 여행했다. 11일 저녁에 뉴욕 강서회관에서 벨연구소, IBM 등의 원로과학자 40여 명, 애틀랜타에서 조지아공대 박사과정 25명, 18일 보스턴에서 MIT, 하버드대 유학생 40여 명 대상으로 KAIST 설명회를 했다. 교수 영입 조건과 ICC의 꿈을 설명하고, 참석 학생들은 KAIST의 연봉, 연구 착수비, 주거 지원 등에 만족하는 분위기이다. 사실 KAIST의 교수 유치 수준이 높아서 채용은 쉽지 않다. 2. 26. KAIST 졸업식을 새로 지은 스포츠 콤플렉스에서 개최했다. 서 총장은 ICC 기금을 활용하여 능력이 있는 교수 중에서 선택하여 만 70세까지 정년을 연장하는 제도를 도입했다. 그런데, 검토 대상을 테뉴어 받은 교수와 최근에 정년 퇴임한 교수로만 한정했다. 아직도 본부에서는 ICU 출신 입장을 배려하지 못한다. 3. 18. 조선호텔에서 열린 KAIST 이사회에서 ICC 기금

인출 안건이 있었다. 내가 ICC 기금인출 원칙, 현재의 ICC 빌딩 공모 설계 경과 등을 설명했다. 4. 8. 기획연구사업, 신축, 개축 빌딩, 문지동 교수의 구성동 이전 준비, 문지캠퍼스와 도곡 캠퍼스 활용계획을 총장께 보고했다. 4. 22. ~4. 24. 제주도 전국대학 부총장 협의회에 참석해서 KAIST의 교수 평가시스템을 발표했다. 6. 1. 문지동 출신 교수들과 저녁 식사를 했는데, 2010. 7.까지 모두가 구성동으로 이사한다. 7월에 시애틀에서 열린 「USA-Korea Conference 2010」에서 "IT Convergence Education and Research at KAIST"를 발표했다[30]. 9. 10. ICC 명예교수 간담회, 9. 29. ICC 교직원 BBQ 파티에 ICC 지원에 협조적인 학술정보처 직원도 포함했다. 12. 1. 구 ICU 시니어 교수들과 만찬을 가졌다.

12. 2. 아침 9시에 기금+기타 보고 시에 내 정년 후 신상에 대한 희망을 말씀드렸다. 2011. 3.에 부총장 임기가 끝나고, 8월이면 정년인데, 이후에도 KAIST에서 좋은 일을 계속하고 싶다고 했다. 총장께서 "원칙적으로 계속 일한다. 내년(2011년) 1월에 같이 토의하자."라고 했다.

2011. 1. 4. 학처장회의에서 블룸버그 뉴욕시장의 뉴욕 캠퍼스 참여 초청에 관해서 폭넓은 토의가 있었다. 대부분이 찬성이고, KAIST 브랜드를 높일 수 있다는 의견이다. 나도 TFT 참여를 희망했다. 6일 ICC 차담회에 2011년의 주요업무로 대형사업 발굴, 세계화 추진, ICC 빌딩 착공을 제시하고, 현안으로는 IT 빌딩, IT 명품인재 책임자 선정, 실행예산 및 예산 확보, 도곡동 2층 개보수, 문지 캠퍼스 활용계획과 도곡동 캠퍼스의 독립채산제 도입, 40주년 기념사업 리스트를

제시했다. 1. 19. 총장께 내 후임 ICC 부총장으로 이용훈 학장을 추천했다. 1. 24. 전기전자공학부 원로교수(신상영, 윤명중, 임경수)를 유성복집에 모셨다.

2. 3. ~ 10. 뉴욕시 ASF(Advanced Science Facility) 설명회에 본부 기획처장과 같이 참석했다. 안드류 강 교수와 총영사 등을 만나고, 블룸버그 뉴욕시장의 ASF 브리핑에 참석했다. 큰 사위가 주선해 준 현지 건축 설계회사들의 브리핑도 고마웠다.

2. 20. ~ 24. 아제르바이잔 수도 바쿠에 본부 기획처장과 같이 '1박 4일' 출장을 갔다. 아제르바이잔 대통령이 1조 원을 투자해서 10년간 KAIST가 운영하는 학교를 만들겠다는 프로젝트이다. 3. 2. 박현욱 전임 학과장과 비비스페이스에서 감사 저녁을 하고, 3일 권영세 교수의 명예교수 축하 행사에 참석했다. 건강 지키기, 아내 사랑을 언급할 때에 가슴이 뭉클하였다.

3. 6. ~ 8. 오명 KAIST 이사장을 모신 캄보디아 출장에서 훈센 총리, 총리 아들, 비상계획 장관 등을 만났다. 오명 박사가 KOICA에서 개도국을 지원하는 프로젝트로『캄보디아 IT 발전 국가계획 수립』을 한국이 돕겠다고 제안했다. 오 박사님은「캄보디아 국가 대훈장」을 받았다. 부총장 임기 마지막 주에 이사장을 모시고 해외 출장을 가게 되니, 어리둥절했다. 은퇴 후를 배려하신 것인가.

부총장직의 마지막 날인 2011. 3. 9. 김소영 비서, 장형철 기사에게 작은 선물을 준비해서 오찬을 같이 했다. OIRC 행정을 줄곧 도왔던 박영숙 씨도 참석시켰다. 고마운 분들이다. 양동렬 교학 부총장, 이용훈 ICC 부총장과 감사 만찬을 했다.

3. 10. 나는「Education 3.0 추진단장」발령을 받았다. 5. 27. 이용훈 부총장이 전화해서 나의 정년 후 일자리 마련 조치를 하라는 총장의 지시를 받았다면서 축하한다고 했다. 나는 고맙다면서 후배 덕이라고 했다. 정년 후에도 정규직으로 1~2년 더 일할 것 같다.

2011. 4. 20. 과학의 날에 국립과천과학관 어울림홀에서 니가 과학기술훈장 혁신장(2등급)을 받았다. 1982. 10. 15. 기술진흥확대회의에서 대통령이 직접 수여한 국민훈장 동백장(3등급)을 받은 후, 29년 만에 한 등급이 오른 것이다.

1999~2011년, KAIST 석박사 제자 배출

내 연구실에서 첫 졸업생 5명(오세윤, 김성창, 최정렬, 윤현호, 최용석)이 2001학년 봄 졸업식에서 석사학위를 받았고, 세윤이가 SCI 논문을 ETRI 저널에 실었다. 2002학년도까지 베트남 출신 V. Tharg, 김남욱, 정홍규, 박민호 등 석사학위 학생 3명을 더 배출하였고, SCI급 논문 6편, 학술대회 논문 30편을 게재했다. 배출한 박사는 2005학년에는 김성창, 최정렬, 2006학년도에 오세윤, 김남욱, 2007년에는 이용규, 김재관, 2008학년도에 베트남 출신 Nga가, 2009학년도에 정홍규, 2010학년도에는 정복래와 나이지리아 출신 Brownson 등으로, 이때까지 박사 10명, 석사 20명을 배출했다. 박사 후보 이승진은 박홍식 교수, 요르단 출신 야잔은 이준구 교수에게 학위 지도를 부탁해서 나중에 박사학위를 받았다.

강민호 교수 연구실 홈커밍 모임. 2010. 4.

과학기술훈장 혁신장 수훈. 2011. 4. 21.

KAIST 명예교수 추대. 2011. 9. 1.

2011년, KAIST 정년 퇴임

  2011. 8. 31. 저녁에는 박홍식 정보통신학과장 주관으로 나의 정년기념 행사를 「China」 준식당에 ICU 출신 교직원 40여 명이 참석하여 축하와 위로를 해 주었다. 9. 8. 김정호 전자공학과장 주관으로 「공식 정년행사」를 강연회와 행사로 나누어서 거행하였는데, 아내가 같이 참석해서 많은 꽃다발과 선물을 받았다. 학과 정년행사로는 교수들이 제일 많이 참석했다고 한다. 학과 내는 물론, 대학의 주요 보직자가 많이 와 주었다. 명예교수 추대장도 받았다.

  강연회에서는 향후 인생 3기를 잘 지내서 9988234가 되도록 노력하겠다고 했다. 그래도 인생 2기 33년을 마감하니, 섭섭하다. 다음은 정년 퇴임식 감사 인사말이다.

> 강민호 교수 정년 퇴임 인사
>
> 존경하는 KAIST 명예교수님, 교수님, 보직자님, 제자들, 그리고 내외 귀빈 여러분.
>
> 어제 9월 8일 오전 11시부터 오후 1시까지 김정호 전기 및 전자공학과 학과장께서 준비해 주신 저의 정년 퇴임 행사에 왕림하시어 진심어린 축하를 해 주셔서 몸 둘 바를 모르겠습니다. 경황 중이라, 평소에 존경하는 교수님과 보직자님, 사랑하는 제자들께 감사의 인사조차 제대로 못 한 비례를 용서해 주시기 바랍니다.
>
> 인생 3막의 2막을 이제 마무리하고, 마지막 3막을 시작하려는 저에게 33년 후의 9988234를 행복하게 맞이할 수 있도록, 우리별 세미나실과 전기과 교수회의실을 빽빽이 채워서 격려해 주심에 감사드리고, 앞으로의 여정에서도 즐거운 동행이 되어 주

시면 더없이 감사하겠습니다.
또한, 여러 가지로 부족한 저의 인생 3막의 첫머리에, 명예스러운 KAIST 명예교수직과 함께, 새내기 대상의 EE105 강의에 참여할 수 있게 해주신 서남표 총장님과 김정호 학과장님께 감사드립니다.

앞으로, 언제 어디서나 대한민국 국민 모두의 자랑인 'KAIST인'으로서, 선배 교수님, 동료 교수님, 제자들, 그리고 여러 보직자님께서 만들어 오신 자랑스러운 KAIST가 세계의 중심으로 뻗어 나아가도록 힘찬 박수를 보내겠습니다.

이제 막 시작되는 민족 최대의 명절인 한가위를 즐겁게 보내시고, 건강한 얼굴로 KAIST 캠퍼스에서 자주 뵙도록 노력하겠습니다. 거듭 저의 정년 퇴임 행사를 빛내 주신 여러분의 따뜻한 호의에 감사드리면서 이만 줄이겠습니다.

감사합니다.
2011. 9. 9. 강민호 드림

KAIST와 통합된 지 16년 후에 되돌아보니 교수 영년 직 문제도 잘 풀렸고, 문지캠퍼스의 교수와 학생 모두 구성동 캠퍼스로 통합되었다. ICC 기금 500억 원 정도를 투입하여 5,000평 규모의 ICC 빌딩(N-1)을 구성동 메인 캠퍼스 북문 입구에 신축해서 ICU 출신 교수와 학생들의 구성동 메인 캠퍼스 안착에 큰 힘이 되었다. KAIST 문지동 캠퍼스는 교수, 학생, 동문 창업캠퍼스가 되었고, 화암동 기숙사와 서울 도곡동 캠퍼스도 각각 기숙사와 평생교육관으로 기능을 하고 있어서 동문과 IT 전문기업 간의 협력도 배증되었다. 이렇게 ICU 구성원 모두가 KAIST에 잘 안착해서 더 높은 이상을 실현하고 있다. '오리 연못' 인근 연구원에 「양승택 기념 강당」 명명 등으로 ICU와

KAIST의 통합은 인적, 물리적, 문화적으로 잘 이루어졌다고 생각한다. KAIST 서남표 총장과 보직 교수, ICU 출신 여러분, ICC 캠퍼스 구성원 모두에게 감사한다.

2014년 준공, KAIST 본부 ICC 빌딩(N-1), 2025. 3. 31.

5.
천지인(天地人) 조화

인생 2막(정보통신4관왕)을 돌이켜 보면 한 편의 연극이다. 정부 유치 과학자로 귀국하여 연구소에서의 광통신 시대 개막, 정부에서의 4M DRAM 국책 개발사업의 성공적인 조정, KT 최초의 연구개발 체제구축과 해외 통신영토 확장 선도, ICU 최초로 우수공학연구센터를 유치하고 KAIST 부총장으로서 ICU와 물리적, 화학적 통합을 이루었다. 여기서는 ETRI, MOST, KT, KAIST에서의 핵심 성공요소(Key Success Factor)로 사료되는 천시, 지리, 인화를 소개한다.

천시(天時) : 디지털 기술 기반의 『제3차 산업혁명』 시대

다보스포럼의 창시자인 클라우스 슈밥은 증기기관, 수력방직기 및 철도의 등장으로 기계적 생산시설이 융기한 시대를 제1차 산업 혁명기, 과학적 관리기법과 전기적인 자동차 조립 라인을 통해 대량생산체제가 구축된 시기를 제2차 산업 혁명기, 컴퓨터, 반도체, 광섬유, 인터넷, 휴대폰 등의 디지털 기술에 기반한 유연한 생산체제가 확립된 시기를 제3차 산업 혁명기로 분류했다.

1945년에 「폰 노이만 구조[54]」의 현대식 컴퓨터가 발명되고, 노벨물리학상 수상자 8명이 1947년에 트랜지스터를, 1960년에 레이저를, 1966년에 광섬유를 발명하면서 20세기 후반부터 「디지털 혁명, 제3차 산업혁명」이 시작되었다. 1970년대부터 기계식 아날로그 기술이 전자식 디지털 기술로 급속히 대체하게 되어서, 우리나라와 같은 아날로그 기술 후진국들도 디지털 선진국으로 도약할 수 있는 절호의 기회가 온 것이다. 이러한 디지털 혁명이 없었더라면 오늘날처럼 대한민국 산업기술이 일본, 유럽을 단기간에 따라잡기는 불가능했을 것이다.

나는 1988 서울올림픽 때 일본 아키하바라 전자상가에서 일본 아날로그 HDTV로 올림픽 경기 중계를 시청했는데, 이 기술은 일본이 세계시장에서 압도적인 1위를 하고 있어서, 미국도 경쟁 상대가 되지 못했다. 그러나, 올림픽이 끝나자마자 미국에서 HDTV도 디지털 방식으로 표준을 바꾸어 버렸다. 디지털 세상에서는 우리나라도 아날로그 강국인 일본, 독일과 같은 선상에서 경쟁할 수 있어서, 지금은 한국의 HDTV가 세계시장을 석권하고 있다. 이것이 아날로그에서 디지털로의 패러다임 전환이었고 이 덕을 한국이 제일 많이 보아 왔다.

나의 인생 2막(1978~2021년)은 대체로 제3차 산업 혁명기와 잘 일치한다. 산업의 패러다임이 기존의 아날로그 시대가 디지털 시대로 바뀌는 시대이다. 경기의 패러다임이 바뀌면 신진 선수는 핸디캡 없이 기존 선수와 경쟁할 수 있다. 1970년대부터 컴퓨터, 전화, 인터넷, TV 등 모두가 전자식 디지털 기술로 급속히 대체하게 됨으로서 우리나라와 같은 아날로그 후진국들도 디지털 선진국으로 도약할 수 있는 절호의 기회가 온 것이다.

지리(地利): 33년 일터를 만들어 준 대한민국 과학기술·정보통신 정책

2021. 6. 9. 튀니지 과학기술교육부 고위공직자 대상으로 「과학기술혁신과 국제협력」 주제의 특강을 4시간 동안 녹화하면서, 나의 33년간의 일터였던 ETRI, MOST, KT, KAIST 모두가 우리나라의 과학기술·정보통신 정책의 산물이었다는 것을 새삼 깨닫고, 우리나라에서 태어나서 우리나라에서 마음껏 일할 기회를 주신 여러분께 감사하는 마음으로 이 글을 남기고 싶었다.

여기에는, 이미 설명된 정책들은 피하고, 내 일터에서 내가 직접 수혜를 입은 정책(정부출연연구기관 설립, 정부유치과학자 제도, 고위공직자 특별임용, 특정연구개발사업, 연구재단의 우수연구센터 제도, 과학기술인공제회법)을 포함해서, 대한민국을 선진국으로 진입시킨 광복 이후 60년간의 대한민국 과학기술·정보통신 정책들을 10년 단위로 구분해서 살펴본다.

1950년대 과학기술정책을 살펴보면 내가 태어나서 처음 기억하는 것은 지리산 남쪽의 고향에서 인민군과 함께한 1950년 여름이었고 3년에 걸친 전쟁의 상처는 세계 꼴찌의 경제와 배고픔이었다. 1941년에야 우리나라 유일의 대학이었던 경성제국대학에 이공학부가 생겼고, 해방되던 1945년에 우리나라 전체의 이공계 대학 학생이 300여

명이었고 박사도 12명이었다니 그렇게 이상할 일도 아니었다. 그나마 명맥을 유지하던 광산과 중업 분야의 기술과 인력도 6·25 전쟁으로 초토화되었을 것이다.

그러나 우리나라는 이승만 대통령이 1955년에 부흥부를 만들어서 UN 한국재건단(UNKRA)의 도움으로 인천 판유리, 삼척 시멘트, 충주 비료 공장들을 만들고, 1958년에 원자력 법[37]을 만들어서 1959년에 대통령 직속으로「원자력원」을 설립하고 태릉에「원자력연구소」를 세우고 'Triga Mark II'라는 실험용 원자로 기공식을 하면서 '원자력 에너지는 우수한 두뇌에서 나온다'는 신념으로 가난에 찌든 한국이 미국에 많은 유학생을 파견했다.

1960년대 과학기술정책을 살펴보면 1961년, 5·16 혁명으로 집권한 박정희 대통령은 1962년부터「경제개발 5개년 계획」을 세워서 계획경제 개발에 착수하게 된다. 이 5개년 계획이 1997년까지 35년간 지속되었으니 놀라운 일이다. 우리나라 젊은이들의 월남 참전과 연관되어서 미국의 원조로「정부출연연구기관」이라는 특별한 지위를 갖는 KIST를 세우고, 세계 최초로 장관급 중앙행정기관인 과학기술처 (MOST)를 발족한 것은 과학기술로 산업고도화를 달성하겠다는 대통령의 의지를 나타낸 것이다.

1970년대에 정부는 1972~1976년의「3차 5개년계획」부터 중화학공업 육성정책을 펼쳤는데, 이를 지원하기 위하여 1971년에 고급 산업기술 브레인을 양성하는 '한국의 MIT'인 KAIST를 개고했다. 1970년대 후반에 들어서는 표준, 기계, 화학, 전자, 통신 등의 산업기술 개발을 전담하는 전문 연구기관을 계속 만들어서 대덕연구단지로 집중하였고 TV, 반도체, 디지털 교환기 등의 전자산업 자립계획을 시작했다. 1막 6장(텍사스대 박사학위 취득)에서 소개한 바와 같이, 1977년에 ADD가 우리 부부를 초청해 주셔서 1978년에 정부출연연구기관인 KTRI 귀국을 쉽게 결심할 수 있었다.

각종 과학기술자 우대 제도를 만들어서 기존 시스템에서는 불가능했던 파격적인 급여, 병역 특례, 사택 제공, 아파트 특별분양, 전문가 고위공직자 임용을 가능하게 했고, 연구재단의 우수연구센터 제도 도입, 과학기술인공제회를 만들어서 연구·복지 환경을 개선했다. 누가 알았으랴? 내가 KIST를 모태로 한 ETRI, MOST, 체신부에서 민영화된 KT와 KAIST에서 「정보통신 4관왕」 황금기인 인생 2막, 33년을 새로 태동한 연·관·산·학 4대 기관에서 함께 할 줄을!

1980년대 과학기술, 정보통신 정책을 복기하면 1980년대에 전화적체 해소에 꼭 필요한 디지털 전자교환 기술과 디지털 광섬유 전송기술 개발을 위해서, 체신부와 KTA(한국전기통신공사)는 ETRI를 적극적으로 지원했다. 내가 맡은 광통신은 1979년 초 대통령의 체신부 초도순시 때의 '광섬유 전화' 시범을 시작으로, 광화문-중앙 국간 현장시험, 구로-시흥-안양 국간 중계 실용시험, 구로-화곡-오정-부평-간석 전화국 간 상용시험을 잇달아 성공시켰다.

1985년에 외부 전문가인 나를 과기처 「전기전자연구조정관」으로 임용할 수 있었던 것은 이런 제도를 과학기술처가 1982년에 만들어 놓았기 때문이다. 1980년대에 정부는 연구비를 7배 확장하고 연구원 수도 3.3배가 늘어난 6만 명으로 질과 양 모두에서 획기적인 성장을 도모하였고, 민간의 연구개발력도 급속히 신장되었다. 대용량 디지털

TDX 교환기 개발 성공에 힘입어, 정부는 선진기술 추격을 목표로 '산업의 쌀'인 4M DRAM 개발을 『대통령 프로젝트』로 추진하였는데, 나는 전자연구조정관으로서 1억 달러짜리 초대형 국책 개발과제의 조정 책임자였다.

1990년대 초에 과학기술처는 G7 선진국 수준의 연구개발력 확보를 위해서 G7 프로젝트를 만들어서 10년 동안에 50억 달러를 투입하여 새로운 성장엔진인 CDMA, HDTV, 바이오, 차세대 자동차 엔진, APR1400 모듈형 원자로, 우주기술을 개발하여 오늘날 대한민국의 새로운 성장엔진이 되었다.

1990년대에 정부는 KTA가 독점하던 통신사업에 경쟁을 도입하면서 자체 중앙연구기관을 황급히 신설하면서 나를 책임자로 영입하였고 1995년에 이준 4성 장군이 KT 사장으로 부임하고 나를 해외사업본부장으로 발령하면서 "통신영토확장에 매진하라"고 격려해 주셨다. 연구재단(NRF)에서는 1990년에 미국 NSF의 SRC를 본떠서 우리 대학들의 기초연구를 장기간 지원하는 SRC와 ERC[55] 제도를 만들었는데, 내가 ICU 교수가 되어서 유치한「ERC 광인터넷연구센터」사업으로 9년 동안에 약 100억 원의 연구비를 지원받았다.

2000년대에 들어서서 정부는 글로벌 기술 경쟁력 확보를 위해 미래 성장 동력을 구축했다. Global Frontier Project는 고위험 고수익 R&D 프로젝트로서 창의적인 과학연구를 지원하고 기초과학기술을 강화하고 있었다. 2009. 3. 1. KAIST가 ICU를 통합하여 만든 IT융합 캠퍼스 부총장으로서 '물리적', '화학적' 통합을 마무리하고 2011. 8. 31.에 정년 퇴임했다. 인생 2막에 나는『정보통신 4관왕』

애칭을 얻었고 33년 동안 정부미만 먹었다. 나는 대한민국의 미래지향적인 과학기술·정보통신 정책의 최대 수혜자이다.

인화(人和): 길을 열어 주신 선배와 함께한 동료

우리나라는 일찍부터 맹모삼천(孟母三遷)[56]처럼, 교육에 전력투구하는 좋은 전통을 살려서, 6·25의 폐허 속에서도 국책연구소를 만들고, 선진기술을 체화한 고급인력들이 청와대, 중앙정부, 연구계, 학계, 산업계에 포진했다. 이들이 원조받는 개도국에서 원조하는 선진국으로 우리나라를 일으켜 세워서 내가 참여한 정보통신 분야의 선두국(先頭國)이 되었다. 이것이 내 인생 3막의 밑거름이 되었다. 여기서는 새로운 길을 밝혀 주신 길잡이 선배와 ETRI, MOST, KT, KAIST에서 함께 땀 흘린 동료들을 소개한다.

먼저, 인생의 전환점에서 길잡이가 되신 선배들이다. 이홍우 외삼촌은 내가 중2 여름방학 때에 외가에서 가까운 옥천사 연대암에서 한 달 내내 수학 특별 과외를 해 주셔서 나에게 공부에 대한 자신감을 키워 주었으며, 고등학교 때의 라이트하우스 동아리 선배들이 대학 진학 및 인생의 등대가 되었다.

내가 서울공대 1학년 때 박상현 철학 교수가 강의 첫 시간에 칠판에 "공(工)" 자를 한자로 크게 써 놓고 이게 무슨 뜻이냐고 물었다. 몇 백 명 학생 중에서 제대로 답하는 천재가 없었던 것 같다. 위쪽에 가로지른 획은 하늘이고, 아래쪽에 가로지른 획은 땅이라는 것이다. 하늘과 땅을 세로로 연결하는 획은 사람이라고 한다. 이러한 학문이 공학(engineering)이고, 이러한 사람이 공학자(engineer)라는 것이다. 하늘의 원리를 땅에 잘 활용해서 널리 세상을 편리하고, 안전하고, 풍요롭게 만드는 사람이 되라는 말이다. 이것이 홍익인간(弘益人間)이 아닌가! 박상현 교수님의 이 말이 내 인생의 길잡이가 되었다.

큰 처남 영순 형은 나에게 미국 유학이라는 새로운 길을 밝혀 주었으며, 벨연구소의 상사였던 반 트란 뉴엔(베트남 출신으로 프랑스 유학) 박사는 프랑스 부인과 함께 우리 가족을 아우처럼 보살피면서 귀국을 응원하였고, 평생 접지(接地, earth)기술을 연구하던 채수영 박사는, 한국이 안정되지 못했으니, 귀국하면 항상 대안도 같이 생각하라고 조언을 해주었고, 일본 동경공업대의 야스하루 스에마츠 교수는 한일 간, 나아가서는 태평양 횡단 광통신 시대를 같이 준비하자면서 적극적으로 돕겠다고 격려해 주셨다.

나를 정부유치과학자로 뽑아서 책임연구원으로 KTRI에 불러주신 정만영 소장, 김종련 부소장, 한국의 1970년대 발전상을 우리 부부에게 미리 견학시켜 주어서 우리 가족의 귀국 결정을 도와준 ADD의 한필순 박사님께 감사드린다. 1983. 1. 백영학 한국전기통신연구소 소장은 KTA로 가면 활동 폭이 좁아질 것이라고 전직을 완곡히 만류했다.

오명 당시 체신부차관과는 『레이저 응용』책[14] 출판 인연이 계속 이어져서 인생의 길잡이가 되었다. 경상현 ETRI 소장과 김성진 과학기술처 장관이 나를 과기처 전기전자조정관으로 발탁시켜주었고, 오명 차관, 윤동윤 국장, 청와대 비서실의 홍성원 박사의 도움으로 4M

DRAM 공동개발 사업을 태동시킬 수 있었다. 이 프로젝트의 개발책임자였던 경상현 ETRI 소장은 1986년 케냐 여행과 1988년 이스라엘 여행 시에 나를 동행시켰고, 1992. 6. MIT 하계 연수를 추천해 주었다. 미디텔 투자비 회수를 위하여 멕시코로 떠날 때는 「진인사대천명(盡人事待天命)」[57]으로 격려해 주었다.

경상현 소장, 서정욱 KT 부사장, 이해욱 KT 사장은 나를 KT 중앙연구기관장으로 발탁해 주었고, 노을환 기술실장과는 KT 연구소가 NTT 연구소처럼 확장하는 꿈을 공유했다. 육군 대장 출신인 이준 KT 사장은 우리나라는 "국토는 작지만, 통신영토는 얼마든지 확장할 수가 있다"라면서 나를 해외사업개발 총책으로 이끌어 주었다.

초대 ICU 총장이었던 양승택 선배는 1999. 8. 나를 ICU 정교수로 뽑아 주어서, 인생 2막에서 3막으로의 전환 준비를 할 시간을 주셨다. 혼돈기의 ICU를 KAIST 통합으로 이끈 서남표 KAIST 총장은 정년을 2년 반 앞둔 2009. 3. 나를 「KAIST ICC 부총장」으로 임명해서 이용훈 정보과학대학장과 함께 양 대학의 성공적인 통합 후속 조치를 마무리할 수 있었다. 오명 KAIST 이사장 겸 에쓰-오일 과학문화재단 이사장[34]은 내가 정년 퇴임 직후부터 은퇴 과학자들이 개도국을 도와주는 EKI[58] 사업을 8년 동안 지원해 주었다. 박승덕 과우회 회장, 권오갑 한국기술경영원장, 이승구 전임 한국기술경영연구원장도 앙코르코리아 사업을 도와 주었다[27]. 이렇게 내가 필요한 장소에서 긴 인연으로 나를 넓은 길로 이끌어 주신 인생의 길잡이 선배들에게 감사드린다.

다음은 일터에서 동고동락했던 동료들이다. 먼저 1978~1985년에 광통신 개발에 같이 참여한 광통신연구실의 정신일, 김장복, 이상호,

공비호, 이만섭, 이성은. 정항근, 유강희, 박희갑, 김용환, 심창섭, 이용탁, 주흥로, 정진우. 박문수, 원용협, 박창수, 유태환, 안종평, 전영윤, 신동혁, 서완석, 김홍만, 박희갑, 주무정, 정재우, 남은수, 심종인, 오광룡, 박기성, 박경현, 신동관, 박재동, 황준암, 이동호, 정재우, 한원섭, 박정기 모두에게 감사한다. 외부 참여자로는 김창곤(체신부), 성조경(KTA), 최상삼(KIST), 박한규(연세대), 김관명(금성전기), 유웅현(대우통신), 신철순(삼성반도체통신), 박영하(금성전선), 유채준(대한전선), 박곤호(체신부), 홍창희(부산해양대), 신상영(KAIST), 이상수(KAIST), 이원승(금성전선), 김덕삼(대한전선), 임종성(대한전선) 님 등이었다.

1985~1988년의 과학기술처 전기전자조정관 시절에는 박승덕 연구개발조정실장의 지휘 아래 최응태, 유중익, 이재홍이 나를 직접 도왔고, 고등학교 선배인 이상태 연구관리과장, 대학 선배인 김필규 기계조정관, 김호기 화공조정관, 김지문 동력자원조정관과 홍재희 기초연구조정관이 나를 아껴 주었다. 전기전자조정관은 정통적인 전기·전자뿐만 아니라, 소프트웨어, 천문·위성사업도 관장했다. 오길록, 이종덕, 전길남, 이용태, 서정욱, 성기수, 안우희, 고명삼, 김두환 님께서 특정연구개발사업의 조정·평가를 도왔다. 4M DRAM 공동개발사업의 핵심 의사결정자는 경상현 소장, 오명 체신부차관, 윤동윤 체신부 정책국장, 김영태 경제기획원 국장, 김태준 상공부 국장, 박승덕 과기처 실장, 강민호 전자조정관이었다. 실무책임자는 안병성, 이진효, 정의진, 김광교, 천동우, 장홍조 님들이었다.

1990~1993년의 KT 연구개발단장으로 연구개발체계 구축 시에는 이해욱 사장이 최고의 지원자이며, 초기의 개발단 간부들인 김현우,

최상일, 강동원, 김진수, 정규찬 본부장들과 최문기 부장이 힘썼고 내가 유치한 김영탁, 이상훈, 최두환, 김노식, 이용경, 이명성, 이상철 박사들은 핵심 KT의 주요 보직을 맡았다. 김낙성 부사장, 노을환 실장이 돕고. KT 해외사업본부장 시절에는 임성빈, 김기열, 배상석 국장들, 남중수, 고순영, 박태일, 김영재, 문행규, 조유현, 박익수 해외사무소장들과, 최재만, 이광진, 박균철, 김동훈, 이영삼, 한복교 등의 현지 사업 책임자들이 같이 힘썼다. 미디텔 사업에서는 특히 파트너인 까나와띠와 김노식, 서정수, 김영한, 양홍모가 힘썼다. 출판 분야에서는 서울대의 이병기 교수와 6권, 이종희 박사와 4권, 오명, 강철희, 임주환과 2권, 신상영, 이용규, 이혁재, 조규섭, 유완영, 이상일, 이상홍과 1권을 같이 집필했다. 모두가 공동 집필이다.

1999~2011년의 ICU, KAIST 시절에는 ERC 사업 관련과 KAIST 통합 업무에 같이한 동반자들이 많았다[24]. 광인터넷센터 설립 시에 참여한 교수들은 앞에서 소개한 바와 같다. 외부에서는 정수진(노텔), 홍성원(시스코), 정윤, 전의진(과기처)이 도왔다. ICU와 KAIST 통합과정에도 정홍식(MIC 실장), 경상현(MIC 장관), 이석채(MIC 장관)의 ICU 설립 지휘, 이혁재(ICU 총장 직무대행), 서남표(KAIST 총장, 통합 총괄 지휘), 이용훈(ICC 정보과학대학장, 통합 실무 지휘), 이광형(교무처장), 김정호(전기전자공학부장), 최기선(전산학부장)이 세부 사항을 도왔다. 방진섭, 정진왕이 행정 사항을 도왔고, 두 사위(안지용, 이종석)가 뉴욕과 애틀랜타에서 교수 유치를 도왔다.

1990년대에 정보통신부 정책실장과 차관을 역임한 정홍식은 그의 저서[28] 『한국 IT 정책 20년 -천 달러 시대에서 만 달러 시대로』에서 나를 "보통 해방둥이와는 달리 관·산·학·연 4 군데를 모두 근무하면서 한결같이 우리나라 IT 연구개발과 IT 인력양성에 앞장섰던 '정보통신 4관왕' 해방둥이는 강민호 과학기술처 전기·전자연구조정관이었다"라고 소개했다. 영광이다. 그럴싸해서 에세이 2막의 주제를 '정보통신 4관왕'으로 뽑았다. 여기서 2막을 내린다.

미주

1) 1985. 3. 26.에 KETRI에서 전기연구소를 분리하고 구미의 전자기술연구소(KIET)를 합병하여, 한국전자통신연구소(ETRI)가 발족, 1997. 1. 31.에 한국전자통신연구원으로 개칭했다.
2) 정확하게는 Mb/s로 초당 백만 개의 비트(0 또는 1)를 전송할 수 있는 용량이다. 편의상 M으로 표시하고 '메가'로 읽는다.
3) Optical Fiber Comm. Conf. 세계 최대의 광통신 학술대회.
4) Optical Time Domain Reflectometer, 광섬유 고장점에서 빛이 반사해서 되돌아오는 시간을 측정해서 고장 위치를 정확히 파악하는 장치
5) Vapor Axial Deposition. 광섬유를 만드는 유리 기상을 광섬유가 뽑히는 진행 축 방향으로 증착하는 신기술로서, 광섬유 가격을 획기적으로 낮춘다.
6) International Telegraph and Telephone Consultative Committee, UN 전신전화 표준화 기구
7) 광섬유 직경의 단위인 μm 또는 마이크론은 백만분의 1m이다. 머리카락은 90 μm 정도이다.
8) 전송손실의 단위는 db/km인데, 손실이 3db/km이면, 빛이 1km 전송할 때 세기가 반으로 준다.
9) 빛의 파장 단위인 nm는 10억분의 1m이다. 무지개색은 380~750nm이다.
10) 1967. 4. 설립된 중앙부처, Ministry of Science and Technology, 2017년에 과학기술정보통신부로 통합
11) 반도체 노광 공정에 쓰이는 포토마스크를 생산하는 조직
12) 1980년대 후반에 한글 MS-DOS는, 한글 입력기를 탑재하고, 한글 폰트와 한글 코드를 지원한다.
13) 1990년대에 본격화되었으며, 다양한 한글 입출력 환경을 지원한다.
14) OpenAI에서 개발한 인공지능 언어모델.
15) United States Agency for International Development, 미국 국제

개발처

16) 1992년 영화로, 인도 톨카타 빈민가에서 서로 다른 배경을 가진 세 인물이 엮어 가는 이야기
17) 층을 수직으로 쌓아 올리는 방법으로 고밀도 칩 구현과 검증이 가능하나, 공정시간이 길어지고 층간 균일성 유지가 까다롭다. 삼성은 이 방법으로 초고집적 DRAM 세계시장에서 1등이 되었다.
18) 웨이퍼 표면에 깊은 홈을 파는 방법으로 절연 효과가 높고 소자 간 전기적 간섭이 적으나, 식각공정의 정밀도와 깊은 트렌치가 어렵다. 현대는 이 방법을 택했다.
19) 제품의 기능, 성능, 안정성, 기구들을 확인하는 단계
20) Korea Advanced Institute of Science & Technology로 처음에는 KAIS(Korea Advanced Inst. of Science, 한국과학원) 대학원으로 시작했다가 1989. 7. 4.에 KIT(Korea Inst. of Technology, 한국과학기술대학)의 합병으로 학사과정이 추가되었고, 2009. 3. 1.에 ICU의 합병으로 ICC 캠퍼스를 추가했다.
21) United Nations Development Program. 가난 극복과 불평등해소를 위한 UN 개발계획
22) Networking of Test and Development Center. 두만강 프로젝트 등 지역 문제 조사·연구 수행
23) 1990년대에 한국통신공사(KTA)가 민영화되면서 사용한 공식 명칭
24) Korea Telecom Research Center. 사실상 'KT 중앙연구원'이나 유관 국책연구소를 의식해서 KTRC로 불렀다.
25) Intelligent Building System. 당시 최신 지능을 구비한 건물이었다.
26) 디즈니월드 리조트에 있는 미래의 실험적 프로토타입 커뮤니티로 출발한 테마파크
27) 통신위성으로 국제통신 서비스를 제공하는 회사.
28) 1984년에 미국의 지역전화회사들이 공동으로 설립한 연구소로서 KTRC의 벤치마크 대상이었음.

29) KT International Symposium. 1991년에 KT가 처음 개최한 국제심포지엄
30) Presidential Committee on Science and Technology
31) International Telecommunications Union, UN 산하의 국제전기통신연합
32) MIT Sloan School이 연구, 개발, 기술혁신을 주제로 여름에 개최하는 고강도 특별 교육과정
33) Local area Network, 근거리 통신망
34) Integrated Services Digital Network. 음성, 문자, 화상 서비스를 종합하는 디지털 통신망
35) AI와 정보통신(ICT)을 결합한 기술로 KT의 캐치 프레이즈.
36) Korea Backbone Network for Internet Connectivity. KT의 인터넷 기간망
37) Trunked Radio system, 공공 안전망에 쓰이는 무선 통신.
38) Code Division Multiple Access, 코드분할 다중접속
39) 투자 후 출구전략의 하나로, 투자자금을 회수하는 방안
40) Asia Pacific Telecommunity. 아시아 태평양지역 정보통신 발전을 도모하는 국제기구.
41) KAIST 구성동의 Information and Communications Campus
42) Information and Communications University, 한국정보통신대학원대학교. 2002년에 학부를 추가하여「한국정보통신대학교」가 되었다.
43) paper, patent, product로 창의성, 특허, 실용성을 강조하였음.
44) Multi Protocol Label Switching, 다중프로토콜 라벨스위칭. 고성능 통신프로토콜.
45) Gigabit Ethernet의 약자로, 1초에 10억 비트의 데이터 전송 지원.
46) 한국이 창설한 국제 광인터넷 학술대회, International Conference on Optical Internet
47) Center for Ultra Broadband Information Networks

48) Korea Optical Internet Forum. 한국의 ETRI와 ICU가 중심이 되어 2000년에 창설한 광인터넷 포럼.
49) 호주 멜버른대학의 국립 초광대역 정보망연구센터
50) 호주 시드니대학의 국립 광기술협동연구센터
51) Fiber To The Home. 가입자 근처까지 광섬유로 통신하는 기술.
52) IT Convergence Campus로, ICU 전체와 KAIST 전기전자공학부, 전산학부, 산업공학과, 경영과학과, 산업디자인학과가 합쳐진 거대 캠퍼스이다.
53) International Forum for ICT University Presidents. 다음 포럼은 이탈리아에서 열린다.
54) 프로그램 명령어와 데이터를 같은 메모리에 저장하고 처리하는 컴퓨터 구조
55) 1990년에 제정한 NRF의 장기, 대규모 우수공학연구센터
56) 맹자의 어머니가 아들의 교육을 위해서 무당 동네, 시장 근처에서 학교 근처로 이사했다는 이야기.
57) 어려울 때 최선을 다하는 동시에, 결과에 과도하게 집착하지 말라는 뜻.
58) Encore Korea Initiative. 과우회의 개도국 지원조직

3막 ────────── 향기로운 삶

1.
행복한 노후의 설계

　인생의 행복은 노후에 판가름 난다. 운동경기도, 연극도 마지막에 가서야 승부가 나누어진다. 그래서 나의 인생 마지막 3막의 노후설계 시에도 5W1H라는 여섯 개의 질문 틀이 중요하다. 행복한 노후를 위해서 ① 언제까지(when), ② 무엇을 하면서(what), ③ 어디서(where), ④ 어떻게(how), ⑤ 누구와(who, whom), ⑥ 왜(why)를 통해서 인생을 설계하면 좋을 것이다.

　① 언제까지 살 것인가? 2023년 생명표에 따르면 80세 남자의 기대여명은 8.3년, 여성은 10.7년이다. 늘어 가는 기대여명과 건강수명이 결정적인 노후설계 변수이다. 더해서, 나는 친구들에게 다음과 같이 물어봤다. '90세까지 산다고 계획했는데 100세까지 사는 친구'와 '100세까지 산다고 계획했는데 90세까지 사는 친구' 중에서 누가 더 행복할 것인가이다. 답은 후자였다. 나도 그렇게 생각해서 내 인생 3막(향기로운 삶)은 '66세부터 99세까지'로 '보수적인' 수명설계를 했다.

　② 은퇴하면 무슨 일을 하면서 살 것인가? 인생 3기에서 무슨 일을

할 것인가? 급여 자체가 목적이면 좀 서글프다. 아침에 꼭 출근해야 한다면 너무 딱딱하다. 그래도 아침에 일어나면 신바람 나게 할 일이 있으면 좋겠다. 갑자기 붓글씨 배우기도, 세계 일주 여행도 쉬운 일이 아니다. 나는 행복한 사람이란 「즐거운 일로 바쁜 사람」이라고 생각한다. 즐거운 일이란 내가 잘할 수 있고, 가능하다면 세상이 필요로 하는 일이 아닐까? 이런 일을 2장에서 다루었다.

③ 어디서 살 것인가? 이 질문의 해답은 그냥 '지금 살던 집에서 그대로 산다'는 것이다. 시설의 도움이 전적으로 필요할 때는 몰라도. 이것을 3장에서 간략히 다루었다. ④ 어떻게 살아갈 것인가? 은퇴 후에도 100세까지 2막의 현직 때에 버금가는 생활비가 필요하다. 우리는 생명보험회사의 「멋진 인생연금」과 살던 집을 줄여서 「평생 주택연금」을 은퇴 생활비로 준비했다. 이들도 3장에서 다루었다.

④ 어떻게 건강을 지킬 것인가? 2021년의 남자 건강수명은 70.7세, 여자는 74.4세이다. 80세 노인은 앞서 여명 기간에 병을 안고 산다는 뜻이다. 여명 기간의 건강한 몸 살림뿐만 아니라 마음 살림, 관계 살림도 노년에 더욱 절실한 문제이다. 이러한 세 가지 건강 살림을 4장에서 다루었다.

⑤ 누구와 살 것인가? 나를 낳아서 키워 주신 부모님과 성장 과정에서 일거수일투족을 같이한 아우 넷, 시간이 흐를수록 같이 지내는 시간이 늘어나는 아내, 첫째 딸 수진이, 둘째 딸 수영이를 5장에 실었

다. 이들이 내 여생의 대부분을 같이 하고, 기뻐하고, 격려하고, 아파하고, 위로하는 가족이니까!

⑥ 왜 사는가? 인간의 마지막 단계에서는 다른 사람의 돌봄을 받게 된다. 이유를 몰라도 이를 '감사'라고 생각하면 행복이다. 사람이니까!

2.
개도국 봉사, 과학영재 아카데미의 추억

 우리나라를 산업 불모지에서 선진국대열로 쌓아 올린 과학기술인들은 마음만 먹으면 우리나라의 1970년대, 1980년대, 1990년대 수준인 개발도상국에 필요한 기술, 정책, 적정기술개발, 교육 연구 분야에 봉사할 수 있을 것이다. 나도 이러한 인생 2막에서의 공적인 일을 3막에서 이어받아서, 지금까지 즐겁고 바쁘게 사회에 봉사해 왔다.

2011년, 앙코르코리아 사업단 설립[34]

 2008년에 과우회(회장, 박승덕)와 한국기술경영연구원(원장, 이승구)에서 기초기술연구회(이사장, 유희열)의 정책기획과제를 수주하여, 2008. 12. 31. 강민호와 강박광이 『고경력 과학기술인들의 후발국 과학기술지원 시스템 개발에 관한 연구』 보고서[29]를 만들었다. 주요 내용은 1,000여 명의 은퇴과학자들의 전공 분야와 인적사항 데이터베이스를 만들고, KOICA 자료를 활용하여 개도국의 적정기술 수요를 연결하는 match maker 역할을 한국기술경영연구원이 맡겠다는 내용이다. 이 보고서가 기초가 되어서 나는 KAIST 정년 퇴임 직후인 2011. 10. 우리나라를 후진국에서 선진국 도약시킨 은퇴과학자들이 개도국을 돕는 앙코르코리아사업단(Encore Korea Initiative)을 한국기술경영연구원(원장, 권오갑) 내에 설치하고, 2013. 9. 새로운 시대를 개척해야 하는 꿈나무 과학영재들을 제도권 밖에서 지도하는 「과학영재 아카데미(SPA)」를 개설했다. 이런 일은 현직에 있을 때부터 준비해야 한다.

우리나라는 지난 50년간에 과학기술의 진흥을 통하여 후진국, 개발도상국 지위를 모범생으로 졸업하고 기술선진국으로 도약했다. 2010년대는 정부출연연구기관, 정부, 대학 및 기업에서 한국의 산업기술을 황무지에서 세계적 수준으로 변모시킨 파노라마형 전문가들이 현장에서 은퇴하는 시점이다. 고경력 과학기술인들이 축적한 지식과 경륜은 개도국이 필요로 하는 기술 컨설팅, 실무 교육, 인력 교류와 잘 어울린다.

아프리카, 아태지역의 많은 우방 국가들은 한국의 성공 경험을 배우고 싶어 하지만 접촉 방법의 불명확, 협력 네트워크의 취약 등으로 체계적인 접근이 어렵다. 따라서 본 「EKI[1]」에서는 파노라마적인 고경력 한국과학기술자와 개도국이 필요로 하는 수요를 체계적으로 연결하는 지원시스템을 만들어서 개도국을 돕는 과제를 본격적으로 개발하였다. 이를 위해서, 먼저 개도국의 기술 수요를 발굴하고, 우리나라의 고경력 과학기술자들을 엮어서 「대한민국의 성공 경험을 개도국에서 다시 꽃피우는 사업」을 전개한 배경이다. 마침, "베풀 수 있을 때 베풀어라" 리더십[39]의 주인공인 오명 전 부총리가 주창하여 발족한 『에쓰-오일 과학문화재단(당시 이사장, 오명)』의 재정지원으로 2011. 10. 3.에 EKI

사업이 시작되었다. 'Encore Korea'는 은퇴한 한국 과학자에게는 '개도국에서 꿈이여 다시 한번'을 뜻하고, 개도국에서는 '우리나라에서도 한국과 같은 성공을 다시 한번' 이루자는 뜻으로, 내가 작명했다

2011~2014년, 에티오피아 「시멘트기술센터」 설립 지원

에티오피아는 한국 전쟁 시 UN군으로 참전한 아프리카 유일의 혈맹 국가로서, 1994년 민주 정부 출범 이래 국가 경제 발전을 위해 건설·섬유·피혁·농수산물 가공·화학·금속산업을 6대 전략산업으로 정하고, 관련 산업발전에 필요한 과학기술 역량향상에 필요한 전문기술 인력 양성 방안의 하나로 『ASTU[2)]』를 설립하고, 한국의 발전 경험을 접목시키기 위하여 2011. 9. 이장규 서울대 명예교수를 총장으로 영입했다. 나와 서울대 전기공학과 동기인 이장규 총장은 대학 내에 연구공원 조성을 촉진하기 위하여 EKI에 협조를 요청하였고, 2012. 11. 17. 나와 최명일(전 쌍용양회 공장장)이 같이 두바이 경유, 에티오피아를 방문하여 ASTU와 시멘트 산업계를 둘러보고, 「시멘트기술센터(CTC, Cement Technology Center)」의 필요성을 같이 인식했다. 에티오피아는 양질의 시멘트 원료가 풍부하지만, 산업기반구조가 취약하여 중국의 기술·자본·인력에 의존하는 실정이어서 에티오피아 시멘트산업의 기술자립 기반조성을 지원하는 CTC 설립과 육성은 시의적절하다. 또한, 에티오피아 정부, 산업계, 대학이 모두 한국의 도움을 요청하므로, 본 과제의 추진이 대한민국 정부의 개도국 과학기술 지원사업의 성

과를 조기에 과시할 수 있다.

귀국 길에 나는 KAIST에서 석사 과정 제자였던 야잔의 초청으로, 카이로 경유를 경유해서 2012. 11. 24. ~ 29.에 요르단을 방문했다. 11. 23. 밤에 아디스아바바의 쉐라톤호텔에서 5시간을 보내고, 카이로 경유, 암만에 24일 11시 반에 도착. 비자 발급받는 데 30달러와 1시간 소비. 미리 약속된 여행사 택시가 암만 웨스트 호텔로 인도하였다. 요르단 정부는 돈이 없어서 무상 원조를 받고 싶어 해서 안타까웠다. 그나마, 페트라와 야잔 부모 댁 방문은 좋은 추억이었다.

요르단 페트라. 2012. 11. 하순.

베두윈 안내인. 2012. 11. 하순.

2013. 5. 26. 제안서 준비 최종회의를 거쳐서 에티오피아 제안서를 『한국연구재단[3]』에 제출했다. 6. 22. 이장규 총장을 서울 플라자호텔에서 만나 과제 추진 방법을 협의하고 6. 24. 최명일 공장장, 권오갑 박사와 같이 동해시의 쌍용양회 공장에서 1박 2일 시멘트 제조공장 견학 여행 덕분에, 6. 28. 연구재단 평가발표를 잘 마쳤다. 7. 2. 미래부 관계자와 오찬을 했는데 에티오피아 과제가 연구재단 발표에서 1등이라고 한다. 고맙다.

에티오피아 현실에 맞는 에티오피아 시멘트산업의 역량을 증대하기 위해 과제 수행 중에 쌍용시멘트 은퇴기술자들이 여러 차례의 현지 방문 조사를 통해 기술교육과 인력 훈련을 시키고, 에티오피아의 교수, 공장인력을 우리나라로 초청하여 현장실무교육을 하고 교재를 만들었다. 시멘트 제조에 필요한 원료는 에티오피아가 충분해서 중국 자본으로 중국 시멘트제조설비를 구축한 것까지는 좋았는데, 공장 준공이 2년이 지났는데도 중국 기술자 180여 명이 공장을 돌리고 있는데, 에티오피아 사람은 접근조차 힘든 상황이다. ASTU의 교수와 학생, 에티오피아공장 기술자를 틱으로 하여 우선 생산기술 자립화에 초점을 맞추었다. 다음으로 장·단기 연구개발 전략 및 기술센터 발전계획을 수립, 시멘트 제품 고급화 및 다양화 지원방안, 인력개발 방안을 제시했다. 본 과제 수행결과들은 바로 ASTU CTC의 일상 업무뿐만 아니라, 중장기적인 측면에서 조직 발전, 기술개발, 인력양성 측면에서 효율적으로 활용될 것이며, ASTU의 첫 번째 기술센터로서 향후 태동될 기술센터들의 롤 모델이 될 것이다.

2014. 6. 26. 정부·산업계·학계의 리더 150여 명이 참석한

ASTU CTC 개소식을 통해 대한민국 정부와 에쓰-오일이 합동으로 지원한 대 에티오피아 기술지원 노력이 전 에티오피아에 알려지는 계기가 되었고, 2014. 7. 본 CTC가 ASTU의 공식 연구기관으로 등록되었다. 또한, 개소식과 함께한 시멘트기술 심포지엄을 통해, 한국의 시멘트산업 발전사를 소개하고 ASTU 시멘트기술센터의 역할과 향후 비전을 제시했다.

ASTU 시멘트센터 현판식. 2014. 6. 26.   ASTU 시멘트센터 현판. 2014. 6. 26.

2014. 6. 26. 심포지엄과 CTC 개소행사를 성공적으로 끝내자, ASTU 관계자가 멀리서 행사에 참석한 한국 팀에게 유네스코 지정 세계문화유산인 랄리벨라 성지 방문을 권유받았다. 우리는 늦은 오후에 ASTU가 마련한 승합차로 아디스아바바로 이동하여, 다음 날인 6. 27. 아침 일찍 랄리벨라 공항에 도착했다. 관광회사에서 미리 준비한 Top Twelve 호텔에 짐을 풀고, 오찬 후에 관광을 시작했다. 랄리벨라는 에티오피아 북부 해발 2,400m 고산 지대의 작은 도시로, 인구는 14,668명(2005년 기준)으로, 주민 전체가 에티오피아 정교회 신자이다. 랄리벨라는 성 조지 교회를 포함한 11개의 암굴 교회 유적 덕분에 세계 각지에서 관광객이 모여든다.

12세기에 무슬림이 예르살렘을 함락한 이후에 예루살렘 순례는 이슬람 세력 때문에 막히니, 차라리 에티오피아에 제2의 예루살렘을 건설하자는 뜻으로 랄리벨라 왕(1181. ~1221.)은 십자군 전쟁의 와중에 예루살렘의 성지순례가 금지되면서 '새로운 예루살렘'으로 시작된 게 랄리벨라 암굴 교회이다. 200여 년 동안에 팔레스타인 석공 4만 명을 동원해 11개 교회 모두가 지상에서 바위를 통째로 깎아 만든 암굴 교회이기 때문에 '아프리카의 페트라'라는 별명도 지니고 있다. 이 중에서 가장 독특한 교회는 바로 가장 나중에 세워진 「성 조지 교회」이다. 위에서 내려다보면 그리스 정교회의 완벽한 십자가 모양을 그리고 있는데, 가로, 세로 길이가 각각 12m에 이르고, 안에서 위로 올려다보면 노아의 방주를 연상시킨다. '종교의 힘이 이렇게 대단하구나!'라고 생각하였다. 12~13세기 에티오피아 지도자의 힘이 느껴지고, 페트라, 타지마할, 마추픽추에 버금가는 건축술은 보는 이를 감탄하게 만든다. 일행 중 한 사람은 성 조지 교회의 기(?)에 눌려서 중간에 되돌아 나왔다. 산 정상 호텔에서의 경치도 일품이었다.

랄리벨라 성 조지 교회. 2014. 6. 27.

이외에도 에티오피아 악숨 왕국 유적지에는 언약궤(Ark of the Covenant)가 이곳에 보관되어 있다는 설도 있다. 추억어린 여행이었다.

호텔 아침. 나, 강영옥(화가), 탁정부, 최명일, 2014. 6. 28.

2015~2016년, 몽골 울란바토르 녹색 기후기술센터 설립[34]

내가 KT 해외본부장 시절에 1995년 8. 30. ~ 9. 2. KT의 국영 몽골통신공사의 지분참여 때문에 KT 이영삼 부장과 같이 북경 경유 몽골 울란바토르에 출장 간 적이 있는데, 그때 사업지역을 순방하면서 마유주를 마셔보고 뜨거운 겹 돌판으로 구운 양고기와 말젖술 '아이라그'를 마셨다 유목민의 텐트 생활 현장을 구경하고 나서, 몽골통신공사 지분 40% 인수 서명식에 참여하고, 저녁에 정부 초대소에서 환대를 받았던 추억이 서린 나라이다.

2015. 9. 29. ~ 30. 이정순 박사와 같이 『울란바토르 녹색기후기술센터』 설립 타당성 조사차 울란바토르에 출장 갔다. 꼭 20년 만에

다시 가서 보니 참 많이 발전했다. 여기저기에 빌딩이 들어서고 아파트도 보였다. 30일 오후에 울란바토르시 정부와 GTC가 공동 주최한「녹색기술 포럼」에서 논문을 발표했다. 이 포럼에서 시 정부도『울란바토르 녹색기후기술센터』과제가 성사되면 비용의 25%를 부담하겠다고 한다. 처음 방문한 후레대학은 우리나라의 유치원 같은 작은 규모이나, 한국인 총장(정순훈) 이하 교수들이 많은 고생을 하고 있었다.

1년이 지난 2016. 5. 30. 몽골 제안서가 선정되었다는 통보를 연구재단으로부터 받고, 2016. 7. ~ 2017. 6. 1년 간『울란바토르 녹색기후기술센터 설립』지원과제(책임자, 이정순)를 수행했다. 시 외곽 게르 지역의 갈탄 취사 및 난방으로 인한 대기오염 문제를 해결하기 위해서 몽골후레대학교에 센터 설립을 지원하는 것이 목표이었다.

연구 내용은 센터의 설립, 태양광의 게르촌 활용연구, 교육훈련과 양국 간 기후기술 협력을 위한 포럼 개최로 이루어졌다. 센터는 지속가능성을 담보하기 위하여 후레대학 건축학과와 에너지환경학과가 주축이 되어서 설립되었고 한국 전문가들의 지원 아래 3kW 급 PV 태양광 발전 설비와 배터리, 전열 기구 및 최소한의 측정 장비들로 실험실을 구축했다. 이 과정에 현지 대학생들을 직접 참여시켜서 센터의 기간요원 양성 및 기술자립을 도모했다. 본 연구결과는 울란바토르시 외곽 급경사지 게르촌 재생사업의 방향을 제시하였고, 대규모 국제협력사업으로 발전하는 기틀을 만들었다.

2013~2018년, 기타 개도국 자문 활동[34]

EKI는 2013~2018년에 아시아, 아프리카, 중남미, 중동 개도국에 은퇴 과학기술 전문가들을 파견하여 프로젝트 공동개발 계획과 단기자문과제들을 수행해 왔다.

2013. 8. 4. ~ 14. 사업개발 사전 조사 차 우즈베키스탄의 수도 타슈켄트에서 1박, 경유 후 카자흐스탄의 새로운 수도 아스타나에 도착했다. 카자흐스탄은 석유와 지하자원이 풍부하다. 아스타나는 나자르바예프 대통령이 새로 건설한 도시로서 우리나라 신도시처럼 느껴졌다. 6일 사가디에프 총리 자문관과 오찬, 정택경 KKCC(카자흐스탄-코리아 협력센터) 소장의 도움으로 NATD(국가기술개발청)를 방문하고 7일에 KIDI(카자흐스탄 산업개발처)를 방문했다. 8일, 나자르바예프대학을 방문하고 나서 백주현 대사와 오찬을 했다. 대규모 주택복합단지를 한국기업(동일 하이빌)이 건설하고 있었는데, 온돌 바닥 때문에 인기가 최고라고 한다. 9일 IITU(국제 IT 대학)와 경제자유구역을 방문했다. IITU에서는 인하대 학생들이 여름방학 동안에 IT 강의와 실습을 돕고 있었다.

11일 일찍 우즈베키스탄으로 이동 후에 수도 타슈켄트 시내를 관광했는데, 카자흐스탄의 아스타나와는 달리 소련의 잔재가 많이 보인다. 대통령 궁을 정면으로 보면 왼편에 대우은행이 보였다. 김우중 회장이 이곳에서 물물무역을 한 흔적인가. 12일 오전에 이철수 박사가 부총장으로 있는 TUIT(타쉬켄트 IT대학) 방문 후, 「우즈베키스탄 고려인 기념관」에 들렀다. 끈질긴 민족성과 노력으로 많은 분야에서 조선족의 활약상이 눈부셨다. 카자흐스탄과 우즈베키스탄은 1991년에 같이 소련으로부터 독립되면서 주지사가 두 나라의 대통령으로 선출되었지만, 20여 년이 지나면서 국가발전의 차이가 매우 크다. 카자흐스탄은 친서방 시장경제 정책을 도입하고, 우즈베키스탄은 공산주의 잔재가 엿보인다. 국가발전의 차이는 지도자와 시스템 차이에서 비롯된다는 것을 실감했다.

2014. 5. 20. ~ 24. 카자흐스탄 NATD가 『카자흐스탄 Innovation Congress 2014』에 초청해서 내가 「한국의 기술혁신 사례연구」를, 김기협 박사가 「한국의 기술혁신」을 발표하였다. 저녁에 아스타나 음악 홀에서 열린 콩그레스 연회에 참석했는데 분위기가 멋지다. 23일의 「아스타나 경제포럼 2014」에도 참석했다. 참석자가 약 10,000명으로 엄청나다. 카자흐스탄과 나자르바예프 대통령의 치적을 세계에 알리는 행사이다.

2014. 11. 30. ~12. 8. 나와 건국대의 조용범 교수, 쌍용정보통신의 박상욱 박사가 페루 정부의 남부 「아레키파 지역 ICT 기술 회랑 구축사업」 자문 차 페루에 출장 갔다. 자문 후에 귀국 길에 쿠스코에 도착해서 코리칸차, 태양 유적을 보면서 고지(3,300m) 적응을 했다. 12. 5. 아침 일찍 마추픽추(약 2,430m)로 가는 관광열차를 타고 아쿠아 갈리엔테에 도착하자 예약된 소수 인원만 마추픽추로 입장시켰다. 15분 정도 따라 올

정교한 마추픽추 돌문.

라가면 아래로 마추픽추 유적 전체가 멋지게 보인다. 마추픽추는 15세기 중반에 잉카제국이 건설한 것으로 알려져 있다. 한 개가 몇 톤은 됨직한 큰 돌을 동전 하나 들어갈 틈도 없이 모자이크로 쌓아 올리는 기술, 지금도 집집으로 물을 흘려 들이는 수로, 정확한 해시계, 나침판이 경이롭다.

마추픽추 전경. 2014. 12. 5.

2018~2019년, 신설 에티오피아 과학기술대 교수 유치 지원[34]

2018. 7. 2. 주한 에티오피아 대사가 EKI 앞으로, 한국의 KAIST를 모델로 하는 신설 AASTU(아디스아바바 과기대)와 ASTU(아다마 과기대) 교수로 한국인 은퇴과학자를 뽑고 싶으니 도와달라는 편지이다. 이것이 신설 에티오피아 과학기술대학교에서 한국인 교수 채용의 시작이었다.

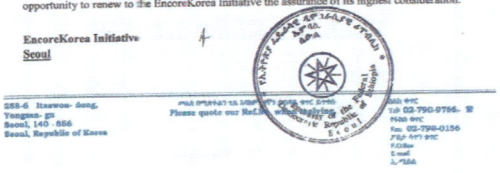

에티오피아 대사가 EKI에게 교수 선발 협조 요청. 2018. 7. 2.

　EKI는 축적된 인물 데이터베이스와 네트워크를 활용하여 비교적 단기간에 1차 약속 기간인 2018. 8. 15. 지원자 57명의 약식 인적사항을 에티오피아 과기부 장관과 AASTU · ASTU 총장께 함께 보냈다. 10. 12. STEPI(과학기술정책연구원) 과제의 일환으로 에티오피아를 방문한 김기협 박사를 통해서 '에티오피아는 정부조직개편으로 행정 절차가 늦어졌으나 한국인 교수 채용은 확고하다'는 것을 확인했다.

2019. 3. 8. 두 과기대에서 각각 교수 3명이 한국에 와서 서류 심사를 통과한 지원자 29명을 인터뷰하고, 최종 선발자 17명에게 개별로 통보했다.

EKI가 약속한 기본 책무는 아니었지만, 2019. 4. 25. ~ 26. 최종 선발자를 대상으로 현지 적응 키트, 생존 키트를 미얀마, 네팔, 베트남 현장 경험자, 전임 AAIT 학장, 전임 ASTU 학장, 전임 ASTU 교수, 정성철 교수, 기관 간 협력사업 책임자, 김기협 박사, 강민호 단장 등 경험자들이 신임 교수 후보자 17명에게 무상으로 교육했다. 교육 만족도는 87.5%로 호응도가 매우 높았다. 또한, 모두가 지칠 정도로 늘어진 진행의 이해를 돕기 위하여, 나는 참여 권고 편지(2018. 7. 20.), 진도 보고(2018. 9. 30.), 감사 편지(2019. 4. 5.), 지원종료 편지(2019. 4. 30.)를 교수 후보자에게 정중히 보냈다. 최종합격자는 AASTU에 9명, ASTU에 8명이고, 전공 분야는 기계, 화공, 토목, 전기, 환경, 나노·바이오, 컴퓨터 공학 등이다. 놀라운 사실은 1인당 총국민소득이 1,000달러가 안 되는 에티오피아에서 에티오피아 교수 연봉의 10배가 넘는 5만 달러를 주면서 한국인 교수 17명을 바로 뽑았다는 것이다. 외국인 교수 영입 TO 68명 중에서 한국인을 17명이나 선정한 것은, 먼저 현지 대학에서 재직했던 한국인 교수들의 성과, 계속되는 우리나라의 EDCF(대외개발협력기금) 지원 등이 영향을 미쳤을 것이다. 신임교수들은 스스로 카카오톡 방을 만들어서 정보교류와 집단 안전보장 체제를 만들고 모두가 2019년에 현지에 부임했다.

2012~2019년, 개도국 유학생 멘토링 포럼 개설·운영[34]

EKI 2차년도 사업이 시작되는 2012. 4.부터 성균관대의 정태명 교수가 주도하는 「개도국 유학생 멘토링 포럼[4]」을 EKI 사업에 추가했다.

IT 분야를 중심으로 한국에 유학 오는 개도국 학생들이 서울, 지방을 막론하고 유명대학에서 계속 늘어 가고 있었다. 이들에게 한국의 역사와 문화 탐방기회를 제공하는 등, 한국을 직접 체험하도록 함으로써 성장 후 친 한국 관계 형성으로 발전시키는 것이 이 사업의 추진배경이자 취지이다.

2018년 현재, 멘티 참여학교는 한국외국어대, 이화여대, 성균관대 등 25개 대학 유학생 1,000여 명이 함께하고, 매회 150여 명이 포럼에 참여하고 있다. 출신 국가는 캄보디아, 아제르바이잔, 카자흐스탄, 말레이시아, 몽골, 베트남, 나이지리아, 에티오피아 등 30개 국가이다.

멘토는 자문 멘토, 시니어 멘토, 현직 교수 멘토, 기업 멘토로 나누었는데, 오명(당시 에쓰-오일 재단 이사장, 전 과학기술 부총리), 권오갑 원장(한국기술경영연구원장, 전 과기부 차관), 김석권 단장(과우봉사단), 김기협 박사(과우회), 허남 본부장(세계 동위원소기구 국제협력조정관), 조석팔 교수(전 성결대 부총장), 이영일 박사(한국원자력연구원) 등 20여 명이다. 개도국 유학생포럼은 전용 카페를 운용하고 뉴스레터를 발간하고 있었다. GSMF 프로그램도 2019년 이후에는 개최되지 못해서 아쉽다.

2011. 9. ~2019. 3. 에쓰-오일 과학문화재단의 강영옥 차장이 매년 EKI 재정지원 사무를 도왔고, 김광남, 이은숙, 김윤희, 백석준,

정기순, 이정현, 김형준의 노고가 많았다. 현장에서는 이장규, 최명일, 김용국, 탁정부, Simie Tolla, 이정순, 정순훈, 길성호, 이봉기, 정회영과 정태명, 김상선, 권기균, 윤성희가 수고 많았다.

2013~2019년, 과학영재아카데미[34] 개설, 운영

2013년 여름부터 과우회(당시 회장 이승구), 기술경영연구원(당시 원장 권오갑), 에쓰-오일과학문화재단과 협의하여 EKI 사업의 일환으로 「과학영재아카데미[5](SPA, Science Prodigy Academy)」를 개설하였다. 제1차 '만남의 장'을 가진 때는 2013. 9. 14. 14시 30분이었다. 국립과천과학관에서 학생 60명, 가족 120명, 김시중 전 과기처 장관과 지도교수 등 25명을 포함하여 총 200여 명이 모인 자리에서 프로그램 소개와 함께 '놀이에서 과학으로' 특강, 과학관 상설 체험 교실, 천체투영관 관람, 지도교수 멘토링 순으로 진행되었다.

에쓰-오일과학문화재단과 정부의 재정지원으로 EKI가 수행하는 「과학영재아카데미」의 기본방향은 교육 중심이 아닌 '과학자의 길'을 지도하고, 선정된 학생은 대학입학 시까지 멘토, 학생(멘티), 학부모의 '3각 편대 프로그램' 운영으로 잡았다. 멘토-멘티-학부모는 도제식 관계, 라포 형성으로 학생의 창의성을 찾아서 발전시키고 융합 마인드, 협동 학습, 토론 등의 영재교육 특성을 살리도록 기획했다. 아카데미가 지양해야 할 일들로는 경쟁을 유발하는 대회나 행사, 강의 위주 교육, 선행지식, 단순체험 위주 교육, 평소에 영재학급에서 경험이 가능한 교육, 학부모의 스펙 관리 차원의 접근들이다. 2013년 학생 선발은 시범단계로 수도권 3개 교육청 추천으로 지역 초등학교 영재교육원의 5~6학년 학생 62명을 선발하고, 지도교수는 과학기술계의 기관장 출신과 교수 중심으로 30명을 구성하고 장관급 인사 열두 분을 고문으로 모셨다.

 2013년 시범사업 기간(2013. 9. ~ 2014. 3.)에는 과천과학관, KIST, 삼성종합기술원, 경기테크노파크 등에서의 6차에 걸친 전체 모임에서 특강, 현장탐방, 7개 탐구반(뉴턴, 아인슈타인, 퀴리부인, 노벨, 세종대왕, 장영실 허준)별 지정 주제(정보통신, 원자력, 전통과학, 생명공학, 자연사, 항공우주, 기초과학)조사, 반별 토론 및 발표를 했다. 학생들의 탐구모임 시간에 병행한 학부모 모임을 6회 가졌으며, 연말에는 과학고에 재학 중인 선배들이 중학교에서의 바람직한 과학학습 방법 등을 멘토링했다.

 2017년에 내가 담당했던 뉴턴반(당시 5학년 신입생 대상)의 고휘준 학생(인천 G고 3학년)이 7년이 지난 2024. 8. 27.에 나한테 인사 글을 보내와서 여기에 그대로 싣는다. 이런 소식을 들을 때마다 SPA를 잘 시작했다고 생각한다.

> **강민호 교수님 안녕하세요. 잘 지내시죠?**
>
> 저 뉴턴반 17-47 고휘준입니다. 혹시 기억하시나요? ㅎㅎ 좀 더 일찍 연락을 드렸어야 하는 건데 죄송합니다. 고3이라서 너무 바쁘네요.
> 제가 과영아에서 교수님을 뵌 것이 벌써 7년 전이네요. 시간이 참 빠르게 지나간 것 같습니다. 교수님의 수업을 들었던 그때의 기억은 아직도 생생합니다. 다시 돌아가고 싶은 때를 고르라고 하면 저는 주저 없이 과영아를 처음 갔던 날이라고 말할 것입

> 니다. 제가 초등학교 때 가장 행운이었던 것은 과영아를 만난 것이 아닐까 생각합니다. 그때 배웠던 것들이 저에게 굉장히 많은 도움이 되었습니다. 저도 고등학교를 졸업하고 대학에 진학할 때가 오네요. 사실 이제 대학을 간다는 것이 아직 잘 믿기지 않습니다. 가끔 토요일이 되면 과영아에 가기 위해 과천과학관으로 가는 상상을 하곤 합니다.
> 아무런 걱정 없이 탐구하며 놀던 어린아이는 이제 어엿한 어른이 되어 세상을 향해 한 걸음 더 나아가고자 하고 있습니다. 저는 아직도 과영아 때 친구들과 연락을 하며 지내고 있습니다. 과영아는 제 소중한 추억이자 세상을 향해 나아가는 첫 시작점이라고 생각합니다. 고3이 된 지금 과영아 때를 돌아보면 교수님뿐 아니라 정말 많은 교수님들의 강연과 수업을 들으며 스스로를 발전시킬 수 있었고, 특히 교수님께서 절 많이 챙겨 주셔서 제가 여기까지 올 수 있었다고 생각합니다.
> 저는 앞으로 핵융합을 공부하고 대학원을 졸업한 후 KSTAR에서 핵융합을 연구하고 싶다는 꿈을 가지고 있습니다. 핵융합에 관심을 갖게 된 가장 큰 이유도 과영아에서 들었던 강연 덕분입니다. 그리고 나중에는 과영아 교수님들께서 해 주셨던 것처럼 저 역시 과학에 관심이 많은 친구들에게 제가 알고 있는 것들에 대해 알려 주고 또 그 친구들이 잘 헤쳐 나갈 수 있도록 도와주고 싶습니다. 과영아는 제 인생에 있어서 가장 큰 영향을 준 활동이라고 생각합니다.
> 그때 제가 과영아에 갈 수 없었다면, 교수님들을 뵙고 수업을 들을 수 없었다면 지금의 저는 없을 것이라고 생각합니다. 이번에 입시가 마무리되면 꼭 찾아뵙고 싶습니다. 항상 잘 챙겨 주시고 유익한 수업을 해 주셔서 너무 감사했습니다. 건강하세요. 교수님!"

2018학년도에는 학생–학부모–교수 3각 편대를 정착하고, 관찰·탐구·창의 학습 차별화, 학기별 협동 탐구 제도화, 미국·일본·국내 과학시설을 계속 탐방했다. 예산 관계로 2019학년도부터 과영아 프로그램은 다빈치 프로그램에 흡수되었다. 아카데미 창설을 주도한 사람으로서 SPA를 되돌아보니 오늘의 주역들에게 무거운 짐을 남기게 되어서 미안하게 생각한다. 뜻이 있으면 길이 있다고 했으니 최석식 회장,

김창우 사무총장과 여러분이 오동나무 심은 뜻을 잘 키워 나갈 것으로 믿는다.

과학영재를 디자인하라[33-35]

2018. 3. 제 5기 아카데미 수료 행사에서 학생, 학부모, 그리고 지도교수들의 이야기인 『과학영재를 디자인하라[33]』를 출판했다. 이 책에서 나는 페이지 pp.12~18에 "이력서에서 뭘 배우지?"라는 긴 글에서 나의 인생 3막을 먼저 소개한 후에, "과학영재들의 인생 설계도"를 실었다. 아카데미가 이미 종료된 2020. 12.의 『과학영재를 디자인하라 II[35]』에서 나는 pp.9~11에 "과학영재 아카데미의 추억"을 실었다.

과학영재를 디자인하라 1. 2018. 3.   과학영재를 디자인하라 2. 2020. 12.

과학영재들이 살아갈 21세기는 내가 살아온 20세기와는 판이하다. 내가 사회에서 활동했던 인생 2막(1978~2011년)은 정보통신이 주도하는 3차산업혁명 시대였다면, 지능정보 기술이 주도해서 맞춤형 서비스 체제가 등장한 현시점(2018년)은 AI 중심의 4차 산업혁명 시대이다[33].

인류문명에서 획기적인 지각변동이 현재 진행 중이다[41]. 70년 전 논의가 시작된 AI가 2023. 11. 챗 GPT 3.5가 출시되면서 현실로 다가왔다. 이어서 넉 달 만에 챗 GPT 4.0이 나왔고, 언어를 넘어 시각·청각·이미지 등의 멀티모달 GPT가 연이어 출시되었다.

나도 이 에세이 집필 과정에서 챗 GPT 3.5의 도움을 받았다. 대용량 데이터 처리를 위한 AI 그래픽 처리장치 기술을 가진 엔비디아가 세계 3대 기업으로 부상하였고, AI GPU 반도체를 만드는 TSMC는 범용 메모리 반도체를 만드는 삼성전자를 압도하고 있다.

2024년도 노벨물리학상과 노벨화학상을 AI 학자들이 휩쓸었다. 물리학상을 받은 존 홉필드와 제프리 힌턴은 AI의 기초가 되는 인공신경망 개발에 기여한 공로 때문이다. 노벨화학상은 AI와 컴퓨터 모델을 이용해서 단백질 구조예측과 단백질 설계 혁신 공로로 데이비드 베이커, 데미스 허사비스, 존 점퍼에게 돌아갔다. 데미스 허사비스는 생명과학의 문외한이다. 문제는 이러한 경향이 앞으로 모든 분야에서 더욱 강화될 것이라는 데에 있다.

AI가 세계의 주목을 받는 것은 이로 인해 인류 문명사가 획기적으로 바뀌기 때문이다. AI는 기존에 인간이 수행하던 많은 일을 대신 해 줄 뿐 아니라 인간의 지능을 능가하는 순간(Singularity, 특이점), 우리가 풀지 못하던 문제들까지도 해결해 주게 된다. AI는 24시간 학습해서 기본원칙만 습득하면 스스로 엄청난 반복 시도를 통해 인간이 상상하지 못할 가능성까지 찾아낸다.

2005년 레이 커즈와일이 『특이점이 온다(The Singularity is Near)』를 출간했을 때, 그는 2045년에 인간의 지능을 넘어선 AI가 나타나게 될 것으로 전망했다. 그런 그가 2024. 6.에 『특이점이 더 가까이 온다(The Singularity is Nearer)』라는 책을 출간했다. 이 책에서 그는 특이점이 2045년이 아니라 앞으로 4년 뒤인 2029년에 온다고 예측했다. 커즈와일은 AI라는 또 하나의 나비 날갯짓으로 노동시간, 범죄율, 에너지 충전 비용, 컴퓨터 비용 등은 급격히 줄어들고, 시간당 소득, 학력, 민주주의 등이 빠르게 증진된다고 본다. AI가 도입된 공장형 농업기술의 발전으로 농업 노동력은 줄고 농업 생산성은 크게 높아진다. 더 나아가 AI는 질병의 진단, 신약개발, 로봇수술, 나노봇을 활용한 의료혁명을 일으켜 인류의 수명은 빠르게 늘어난다. AI로 인한 인류문명의 대전환으로 사람들은 적은 노동과 보편적 기본생활비 제공으로 일의 노예가 아니라 자아실현의 삶을 살게 될 것이라고 한다[41]. 초연결사회, 초지능 시대, 어쩌면 초인간 시대로 진화되면서 AI의 학습능력이 인간의 학습능력을 대체하고 있다. 2030년에는 직업의 1/3이 AI로 대체된다는 전방위적인 AI Transformation이 진전되고 있다. 이것이 여러분의 천시(4차 산업혁명, AI 시대)이다.

여러분이 같이 살아갈 21세기 대한민국은 어떤가? 우리는 이미 산업, 기술, 문화 측면에서 G7 국가로 대접받고 있고, 월드컵, 하계·동계올림픽 개최국이 아닌가? 2024 파리 올림픽에서도 세계 8위의 성적을 같이 기뻐하지 않았는가? 경제적인 풍요, 물질적인 여유, 문화적인 선도, 공평한 교육기회, 안전한 사회시스템을 누리고 있다. 2024. 12. 26. '인공지능(AI) 발전과 신뢰 기반조성 등에 관한 기본법'이 국회 본회의를 통과했다. AI 기본법은 AI 산업의 발전 방향, 특히 AI 산업에 대한 규제 방향을 명확히 하고, 정부가 할 수 있는 일들을 규정하고, AI가 인간사회에 해가 되는 일을 하지 못하도록 예방하기 위한 내용을 포함한다. 세계에서 두 번째로 AI 관련법을 제정한 우리나라는 유럽보다 AI 산업진흥에 방점을 두고 AI 일자리 창출도 기대된다[43]. 한국공학한림원의 『대한민국 2040, 대체불가의 나라』, 『최후의 산업전쟁』 등 정부, 산업계, 학계, 연구계에서 내일의 여러분을 위해서 힘을 모으고 있다. 세계 꼴찌에 더 가까웠던 대한민국이라는 나라를 유산으로 물려받은 나보다는, 여러분은 훨씬 유리한 지리(위대한 대한민국)의 출발점에 서 있지 않은가.

　인류가 안고 있는 문제, 세상을 바꿀 수 있는 문제에 도전하는 과학영재의 이력서 행간에는 ① '제4차 산업혁명'이라는 천시를 알아서 시대의 패러다임 변화를 미리 읽어 내는 노력이 묻어나고, ② 세계화와 통일을 대비하는 '위대한 대한민국'의 지리를 살리고, ③ 챗 GPT가 교과서와 지식을 섭렵한 시대에 과학영재는 수학, 과학, 언어(컴퓨터 언어 포함), 역사, 문학, 예술, 스포츠 학습을 통하여 자유로운 사고력, 창의성, 도전적 실험정신을 키워서 인류 역사의 방관자가 아닌, 새로운 세상을 만드는 주전선수가 되어야 한다. 여러분은 사이버 세계와 소통하고 융합할 수 있는 능력을 갖추어서, 넓은 의미의 '홍익인간'의 이념을 현대적으로 재해석할 수 있을 것이다. 앞서 나의 앞길을 이끌어 주신 선배님들과 일터에서 평생을 함께 고락을 같이했던 동료를 다소 장

황하게 소개한 이유는 이런 분들과 여러분이 더 많이 소통하기를 바라는 마음 때문이다. 이것이 홍익인간으로 대변되는 인화(훌륭한 선배와 좋은 동료와의 만남)가 아닐까?

되돌아보면, 3막(향기로운 삶)에서의 나의 일거리는 2막(정보통신 4관왕)의 연장 선상에 있었다. EKI는 ETRI, MOST에서의 선진국으로 다가가는 과정과 KT에서 12개국 14개 사업을 직접 개발하면서 후진국을 돕는 과정에서 「앙코리코리아」사업을 구상하게 되었다. ICU와 KAIST에서의 IT 영재, 과학영재 지도는 「과학영재아카데미」태동의 원동력이 되었다. 또, 현직에서 열심히 일하다 보면, 은퇴 후에도 내가 잘할 수 있고 세상이 필요로 하는 일로 감사하는 기회가 주어진다는 것을 배웠다.

2013~2021년, 벤쳐 기업 LEDIX 기술 닥터

2013. 5. 대덕과우회에서 같이 일하던 이정순 박사가 대전 테크노파크에서 고경력 과기인 활용 사업으로 은퇴과학자들의 중소기업 멘토링 사업을 추진하고 있었는데, 마침 LED 조명등 사업을 하는 EDMI라는 신생회사를 도와주는 「기술 닥터」로 나를 추천하였다. 이것이 8년 반 동안의 긴 세월에 1주일에 이틀 근무하는 일거리로 이어졌다.

레딕스는 2008년에 EDMI로 충남 금산군 추부면에서 창업하여서 2011년에 대전 탑립동으로 공장을 이전하고 2012년에 (예비)사회적

기업인증을 받은 여성 기업, 장애인 기업으로서 인력의 주축은 부부와 두 아들인 소규모 영세기업이었다.

내가 할 수 있는 일은 LED 조명등 성능개선에 필요한 세부기술을 파악하고, 이 기술을 도울 수 있는 외부 전문가들을 섭외해서 개발과제를 성사시키는 것이다. 2013년에 1kW 구동회로 및 고출력 조명등 개발, 고출력 800W 방열 기술개발, 투광등 오정동 실증화 과제'를 수주하고, 4월에 홍 교수의 석사 제자(고한진)를 레딕스 선임연구원으로 채용하는 계기가 되었다. 고한진 책임연구원은 박사학위 공부를 병행하면서 지금도 레딕스의 큰 기둥이다.

2014. 7. 신사옥을 매입해서 10. 31. 신사옥 입주 기념 워크숍을 개최했다. 사명도 'LED in Excellence'라는 뜻을 연상시키는 『LEDIX(레딕스)』로 바꾸고, 도움을 주신 여러분에게 감사하는 마음도 담았다. '소켓형 100W LED 조명 기술이전 사업화' 대형과제(10억 원)에서 평판형 히트 파이프 기술을 적용하여, 크기, 부피, 무게를 획기적으로 줄여서 소켓형 램프를 제작하는 기술개발에 성공했다. 이때, 양홍모 전임연구원을 채용하였는데, 정부의 도움으로 한밭대에서 산학연계 학사, 석사 학위를 취득했다. 2017~2019년에 단순 조명등에서 IoT(Internet of Every Thing, 만물 인터넷) 센서 기능을 추가하여 전통시장 화재 예방을 위하여 '전통시장 화재예방 시스템 개발사업(2년, 9.4억 원)'에 참여하였고, 2019년에는 '스마트 공원등 사업화 과제'를 수주했다.

2020~2021년에는 '영상처리기술 활용 산업안전 기술개발사업(27개월, 9.1억 원)', '메탈할라이드 램프를 1:1로 대체하는 100W LED 가

로등 램프 개발과제(24개월, 4.8억 원)', 지능형 유도시스템 플랫폼 개발과제(12개월, 3억 원)'가 2021년 말에도 계속되고 있었다. 2014. 10. 자체 사옥 입주 시에 시작한 연례 「레딕스 워크숍」은 2021년 말 나의 퇴직 때에도 계속되었다.

   2013. 5. ~ 2021. 12.의 긴 세월에 황순화 사장, 채진식 부사장, 고한진 책임연구원, 양홍모 선임연구원과는 작지만 많은 보람을 같이 했다. 레딕스가 자랑스러운 중견기업으로 발돋움하기를 빈다.

3.
실버 하우스, 은퇴 사다리 만들기

2000~2024년, 우리 집이 실버 하우스이다

인생 3막을 위한 노후 계획의 첫걸음은 '노후에 살 집' 마련이다. 노후 보금자리 선택을 위한 3가지 조건은 경제력, 건강을 고려한 주변 환경, 행복한 여가 생활일 것이다. 실버하우스는 주로 고령자를 위한 주거시설을 의미하며, 고령화 사회에서 노인의 독립적인 생활을 지원하기 위해 설계된 공간이다. 주요 특징은 안전한 설계, 편리한 생활 시설, 의료 및 복지 서비스, 커뮤니티 공간이다.

우리 집은 다음과 같이 입지, 건강 환경, 가족과의 왕래에 손색이 없다. ① 생활 입지이다. 길 건너에 큰 킴스클럽 백화점이 있어서 우리 집 냉장고, 우리 식당 역할을 하고 있고, 고속버스터미널, 지하철역 3개, 신세계백화점, 서초교회에는 걸어서 갈 수 있어서 지금의 생활 리듬을 바꿀 필요가 없다. ② 건강증진 시설에 쉽게 접근할 수 있다. 서울성모병원이 도보거리이고, 신축아파트라서 헬스센터, 사우나, 요가, 매트 필라테스를 수시로 이용할 수 있다. 담장을 같이 쓰는 경원중학교 운동장은 매일 아침에 개방하므로 맨발 걷기가 가능하고, 한강

둔치에서 산책도 한다. 시니어 복지센터도 두 정거장 거리이다. ③ 3대가 같은 동네에 살고 있다. 우리 집을 중심으로 큰딸 집과 작은딸 집이 좌우로 도보거리이다. 좌청룡 우백호인 셈이다. 어릴 때의 고향에서처럼 직계가족이 모여 살아서 자연히 두 딸 가족과는 자주 마실 가고, 식사도 함께하면서 교회에서 볼 수 있다는 것이 얼마나 좋은가! 오랫동안 좌청룡 우백호가 유지되면 좋겠다. 우리 부부는 한동안 여러 형태의 노후 주거지를 찾아가서 알아보기도 했으나, 우리 집을 약간만 손질하면 여생을 보내기에 부족함이 없을 것 같다. 외식과 편의 식단 늘리기도 쉽다.

나는 2024. 4.에 보건복지부가 시행하는 시험에 우수한 성적으로 합격하여,『요양보호사』자격을 취득했다. 우리 부부가 언젠가는 닥칠 요양 보호를 서로가 할 수 있으면 좋겠다는 생각으로 아내와 딸들과 상의하니 모두가 찬동한다. 지금 생각하니 늦었지만 잘했다고 생각한다. 요양보호사 교육 때에 배운 지식을 활용해서 우리 부부는 매일 건강마사지로 아침을 시작하고 있다. 건강수명이 5년은 늘어난 것 같다.

학원 수강생 25명 내외 중에서 내가 제일 연장자이다. 6주 동안 매일 8시간의 강의는 재미는 있는데, 돌아서면 잊어버리니 젊은이들보다 훨씬 더 많은 시간을 쏟아야만 했다. 그 덕택에 이제는 노인복지와 장기요양제도, 노화에 따른 각종 질환과 치매, 뇌졸중, 파킨슨 질환을 이해하고, 요양 대상자의 신체활동, 가사, 일상생활 지원, 임종 요양 보호, 감염관리의 핵심 내용을 어느 정도 배웠다. 그리고 마지막 2주간에 요양보호사가 주로 일하는 요양 시설과 재가급여기관인 데이케

어센터와 방문 요양 현장 실습이 뒤따랐다. 사실 어머니도 돌아가시기 전에 몇 년 동안 재가 요양보호 서비스를 받으셔서 전혀 문외한은 아니었다. 내가 자격증을 따고 나서 생각하니 집안의 심장마비나 호흡 정지 같은 위급사항에 대한 응급대처가 가능하다.

우리 집에 24시간 전속 요양보호사가 생겼으니 아내에게도 바람직한 실버하우스가 되었다. 이만하면 훌륭한 실버 하우스가 아닌가.

2000~2011년, 은퇴 사다리 만들기

1999. 8. ICU 정교수로 임용되고 나니 처음으로 은퇴 후의 노후를 제대로 설계할 수 있었다. '어떻게 살 것인가'의 첫 번째 숙제는 9988까지 현직 때에 버금가는 안정적인 생활비 확보다. 불행히도 나는 국민연금이나 사학연금 둘 다 못 받는 샌드위치 신세로서 은퇴 후에 보장되는 안정된 수입이 전혀 없다. 직장 네 군데를 옮겨 다니면서 어느 조직에서도 당시의 연금 수혜조건을 채울 수가 없어서 국민연금, 공무원연금, 사학연금은 나하고는 거리가 멀었다. 그렇다고 저축해 놓은 돈도 없다. 비상 상황이다. 아니, '오래전부터 비상 상황이었는데 내가 모른 척하고 지나쳤다'는 표현이 맞다. 새천년 시작과 함께 우리 부부는 보험회사의 「멋진 인생연금」에 가입한 다음에, 현 거주 아파트를 국민 평형 아파트 두 개로 쪼개는 「평생 주택연금」을 꿈꾸었다.

먼저, 2000. 2. 15.에 「멋진 인생연금」에 막차로 가입했다. 매월 일정액을 10년간 불입해서 평생 연금을 평생 매달 받거나 원하는 때까지 연금수령을 늦출 수 있고 비과세로 연수익률이 9%이다. 복리의 마법인 72 법칙[31]은 이자율이나 수익률을 알고 있을 때 투자원금의 가치를 두 배로 만드는 데 드는 햇수를 계산하는 법칙이다. 이 법칙에 따르면 1억 원을 24년간 투자하던 8억 원이 된다.

「멋진 인생연금」 사다리 하나만으로는 노후에 필요한 생활비로는 턱없이 모자란다. 가진 것은 거주하고 있는 아파트 한 채뿐이었다. 1981. 2. 19. 신축 압구정 한양아파트를 내 이름으로 등기하였는데, 청약은 유치과학자 특례분양으로, 계약금은 처가 쪽의 신탁은행 전무가, 중도금은 주택은행 초급간부인 주영조 동기가 도왔고, 잔금은 전세보증금으로 벌충했다.

이것이 기반이 되어서 2000년까지 거주하던 신반포 아파트를 국민평형 2개로 나누었다. 그중 하나가 지금 거주하는 신반포 자이가 되었고, 다른 하나가 「개인 주택연금」 사다리 몫인 신반포 리오센트가 되었다. 여기에 가족 간의 믿음과 사랑이 더해져서 오늘의 향기로운 삶을 만들었다. 이 과정에서 고민하고 힘든 시간을 견뎌낸 아내가 고맙다.

4.
몸 살림, 마음 살림, 관계 살림

　인생 80 고개에 올라서면서 되돌아보면, 인생 3막에 필요한 소일거리는 2장에서 다루었고, 실버하우스와 은퇴 사다리도 앞서 3장에서처럼 마련하였다. 인생 3막(향기로운 삶)에는 시간이 흐를수록 건강 유지가 최대 현안이 되고 있다. 본 장에서는 우리 부부는 '건강한 몸, 마음, 사회적 관계를 어떻게 지켜 나갈 것인가'를 찾아 나섰다.

몸 살림

　몸 살림이 기본인데, 사실 소홀한 점이 많다. 나는 어릴 적에 소화불량으로 죽을 고비를 넘기기도 했다. 하지만, 그동안에 큰 병치레 없이 80 평생을 살았으니 다행이다. 되돌아보면 젊었을 때는 정부와 직장에서 하는 건강검진으로 버틸 수 있었고, 정년 퇴임 이후에는 건강보험공단 검진과 딸 덕택에 몇 년마다 하는 종합건강검진으로 위안 삼았다. 이때부터 고혈압, 고지혈증약을 매일 들고 있는데, 지금까지 문제가 없다. 2016년부터 임플란트 신세를 지기 시작하여 지금은 9개가 임플란트이다. 요즘은 정기적인 스케일링, 치간 칫솔, 하루 3번 이 빨 닦기, 수시로 워터픽, 소금 물로 입안을 세척하니 간호사가 칭찬한다. 2017년부터 보청기를 양쪽 귀에 끼고 생활한다. 이때부터 무릎 신경통, 유행성 눈병, 걷기 등으로 병원과 약국 신세를 많이 졌다. 70년 넘게 썼으니 고장이 날만도 하지. 그래도 '일찍 신경 썼더라면 더 좋았을 텐데'하고 후회한다.

2021. 6. 코로나 2차 접종을 하고 며칠 만에 등산과 골프를 하고 난 다음 날 새벽에 침대에서 일어나서 화장실 출입이 어렵고, 어깨 통증으로 만세삼창이 불가능했다. 동네 정형외과에서도 오십견 후유증은 아니라면서 도수치료를 시작했으나 차도가 없었다. 그 후 1년여의 한방치료, 꾸준한 헬스, 스트레칭, 요가 클래스로, 지금은 오십견 전보다 몸이 더 유연하다. 2021. 8. 아내, 수진이, 세연이와 같이 '스시' 점심을 하고 하는데, 가족들이 '내가 오른손을 떨고 있고, 입을 움찔움찔한다'면서 신경계통 전문의 진단을 받으라고 채근한다. 8. 26. 성모병원 뇌신경센터에서 뇌파 검사, 중뇌 초음파검사, 비강 기능검사 결과 "큰 문제 없으니 약 처방도 없다"고 했다. 혈액 내과, 소화기센터, 내분비과도 돌았다. 나중에 서울아산병원에서도 비슷한 검사를 또 하였는데, 의사 소견은 같았다. 가족들이 내가 "파킨슨병이 아닐까" 걱정해서 이중으로 정밀 검사를 했는데, 이것이 내가 요양보호사 자격을 취득하는 계기가 되었다. 앞으로도 의심이 나는 큰 병은 이러한 대처가 좋을 것 같다. 2025. 2. 본 에세이를 탈고할 즈음에, 내 옆구리 쪽에 대상포진이 왔는데, 나보다 가족이 더 걱정해 주어서 큰 탈 없이

지나갔다. 역시 가족이 최고다.

  아내는 약골로 태어나서 지금도 병원 출입이 한 달에 한두 번은 되지만, 평생 큰 병을 앓은 적은 없다. 가족력이 심혈관이어서 이 부분을 항상 신경 쓰고 있다. 심혈관계는 혈액, 심장, 혈관으로 구성되며, 혈액 순환으로 산소와 영양분을 각 조직으로 운반하고 노폐물을 몸 밖으로 내보내는 작용을 한다. 심장은 나이가 들면서 근육이 두꺼워져 탄력성이 줄어들어 심 박동수와 최대 심박출량이 줄어든다. 또한, 정맥펌프가 약화되어 하지 부종과 하지정맥류가 생긴다. 주요 질환은 고혈압, 동맥경화, 심부전, 빈혈이 있다.

  아내는 40여 년 전에 '갑상선 기능 저하'로 진단받았는데 철저한 복약으로 잘 관리하고 있다. 나와 같이 내분비내과에서 6개월마다 기초 데이터를 관리하고 있는데, 유전 인자인 당뇨병 예방을 위해서 저염분, 저지방, 고단백 식사로 전환 중이다. 사지와 몸통의 유연성을 높이기 위해서 기상하자마자 내개 30분 정도 스트레칭, 마사지를 해주고 있고, 얼마 전부터 1:1 필라테스를 받고 있다. 2018. 10. 아내 양쪽 백내장 수술을 한꺼번에 했다. 나처럼 아내도 2014년부터 성모병원에서 위쪽 어금니 임플란트를 3개 했고, 최근에는 크라운 시술을 17개나 받고 있다. 젊을 때부터 건강관리가 중요하다는 실증사례이다. 그렇지만, 우리나라 남녀의 평균 건강수명(70대 전반)을 훌쩍 넘어선 지금까지 부부 둘 다 평균 이상의 몸 건강을 유지하는 것은 커다란 축복이다.

  지금 상태의 몸 건강 유지를 위해서 우리 부부는 지금처럼, 기상과 함께 몸 스트레칭과 마사지로 시작하여, 부부가 한강공원, 양재천, 남산 쪽으로 산보하는데, 아내가 게으름을 피워서 내가 채근한다. 정기검진은 지금처럼 성모병원 내분비내과, 비뇨기과와 건강보험공단을 이용하고, 뇌혈관성 질환, 치매, 파킨슨과 같은 노인성 질환은 이대목동병원에서 체크할 생각이다. 그 외 근골격계, 감각기계, 피부계는 상황에 따라 대처하면 될 것이다. 집안 식사 관리는 지금처럼 하면서, 요즘 새롭게 시장에 등장하는 Ready Meal도 활용해서 부엌 시간을 줄이고 있다.

마음 살림

  2022. 11. 4. 어머니를 대전공원묘원에 모신 다음 날인 11. 5. 토요일에 큰딸이 다니는 서초교회 문화행사에 우리 부부가 갔다가 그 이후 서초교회(담임목사, 최재성)로 주일마다 출근한다. 주위에서 교회에 나오라고 하는 권유가 올 때마다 '기회가 오겠지요'가 나의 답이었는데, 이때가 그때였던 것 같다. 서초교회는 2024. 7. 창립 30주년 행사를 치른 젊고 작은 교회이다. 수진이 가족, 조카 현욱이 가족과 우리 부부 등 8명이 같은 교회 가족이니 교인의 1%쯤이다.

  입교, 밀알 교육, 세례를 받은 지 1년 정도 지나서 우리 부부와 수진이가 함께 집사 임명장을 받았다. 교회에서 담임목사가 선물해준 『성경전서 개역 개정판』은 구약전서, 신약전서, 찬송가, 교독문, 성구 색인, 성가 곡명 색인이 다 들어 있다. 안기초 장로, 이택성 안수집사께서 주신 성경은 용도에 따라 잘 사용하고 있다. 또 KT 동우회의 이종현 부회장이 매일 아침에 보내 주는 '유튜브 공동체 성경 읽기'는 성경을 1년에 한 번씩 독파하는 데 도움이 된다. 내가 여행자로서 다녀 본 중동(이스라엘, 요르단, 소아시아), 북아프리카(이집트, 에티오피아), 지중해(그리스, 이탈리아), 그리고 유럽과 성경을 연계지은 역사·지리 공부도 재미있다. 아내와 나는 매주 직선거리 1.1km인 서초교회를 오가니 건강에 좋고, 교회에서 시니어 선교반 여러분과 오찬을 같이하면서 동네 맛집도 소개받고 생활의 지혜도 빌리고 있다. 언젠가는 하나님 성령을 맞이하기를 고대하면서.

마음 건강을 위해서 주민센터의 도서관, 구립 복지센터의 휴대폰 드로잉, AI 놀이터, 인문학 강좌도 들여다보고 있고, 가까운 국내외 힐링 여행은 할 수 있을 때까지 계속할 생각이다.

사회적 관계 살림

지금 나이에 새롭게 사회관계를 형성한다는 것은 할 수도 없고 할 필요도 느끼지 못한다. 지금까지 잘 관리해 온 사회관계를 오랫동안 유지할 수 있으면 다행이겠다. 여기서는 한국공학한림원, 과우회, KT 동우회, 해동회, 46 포럼, 글로벌 리더스 포럼을 소개한다.

한국공학한림원(National Academy of Engineers in Korea, NAEK)은 「산업기술혁신촉진법」에 의해 설립된 특별법인으로서 공학과 기술발전에 현저한 공적을 세운 공학기술인을 우대하고, 국가의 창조적인 공학기술개발과 지속적인 국가발전에 기여를 목적으로 한다. 나는 창립 정회원으로서 1996년부터 전기전자공학 분과에서 참여해 왔고, 2011년 정년 퇴임 후에는 한림원의 각종 강연과 친목 행사에 열심히 참여하고 있다. NAEK 웹사이트(www.naek.or.kr)에는 내 관련으로 다음의 3건이 수록되어 있다.

① 강민호 회원 '과학기술훈장 혁신장' 수훈
전기전자정보공학분과 강민호 회원(KAIST 교수)은 2011. 4. 21.(목) 제44회 과학의 날 기념식에서, 지난 32년간 ETRI · 과학기술처 · KT · ICU · KAIST를 두루 거치면서 광통신 시스템 한국 최초 상응화 개발, 4M DRAM 국책개발사업 성공적 조정, 국제 광인터넷 학술대회(COIN) 창설 · 운영, KAIST와 ICU의 성공적인 통합 등 우리나라의 정보통신기술 세계화를 선도한 공로를 인정받아 '과학기술훈장 혁신장'을 수훈했다.

② 강민호 회원 KAIST ICC 부총장에 임명
전기전자정보공학분과 강민호 회원이 한국정보통신대학교(ICU)와 KAIST와의 통합에서 2009. 3.에 KAIST의 ICC(IT Convergence Campus) 부총장으로 임명되었다. ICC는 전기전자, 전산, 산업공학과 등을 통솔하는 새로운 조직이다.

③ 강민호 회원 COIN2007 국제학술대회에서 COIN Award 2007을 수상
전기전자정보공학분과 강민호(한국정보통신대학교 교수) 회원은 2007. 6. 24.~6. 27. 호주 멜버른에서 개최된 COIN2007 국제학술대회에서 광인터넷 및 광 네트워크 분야 발전에 공헌하고, COIN2007 개최 국제협력 증진을 인정받아 COIN Award를 수상했다. COIN(International Conference on Optical Internet)은 2002년 강민호 교수 외 아시아 지역 리더의 주도하어 설립되었으며, 첫 출발을 제주도에서 시작하여 호주 멜버른, 일본 요코하마, 중국 충칭 등에서 매년 개최되고 있고, 현재는 전 세계 광인터넷을 이끄는 학회가 되었다.

참고로, 나는 2개의 훈장 외에 IEEE 원로회원, 대한전자공학회 공로상(1983. 11.), 대한전자공학회 학술상(1985. 6.), 한국통신학회 기술상(1985. 12.), 21세기 경영인클럽 신산업경영대상(기술, 1991. 4.), Marquis Who's Who(1984, 1994, 1998), ICU 최우수 연구상(2008. 12.)들을 수상했다.

과우회(https://cafe.daum.net/mostob, 회장 최석식)는 회원 간의 친목을 도모하고 상부상조하며 회원 간의 유기적인 단합으로 과학기술의 창달을 목적으로 1984. 4. 과학기술처가 인가한 사단법인이다. 2011년부터 「앙코르코리아 사업」을 산하의 「한국기술경영교육연구원」에서 수행하면서 가깝게 일해 왔다. 회원은 은퇴과학기술인 700여 명이다. 2011년에 EKI는 개도국 지원사업으로 시작하여, 2012년에는 GSMF 사업을, 2013년에는 SPA 사업을 추가하여, 8년 동안에 총 1,425백만 원을 지원받았다[34].

1997. 8. 28. 설립된 사단법인 「케이티동우회(www.ktdw.co.kr, 회장: 이준, 남중수)」는 KT 퇴직자 대상의 친목, 상조 단체로서. 회원 26,000여 명이 되는 전국적인 조직이다. 친목 단체로는 특별히 90여 페이지에 달하는 품위 있는 계간지 「향기로운 삶」을 전 회원에게 배포하고 있다. 내 에세이의 3번째 막의 주제(향기로운 삶)를 이 계간지 이름에서 따왔다. 내가 KT 해외사업본부장 시절에 모셨던 이준 KT 동우회 회장이 천거해 주신 감사직을 2016. 4.부터 2028년 봄까지 4연임 하고 있다. 고유업무뿐만 아니라, 등산대회, 전국바둑모임, 전국가

족 행사와 본부의 여러 행사에도 참여해 왔고, 2020년부터 청계산-광교산 종주, 사패산-도봉산-북한산과 한양도성 순례길을 종주하였고, 서울 둘레길 완주에 도전하고 있다. 인생 3막에 어울리는 일이기도 해서 즐기고 있다.

1990년대에 정보통신부 차관을 지낸 정홍식이 1980년대와 1990년대 20년 동안 IT가 본격적으로 시작될 때부터 열심히 일했었고, 20년 후 『IT 코리아』가 된 후에는 세상에 잘 나서지 않는, 1945. 8. 15. 해방 전후에 태어난 IT 해방둥이 10여 명의 모임을 만들어서 이 모임을 「해동회」로 부르고 있다. 지금까지 20여 년간 철철이 야외 활동이나 노변정담을 계속하고 있다.

「46 포럼」은 1946년 전후에 태어나서 주로 서울 강남에 살던 진주고 35회 친구(정삼, 영조, 옥구, 호경, 호수, 환수, 민호) 부부 모임이다. 조수영 선생(정삼이 부인)이 회장을 맡아서 2006년부터 관광, 먹거리 여행 등으로 1년에 두세 번 만나서 우정을 나누고 있다. 중국 장가계(2006. 5. 21. ~ 25.), 봉화 「워낭소리」 촬영 현장과 백암온천(2009. 2.), 안면도 꽃구경(2009. 5.), 통영 볼거리(2011. 6.), 앙코르와트와 하롱베이(2012. 6.), 최북단 안보를 지키는 백령도와 인천 차이나타운(2013. 8.), 안동댐, 병산서원, 하회마을 탐방(2015. 11. 5.), 중국 계림·양삭·광저우 여행(2016. 3. 9. ~ 13.), 영조 초대 자축 칠순기념(2016. 4. 17.), 여수 관광(2017. 2.), 승봉도 바다낚시(2017. 10.), 부산 태종대(2018. 3.), 강진 먹거리(2019. 10.), 속초 먹거리(2022. 9.), 통영 먹거리(2023. 3.), 제주도 일주(2024. 5. 29. ~ 31.), 전주한옥마을, 남해 아난티 빌라, 보리암 방문, 남당항 꽃게 축제(2024. 10. 20. ~ 22.), 송년모임(2024. 12. 28.), 무의도 하나개·용유도 을왕리 해수욕장 맨발 걷기와 맛집 여행(2025. 4. 1.) 등을 즐겼다.

이외에도 고향 친구들과 청계산 산행을 하는 청사모(김민영 회장, 김승우, 주영조, 오인성, 하희종, 임종성, 김종대, 이을래 등)와 격월 첫 번째 목요일에 점심을 함께하는 일목회(김민영 목사, 우승술, 이문한, 박한제, 박관세, 박상국 등)가 20년 이상 지속되고 있다.

46 포럼. 중국 장가계 여행. 2006. 5.

내가 KT 해외 통신영토 확장(2막 3장) 시절에 살갑게 지내던 몇 분들과는 내가 KT를 떠난 1999년부터 지금까지 이런저런 일로 모임을 계속하고 있는데, 이것이 글로벌 리더스 포럼이다. 특히 이스라엘 사업 개발 시에 같이 호흡하면서 같이 애썼고, 같이 여행하기도 했다. 지금도 철철이 모이고, 같이 일했던 동료를 모임에 초청하기도 하면서 KT 글로벌 네트워크의 가교역할을 하고 있다.

정년 퇴임 후 팔순에 접어들기까지 나는 현직처럼 바쁘게 공적인 봉사 활동을 하면서 행복했다. 오르막에서도 내리막에서도 행복은 생각하기 나름이다. 이제부터는 더 자유로운 커뮤니티 봉사 활동으로 방향을 돌리고자 한다. 2018년에 재건축된 신반포자이 아파트에 입주하면서 지역 봉사에 눈뜨기 시작했다. 자원봉사모임에서 매주 일요일 3~4시에 쓰레기장·지하주차장 정리, 화분 물주기, 화단 잡풀 제거, 아파트 주위 겨울 눈길 만들기, 주변 도로변 환경정리를 하고 선거관리위원장을 3연임 하고 있다. 주민센터, 구청에 건의하여 아파트 정면의 대로변 가로수 식재, 보행도로 환경도 정비했다. 이렇게 젊은 사람들과 어울리니 급변하는 세상사 이해에도 좋다. 구립 노인종합복지관의 휴대폰 드로잉, AI 놀이터, 인문학 강의 수강, 교회의 시니어선교회 활동을 빌미로 선배 시니어들의 생활을 미리 경험하면서 앞서 기술한 몸 살림, 마음 살림에도 보탬이 된다.

이러한 「관계 살림」은 하루아침에 형성되는 것도 아니므로, 새로이 만들 수도 없고, 그럴 필요도 없다. 연륜이 더해 가더라도 오랫동안 잘

익은 기존 「관계 네트워크」에서 활동하기는 마음이 편하고 부담도 적다. 인생 3막 후반기에도 지금처럼 이런 관계 살림 네트워크를 즐기고 싶다.

5.
사랑하는 내 가족

5장에서는 부모 형제, 나의 반려자, 두 딸 가족을 다루었다. 이들이 튼튼한 뿌리가 되어서 우리 가족의 역사가 계속 이어지기를 바라는 마음에서다.

아버님, 나의 아버님

아버지(姜志中)는 1925. 10. 1.에 태어나서 1940. 3. 20. 정촌 공립보통소학교(6년제, 정촌 초등의 전신)를, 1942. 3. 25. 진주 공립고등소학교(2년제, 진주중의 전신)를 졸업하고, 바로 부산지방철도사무소에 취직했다. 1953. 3. 23. 공무원으로 임용되어서 진주우체국을 시작으로 서울 불광전화국, 잠실우체국 등 공무원으로 31년 동안 근무하시다가 1983. 4. 별정우체국연합회에서 정년을 연장하여 1986. 12. 31. 은퇴했다.

아버지는 아들 다섯(민흐, 정호, 광호, 태규, 영호)을 모두 일류 대학(서울대 3명, 부산대 1명, 서강대 1명)까지 졸업시키면서 한편으로 마음은 뿌듯

하셨겠으나 가정 경제는 늘 마이너스이고 이사도 10번 넘게 했다. 정촌에서 진주, 진주에서 서울로의 이사도 모두가 자식 교육 때문이었다. 아버지는 젊을 때는 직장 마라톤 선수로 매우 강인하고 자식 교육에 엄격했다. 요즘의 부자지간과는 달리 소통은 어려웠으나, 은퇴 후에는 자식들을 대동한 사패산, 불암산 등산도 좋아하셨다.

부모님과 우리 부부 포함 5형제. 1977. 1. 29.

2007. 1. 7. 상계 백병원에 입원해서 담도암 진단을 받았다. 담도암 종양 크기가 6cm로 3기이다. 우리는 이 사실을 아버지한테 자연스럽게 알리려고 노력했다. 항암 치료 시에는 영호 내외와 내가 아버지를 도왔다. 4. 16. 백병원에서 아버지 병세를 의사에게 문의하였는데, "병명은 다발성 골수종인데 몸무게는 67kg이고 황달이 있고 빈혈

이 심하다." 11. 5. 돌곶이역이 가까운 온누리병원에서 2007. 12. 7. 새벽 4시 40분에 별세했다. 가족 모두가 지켜보는 가운데 "어머니를 잘 모시라"면서 편안하게 가셨다. 9일 오전 10시에 대전공원묘원에 하관했다.

아버지는 사후를 계획성 있게 준비했다. 1997년에 사시는 집을 어머니 앞으로 등기해 놓고, 2000년 초에 대전공원묘원(세종특별자치시 소재)에 후손들이 편하게 다닐 수 있도록, 가족묘지 6기(부모 1기, 아들 다섯 5기)를 모아서 준비해 두셨다. 공무원연금은 어머니가 유족연금으로 계속 받고, 어머니의 생활비를 별도로 마련해 놓아서 큰아들과 큰 며느리가 특별히 신경 쓸 일이 없었다. 아버지, 고맙습니다.

어머님, 나의 어머님

어머니(李玉姬)는 1927. 12. 21. 경남 고성군 영오면 오서리에서 양조장을 운영하는 이성렬의 큰딸로 태어나서 해방 1년 전인 1944. 3. 10.에 결혼해서 1946년에 나를 낳았으니, 어머니가 열아홉 때 일이다. 어머니도 건강한 몸으로 태어나신 것 같다. 동네 보통소학교의 달리기 경주에서는 1등만 했다고 자랑하셨다. 1946년, 1948년, 1952년, 1958년, 1964년까지 아들만 다섯을 낳으면서 청춘을 다 보내셨다. 아들 다섯이 모두 건장하니, 우리는 부모님의 건강 DNA를 잘 받은 것 같다. 오로지 자식 건사와 집안 살림에 전념하면서 『조선일보』와 『샘터』를 열심히 읽으셨고, 이웃 간의 소통이나 바깥출입은 많지 않았다.

내가 미국 유학 중이던 1970년대에는 국제 우편 소요 시간이 몇 주나 걸렸다. 우리는 편지로 부모님과 소식을 전하곤 했는데, 내가 어머니께 편지를 보내고 나면, 바로 어머니 편지를 받은 적이 여러 번 있었다. 이런 일은 모자지간에만 통하는 텔레파시로밖에는 설명이 안 된다.

아버지 돌아가신 지 13개월째인 2009. 1. 6. 아침에 어머니가 집에서 쓰러졌다. 오른쪽에 약간의 마비증세가 있으나 보조기구로 화장실을 갈 수는 있다. 2. 15. 평창동의 「실버케어스」로 옮겼는데, 불편해하셔서 다시 집으로 모셨는데, 그런대로 혼자서 식사 준비도 하셔서 이런 패턴이 6~7년 동안 이어졌다.

2015. 7. 어머니는 보건복지부의 장기요양 4등급(심신의 기능상태 장애로 일상생활에서 일정 부분 다른 사람의 도움이 필요한 자)으로 판정을 받아서 요양보호사의 도움을 받기 시작했다. 일요일인 2019. 1. 5. 오후에 박 보호사가 연락하기를, "연초부터 대소변을 혼자서 못하시고 혼자서 몸을 돌리지도 못하신다" 월요일 오후 늦게 을지병원 7202호실에 입원했다. 정호가 카톡방을 새로 개설해서 편하다. 어머니가 나를 보고 웃는다. 이때만 해도 귀가할 수 있겠다는 희망이 있었다. 1. 22. 주치의가 병실로 올라와서 "마침 보호자에게 직접 전할 말이 있다. 열도 있다. 어머니 상태가 안 좋아지고 있다. 백혈구 수치가 1만9천으로 정상치(1만)보다 매우 높다. 패혈증 증세가 보인다. 노령에 쉽지 않다."라고 한다. 박 보호사도 "집으로 돌아오시기가 힘들고, 오시더라도 보호사가 수발할 수 있는 단계를 지났다."라고 한다.

2019. 3. 13. 정호의 친구가 추천해서 용인효자병원에 입원했다.

보호자가 자주 방문하지 않아도 요양병원에서 잘 요양하니 걱정하지 말라고 한다. 이제부터는 어머니의 주변 정리를 시작할 때이다. 8. 22. 형제들과 저녁을 하면서 ① 중계동 아파트를 매각하고, ② 어머니 보유 현금을 형제들에게 증여하고, ③ 재원이와 재욱이에게도 결혼과 대학원 등록금을 지급하기로 했다. 9. 7. 효자병원에서 추석 행사를 했는데 몸무게, 안색, 관식, 영양 상태 등은 안정적이다. 간병사에게 고맙다는 말도 간간이 하시고, 손녀들이 발을 주무르면 고맙다고 한다.

2019. 10. 15. 오후 5시에 단지 입구 부동산에서 어머니 아파트를 현 상태 매각하기로 계약했다. 10. 20. 어머니한테 그간의 집안의 좋은 일(집 매각, 재원 결혼, 윤서 대학입학, 현욱이네 서초구 전입, 수영이와 종석이 승진)을 보고 드렸다. 어머니 다리를 주물러 드리니 좋아하신다. 안색도 좋으시다. 몸무게도 조금씩 회복하고 얼굴도 깨끗하다. 기분이 좋으시다. "웃으시고 고개도 끄떡끄떡하신다." 모두가 어머니의 음덕이다. 2020. 11. 25. ~ 30. 광호 내외 포함해서 네 아들 부부가 효자병원에서 비접촉 문병을 했다. 어머니가 우려보다 건강해 보이고, 얼굴에 화색, 몸무게도 조금 늘었다. 100수 하실 거라고 덕담을 했다.

어머니는 2022. 11. 2 14시 32분에 용인효자병원에서 우리 부부와 정호 부부가 지켜보는 가운데 조용히 영면하셨다. 사망원인은 심폐정지(패혈증, 폐렴)이다. 11 4. 오전에 대전공원묘원 가족묘지의 아버지 묘소에 합장했다. 비석 문구는 광호가 보완했다. 이 과정에서 만들어진 Kang's Fund는 수진이와 현욱이 부부가 잘 관리하고 있다.

이때부터 우리 부부는 수진이가 다니는 서초교회에 나가고 있다.

둘째 정호

정호는 1948. 12. 9. 생으로 나보다 두 살 아래로서 진주고등학교 후배이면서 LH(진주고 등대회 동아리) 후배, 서울대 후배이기도 하다. 1971. 2. 서울대 경제학과를 졸업하고 같은 해 9월에 고등고시 행정과에 합격해서 총무처 차관 비서관(행정사무관)으로 공직을 시작했다.

1997. 5. 이사관으로 승진해서 재경원 국세심판관 발령을 받았다. 이즈음의 경험을 바탕으로 『IMF 총재인 캉드시의 웃음(고려서적, 1998)』을 출판하였고 2001년에, 『IMF 한국 프로그램의 전개 과정과 적합성에 관한 연구』로 건국대학교에서 무역학 박사 학위[26]를 취득했다. 2004. 7. 1. 경상남도 정무부지사로 임용되었고, 2005. 9. 서울종합과학대학원대학교 교수로 임용되어서 2014. 2.에 정년 퇴임했다. 정호는 고위공직자로서의 다양한 경력을 바탕으로 사외이사, 로타리클럽 회원, 자문관 역할을 하고 있으며 남한산성 40km 코스를 하루에 완주할 정도의 등산 매니아이다. 또한, 『재경 문학[6]』 등에 자연관찰 기행문을 수시로 올려서 부러움을 사고 있다.

딸 아미는 2002. 2. 을지대 한의학과를 졸업해서 성동구청에서 한의사로 재직 중이며, 2016년에 동국대에서 한의학 박사학위를 취득했다. 현욱이는 1999. 2. 고려대 법학과를 졸업하고, ㈜에쓰-오일에서 근무하고 있다.

셋째 광호

광호는 1952. 10. 15. 생으로 나보다 6년 아래이다. 1973. 3.에 신설 부산대 기계설계학과에 입학하여 재학 중에 국방부 영화제작소에서 방위병으로 근무했다. 1979. 2.에 대학 졸업 후에 창원에 있는 한국기계금속시험연구소(KIMM)에 입소했다. 그 당시에 전의진, 윤창현 박사가 도왔다. 1987. 8. 모교인 부산대에서 기계공학 석사 학위를 취득했다. 1989년에 대덕연구단지에 둥지를 튼 한국항공우주연구원(KARI)에서 소음·진동 분야 선임기술원, 책임기술원으로 정년까지 근무했다. 광호는 1996. 12. 환경기술사(소음·진동) 자격증 취득 시에는 서울대의 성굉모 교수가 도와주었다. 또한, 서울디지털대학에서 창의미술 지도사와 창의 미술 심리 지도사 자격을 취득하였으며, 문화예술교육사(미술) 2급 자격증을 보유하고 있다.

딸 경화는 2004. 2. 충남대 회계학과를 졸업하고 호주 퀸즐랜드대학에서 2006. 7. 회계학 석사학위를 취득하여 호주의 회계법인에서 일하고 있다. 아들 상원이는 2006. 2. 충남대 원예학과를 졸업하고 2006. 3. 임관해서 2008. 2. 육군 중위로 제대했다. 누나처럼 호주 퀸즐랜드대학에서 2010. 7. 회계학 석사학위를 취득하여 호주 회계법인에서 일하고 있다.

넷째 태규

태규는 1977. 3. 서울대 수의학과를 입학하고 1985. 2. 서울대학교 수의학과를 졸업하고 1992. 8. 동 대학원에서 수의학 박사학위를 취득했다. 대학 재학 중(1978. 8. ~ 1981. 8.)에 의무경찰로 복무했다. 1994. 10. 서울에서 동물병원을 개원했는데, 지금은 강원도에서 동물병원을 개업하고 있다.

재원이는 2014. 2. 삼육대 물리치료학 학사학위를 취득했다. 2019. 11. 2. 오후 5시에 강재원과 이혜원 결혼식이 역삼동 상록회관에서 있었는데, 조카 부부를 위한 정호의 주례사가 멋졌다. 재욱이는 2016. 8. 삼육대 간호학과 보건학을 복수 전공하여 학사학위를 취득했다. 2017. 3. 서울대 보건대학원에 입학하여 2019. 2. 보건학 석사 학위를 취득하고, 2024. 2. 동 대학 박사학위를 취득했다. 부자가 같은 서울대 박사이다.

다섯째 영호

막내 영호는 1985. 2. 서강대 경제학과를 졸업하고 2023년까지 현대해상화재에서 근무했다. 타고난 친화력으로 집안의 대소사에 앞장서고, 산림관리학 석사학위를 취득해서 관계기관에서 활동하고 있다. 제수씨는 주부, 학생을 대상으로 그리스·로마 신화 강연에 바쁘다.

윤서는 고등학교 때 전교 학생회장으로 지도력이 뛰어나며, 2022.

3. 동국대 불교미술학과에 입학해서 특별한 경력을 쌓고 있다. 경주는 신라 전통문화·예술의 천년 고도로서 불교미술뿐만 아니라 우리나라 유교의 전통도 함께 이어가고 있다. 앞으로 국립박물관의 여성 리더가 되고 싶어 한다.

부부 일심동체

아내는 강원도 명문가인 강릉 최씨 집안에서 아버지 최종호와 어머니 김옥랑의 둘째 딸로 1948. 6. 6.에 태어났다. 아버지 쪽은 작은 할아버지(최익규)가 강릉·영주에서 제7대 국회의원(1967~1971년)을 지냈고, 아버지는 지방 재벌로 1960년대에 광업, 임산, 운수, 정미소, 극장 등을 운영하면서 강원도 최고 세금 납세자였다. 선대 할아버지는 조선 중 후기에 강원도 관찰사(종2품)로서 경찰, 사법, 군사, 행정, 고을 수령감찰 업무를 수행하기도 했다. 최종완 작은아버지는 제3대 과기처 장관과 제12대 건설부 장관을 역임했다. 어머니 쪽은 외할아버지가 일제 시절에 양양에서 2층 대리석 양옥을 소유할 정도로 재력이 있었다. 큰 외삼촌(김인기)은 6·25 직후에 고등고시에 합격해서 고등법원 판사를, 둘째 외삼촌(김성기)도 고등고시에 합격하여 판사를, 셋째 외삼촌(김완기)은 병무청장을 역임했다.

아내는 이승만 대통령이 강릉 순시 때는 언니와 같이 대통령 부부의 화동이 되었으며, 집에서 대통령 수라상을 준비할 때도 있었다고 한다. 서울 유학 때는 큰 외삼촌의 법원 관사(아현동)에 계시는 외할머니

밑에서 고등학교(풍문여고)와 숙명여대(의류학과) 학창시절을 다정다감한 외할머니의 사랑 속에 절도 있게 지냈다.

아내를 1968년 봄에 처음 만나 1971년에 결혼했으니, 벌써 햇수로 57년 동안 내 인생의 동반이다. 1970년대 미국 유학 시절에 시카고 섬머 잡 고생을 같이하고, MBA냐 공학박사냐 고민을 논리적으로 정리한 일, 귀국 결정을 흔쾌히 받아 준 일이 특별하고, 1980년대에 육아와 무주택 탈출, 1990년대에 두 딸의 중, 고, 대학 뒷바라지로 정신없었고, 2000년대에 접어들면서 은퇴 사다리 2개를 만들고, 두 딸을 대학 졸업시키고 나서부터 우리 부부는 일심동체로서 국내외를 활발히 여행하기 시작했다.

여기서는 우리 부부의 추억어린 여행을 시간순으로 간결하게 정리하여서 즐거웠던 추억을 노후에 상기하고자 한다.

나이아가라 폭포, 2002.

자메이카 킹스턴, 2010. 7. 10.

요세미티 국립공원 폭포, 2006. 8. 2.

2003년, 타히티 파페에테 여행

2003. 2. 22. 아침에 우리 부부는 남태평양 타히티섬에 있는 프랑스령 폴리네시아의 수도인 파페에테에 도착했다. 파페에테는 문화, 역사, 아름다운 자연이 풍부한 열대 낙원이다. 면적은 서울 사대문 안과 비슷하고 인구는 2만 6천여 명이다. 식수를 포함한 모든 생활용품을 수입하므로 생활비가 엄청 비싼 동네이다. 신혼여행은 몰라도 보통사람에게는 불편한 점이 많았다. 남태평양의 환초, 전통 폴리네시안 쇼, 산 정상의 일식집은 분위기가 최고였다. 지상낙원, 아름다운 여인, 열대의 작업실을 찾아서 타히티를 찾은 폴 고갱은 '낮잠', '모성', '두 타히티의 여인들' 등의 원주민 삶을 그리면서 오랜 병마와 약물 중독에 시달렸다.

2004년, 홀인원

2004. 5. 5. 어린이날 아침에 정호 초청으로 기흥CC 동남 코스에서 나, 정호, 홍성원 박사, 김지일 사장이 같이 라운드했다. 4번 홀(158m)에서 갤러웨이 5번으로 BIG YARD 33번 공을 사뿐히 쳤는데, 잘 맞았다. 캐디 아가씨가 홀인원 같다며 홀 컵으로 가서 공을 찾아냈다. 홀인원이다. 생애 첫 번이자 마지막 홀인원이다. 라운딩이 끝나니 클럽에서 확인서를 발급해 주었다. 최고의 날이다.

 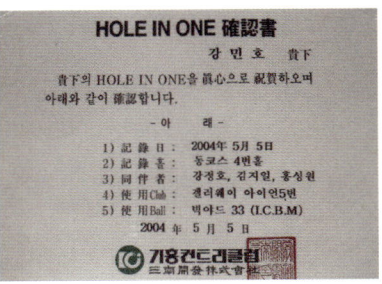

강정호, 저자, 김지일, 홍성원.   홀인원 인증서. 2004. 5. 5.

2004년, 아테네·로마 여행

2004. 5. 9. ~ 17. 아내와 같이 그리스 아테네와 이탈리아 남부를 여행했다. 아테네 지역에는 신석기 시대(기원전 3000년경)부터 사람이 살기 시작하였고, 1896년 첫 근대올림픽의 개최지로서 고대 올림픽 정신을 계승하려는 파나티나이코 스타디움과 제우스 신전, 유네스코 세계유산인 아크로폴리스, 파르테논 신전, 디오니소스 극장을 구경했다.

아테네 모자 장수의 기습적인 마케팅. 2004. 5.

그리스 여행과 연결된 이탈리아 여행은 이번이 처음으로, 에게해를 크루즈 여행했다. 배 안에 에스컬레이터와 수영장이 있어서 놀랐다. 에게해는 신약성경의 배경지이기도 하다. 이탈리아에서는 남부에서 시작하여 폼페이 유적,「오 솔레미오」,「산타루치아」노래로 유명한 나폴리 산타루치아 해변을 관광 후에 로마로 입성하여 바티칸 시국에서 베르니니가 설계한 거대한 성 베드로 광장을 시작으로, 미켈란젤로가 설계한 거대한 성 베드로 대성당의 돔과「피에타」, 성 베드로의 무덤을 둘러보고, 교황을 선출하는 장소인 시스티나 성당 천장의「천지창조」와 벽면의「최후의 심판」을 관람하였다. 성 베드로는 기독교 교회의 기초이자 교황권의 상징이며, 바티칸 시국의 정신적·역사적 중심이다. 콜로세움과 트레비 분수를 주마간산 식으로 구경하고 로마 관광을 끝냈다.

서양의 역사는 그리스와 로마에서 시작한다. 우리는 이 두 나라를 흔히 같이 묶어서 생각하지만, 근본적으로 사고방식이 다르다. 직접민주주의의 원산지인 고대 그리스에서는 동등한 입장에서 집단적인 동질감을 추구하면서 극도로 이상화된 인간 모습을 보았다. 그리스 전성기의 동상·석상 얼굴들이 하나같이 맑고 아름다운 20대의 젊은 모습을 보이는 이유다. 파르테논 신전을 보아도 사면을 장식하는 조각상들이 모두 신들과 영웅들의 전투를 다루고 있다. 문명화된 아군과 '야만적인' 페르시아 적군을 물리친 그리스인들을 찬양하는 의미를 담고 있다.
 반면 로마인들은 나이와 함께 축적된 경험과 지혜가 경외를 자아낸다고 생각했다. 고대 로마인들은 개별적인 독특함을 존중해 애초부터 개인의 실제 모습을 묘사한 초상화의 모습이 발달했다. 로마인들은 일찍부터 역사적인 사건들을 거침없이 사방에 알리고, 직접 체험한 것을 그대로 드러낸다. 우리가 현재 보는 서양 사회의 관습과 도덕은 그리스의 이상주의와 로마의 현실 문명의 결합이라고 볼 수 있겠다.

2004년, 뉴질랜드 종주 여행

2004. 10. 21. ~ 27. 부부가 뉴질랜드 종주 여행을 했다. 뉴질랜드 북섬에서 와이토모 동굴의 반딧불이, 로토루아 간헐천이 인상적이었다. 23일, 남섬으로 이동하여 프란츠 요제프 빙하 지역 호텔에 투숙했다.

남섬을 일주하는 자동차도로가 1~2차선이어서 운전에 신경 쓰였지만, 경치가 너무 예뻤다. 24일, 퀸스타운, 오나카를 경유해서 헤리티지 퀸스타운에서 잤다. 25일, 대망의「밀포드 사운드」에서 관광선으로 일주 여행 후 다시 헤리티지 퀸스타운에서 숙박했다. 26일, 연어 양식장, 마운트 쿡 국립공원을 서에서 동으로 횡단하면서 후커 밸리 트랙, 테카포 호수를 거쳐서 종착지인 크라이스트처치에 도착했다. 27일 '정원도시'라는 별명이 붙은 크라이스트처치 공항에서 자동차를 반납했다. 부부가 거의 항상 같이 운동하고 대화를 할 수 있어서 정년 퇴임 후의 생활을 미리 경험하는 기회가 되기도 했다. 뉴질랜드의 아름다운 경관과 호주의 광활함이 부럽다.

2006년, 소아시아 여행

소아시아(현재의 튀르키예) 지역은 로마제국의 행정중심지 중 하나였으며, 초대 기독교가 빠르지 전파된 지역이었다. 2006. 6. 9. ~ 17. 부부가 이스탄불-카이세리공항-괴뢰메 야외박물관-카파도키아 유네스코 세계유산-안탈랴-파묵칼레-에페소-쿠사다시-이즈미르-이스탄불 패키지여행을 다녀왔다. 기독교 역사를 답습하면서 관광을 즐기는 코스이다.

이스탄불은 동로마 제국과 오스만 제국의 중심지로서 동양과 서양, 기독교와 이슬람이 만나는 곳이다. 537년에 건축된 아야 소피아는 약 900년간 정교회 성당으로 쓰였다. 그러나 1453년 오스만제국이 콘스탄티노플을 점령하자, 성당이 모스크로 개조돼 500년 가까이 이슬람사원으로 바뀌었다. 최고의 모스크로 손꼽히는 쉴레이마니예 모스크는 언덕을 올라가야 볼 수 있는데 압도적인 모습을 자랑한다. 톱카프 궁전은 15세기 중반부터 19세기 중반까지 약 400년 동안 오스만 제국의 군주가 거주했다. 탁심 광장에서 가까운 성 안토니오 가톨릭 성당은 햇빛에 비치는 스테인드 글라스가 장관이다.

4~13세기에 건립된 괴뢰메 야외박물관과 카파도키아 "요정의 굴뚝" 마을은 수 세기 동안 그리스도 신앙을 지켜온 이들이 살아온 역사의 땅인데, 데린구유는 카파도키아 지역에서 가장 큰 지하 8층 도시로서 기독교 공동체의 눈물겨운 생존 전략의 흔적이다.

사도행전, 고린도전서에 따르면, 아테네의 식민지였던 소아시아의 해변 항구도시 에베소는 바울이 3차 선교여행 때에 2년간 체류하면서 예수님 강론 말씀을 전하였고, 소아시아 일곱교회(에베소, 시머나, 버가모, 두아디라, 사데, 빌라델피아, 리오디게아) 선교·전도의 중심기지였다. 이 교회들은 문자적으로 실재했던 교회들이지만, 신학적으로는 초대 교회 전체를 대표하며, 나아가 모든 시대의 교회들에 적용될 수 있는 교훈을 제공한다.

눈처럼 흰 석회층 계단형 온천으로 유명한 파묵칼레(목화성)에서 우리도 같이 목욕을 하고, 인근의 히에라폴리스는 고대 온천 도시로서 클레오파트라도 다녀갔고 대규모 원형극장 유적이 있다. 쿠사다시, 보드룸은 에게해와 접한 휴양도시로 성모마리아와 사도 요한이 한때 이곳에서 살았고, 이즈미르는 튀르키예 3대 도시이자 2대 항구이다. 2002 월드컵에서의 친교로 튀르키예 어린이들은 우리를 형제 나라로 친하게 접근한다.

파묵칼레. 2006. 6.

히어라폴리스 원형극장. 2006. 6.

2008년, 동유럽 6개국 여행

2008. 5. 11. ~ 22. 아내 회갑기념으로 수진이와 수영이가 주선하여 동유럽 6개국(독일, 체코, 폴란드, 슬로바키아, 헝가리, 오스트리아) 패키지여행을 다녀왔다. 동우럽 역사를 전공하는 한국인 관광 안내자는 흥미진진한 역사 이야기를 끝없이 쏟아 낸다.

프랑크푸르트를 시작으로, 독일 베를린, 체코 프라하와 체스키크룸로프, 폴란드 아우슈비츠 수용소와 소금광산, 슬로바키아 타트라산맥, 헝가리 부다페스트, 오스트리아 비엔나와 잘츠부르크, 독일 백조의 성과 하이델베르크를 거쳐, 프랑크푸르트에서 귀국하는 10박 12일간 여행이다.

독일 통일의 상징, 브란덴부르크 문. 2008. 5.

2008년, 호주 태즈메이니아 여행

2008. 7. 14. ~ 19. 회갑 맞은 아내와 나는 호주의 최남단 섬 태즈메이니아 호바트 공항에 월요일 아침에 도착해서 4박 5일 렌터카를 했다.

공항에서 「포트 아서」로 가서 모텔에 체크인하고 나서 웰링턴산을 올랐다. 주변이 눈 아래로 보이고, 풍광이 멋졌다. 화요일 아침에는 호주에서 가장 오래된 성당과 다리가 있는 리치먼드에서 한가하게 즐겼다. 오후에는 서남반도 허안 길을 따라서, 사과, 라즈베리, 나무 공예 등으로 유명한 휴온 밸리를 천천히 드라이브했다. 수요일에 동해 고속도로를 드라이브하면서 목적지인 론서스톤까지 가는 도중에 스완지, 프레이시넷 국립공원, 비체노 Blow Hole을 관광했다.

목적지 호텔인 그린델탤드 지역의 스위스풍의 타다밸리 리조트는 시내에서 서쪽으로 15분 이상 떨어진 휴양지로서 골프장, 테니스장, 페들 보트장이 있었다. 목요일 아침부터 캐터랙트 협곡 크루즈, 뷰티 포인트에서의 플래티퍼스/해마를 관광했다. 인근 라벤더 농장에서 각종 포도주(샤모니, 노아, 888, 7774) 시음을 즐겼다. 금요일에는 느지막하게 호텔을 체크아웃해서 데본포트 항구로 향했다.

'Spirit of Tasmania' 유람선 사무실에서 데본포트 관광 정보도 안내받았다. 등대 쪽 바다에서 바다 물개 수영도 직접 보았다. 우리 둘만을 태운 40분 왕복의 디젤 기차여행도 하였는데, 운전사 할아버지와 사진도 찍고 조수 역할도 했다. 초콜릿 공장, 치즈 공장에서 치즈와 햄을 산 다음에 비행기에 올랐다. 아내 회갑 때문에 즐거운 여행이 되었다.

2014년, 친절한 하와이 경찰, Northern Canali와 함께

2014. 7. 29. ~ 8. 6. 뉴욕에 사는 큰딸 수진이가 일시 귀국할 때에 일부러 하와이를 경유하면서 우리 부부를 하와이에 초청했다. 7. 29. 저녁 9시에 인천공항을 출발하였는데, 대한항공에서 비즈니스석으로 무료 업그레이드해 주어서 기분이 좋다. KT 재직 시에 대한항공

을 많이 이용해서 받은 서비스로 생각된다. 같은 날 10시 50분에 호놀룰루에 우리가 먼저 도착해서 렌터카로 공항에서 가까운 진주만 USS Arizona Memorial을 관광했다. 오후 2시 30분에 뉴욕에서 도착한 수진이와 함께 '모아나 서프라이더 웨스틴호텔'에 체크인했다. 호텔 바로 앞의 와이키키 해변을 산책하다가 저녁에 정통 일본인 요리사가 하는 하케이(八景) 일식집에서 오뎅 요리를 먹었다.

하와이 와이키키 해변. 2014. 7. 29.

아침 7시 반에 호놀룰루 인근 절벽과 비치를 관광하다가 공원에서 사진 몇 장 찍고 돌아오니, 운전석 뒤쪽 유리 창문이 깨어지고 내 손가방이 없어졌다. 여권, 약간의 돈, 선글라스, 수진이 신용카드 등이 있었는데, 특히 여권이 큰일이었다. 수진이는 먼저 경찰에 신고하고 카드사에 연락하고, 나는 대사관에 연락해서 다음 날 카우와이 섬 여행에 필요한 여권과 다음 주 초 귀국 시에 필요한 임시여권 발급 절차를 어느 정도 알아 놓고, 호놀룰루 공항 터미널에 있는 렌터카에 다시 가서 다른 차로 바꾸었다.

19시에 힐튼호텔의 「하코네 스시」 부페에서 저녁을 먹고 있는데, 신고를 받았던 경찰이 "가방을 찾았다"라고 연락을 해 왔다. 여권도 있다고 하면서 우리 호텔로 손가방을 가져다주겠다고 한다. 이 기쁨. 믿을 만한 하와이 경찰 시스템! 사양하고 우리가 경찰서로 가서 손가방을 픽업했다. 선글라스와 약간의 돈 말고는 그대로다. 하느님, 감사합니다. 만약에 여권을 되찾지 못했다면, 다음 날 비행기는 못 타고, 여권 신청한다고 하루를 다 허비했을 것이다.

7. 31. 일찍 호놀룰루 다이아몬드 헤드를 가볍게 하이킹하고, 하와이 제도의 가장 북쪽에 있는 카우아이행 비행기에 무사히 탑승했다. 하와이 이웃 섬 중 자연의 모습을 가장 많이 만날 수 있는 카우아이섬의 리휴 공항에서 우리가 1972년 봄에 처음 탔던 머스탱 오픈카를 렌트해서 와이메아 캐니언 전망대와 아일루아 폭포 관광 후에 프린스빌 Airbnb에 숙박했다. 주인도 없는 가정집에서 숙박하니 세상 바뀐 것을 실감한다. 이런 사업이 우리나라에도 도입되면 좋겠다는 생각이 들었다. 8. 1. 카우아이 일주 드라이브, 영화 남태평양의 촬영장소를 구경하고 다

시 같은 Airbnb에 숙박했다.

8. 2. 나팔리 해안 주립공원을 멋지게 하이킹하고 나서 대망의 「세인트 레지스 프린스빌 리조트」에 체크인했다. 이 리조트는 절벽을 덮듯이 건물이 만들어진 곳이어서 로비가 9층이다. 우리가 경험하지 못했던 최고급 휴양리조트이다.

일요일인 8. 3. 일찍 리조트의 「미치 해산물 레스토랑」에서 아침 식사를 하는데, Northern Canali 라는 예쁜 새가 내 접시에 사뿐히 앉았다. 나는 같이한 귀한 손님을 카메라에 담았다. 행운이다. 카우아이 일출, 하날레이 부두, 등대, 해변, 폭포 관광 후에 리휴 공항에서 호놀룰루 공항으로 이동해서 유명한 일

카우와이 St. Regis 리조트. 2014. 8. 2.

St. Regis 프린스빌에서 Northern Canali와 아침을. 2014. 8. 3.

식 저녁, 다음날의 쇼핑, 오하우 관광, 콜로니 서프의 우아한 클래식 프랑스 레스토랑 「미셀」에서 「Lobster Bisque A La Michael's」를 들었다. 8. 5. 하와이에서의 마지막 조식을 「모리모토」에서 즐긴 후, 멋진 추억을 간직하고 호놀룰루 공항을 떠났다. 수진이 덕분에 생애 최고의 부부 여행을 즐겼다. 수진아, 고마워! 지용이도!

수진이 가족이 잠시 귀국한 김에 8. 17. 우리 직계가족 8명 모두가 사진관에서 가족사진을 찍었다.

3대 가족 모두가 모였다. 2014. 8. 17.

2015년, 아빠 7순 기념 북해도 여행

2015. 7. 8. ~ 12. 나의 칠순기념 북해도 여행을 렌트카로 직계 두 딸과 함께했다. 삿포로 맥주 박물관, 홋카이도대학 캠퍼스, 삿포로 역전의 「털게식당」, 오타루 그랜드호텔, 야간 유람선 관광, 후라노 꽃구경, 노보리베츠 키요미즈야 온천호텔, 이번 여행의 하이라이트인 「하나유라 료칸」 온천장에 투숙. 지난해의 하와이 오하우섬 프린스빌

에서의 7성급 리조트인 St. Regis와 함께 지금까지 경험하지 못한 최고의 숙식이다.

삿포로 맥주와 호카이도 대학은 둘 다 세계 최고를 지향해서 초대 공장장과 초대 총장을 독일과 미국에서 영입했다. 우리가 배울 점이다.

1876년, 호카이도 대학 초대 총장 클라크의 명언
"Boys, be ambitious" 2015. 7. 8.

1876년, 세계 최고의 뮌헨 맥주 회사의 카를 카이저를 공장장으로 초빙해서 만든 삿포로 맥주 공장

2016년, 일본 간사이 관광

10. 29. ~11. 2. 수진이 가족과 일본 교토와 오사카 관광에 나섰다.

교토의 기온 거리, 청수사, 은수사 관광, 아라시야마 관광지의 특급 호텔, 인력거, 온천, 대나무숲 산책, 관광열차 여행, 일본 두부 요리 정식 등으로 교토 여행의 대미를 장식하고, 오사카에서 아내와 수진이는 쇼핑하고, 나는 오사카성과 천수각을 관광했다.

2018년: 코타키나발루, 대만 여행

수진이가 주선하여 2018. 1. 3. ~ 7. 3박 5일간 말레이시아 코타키나발루에 여행 갔다. 「샹그릴라 탄중아루」 리조트의 아침 뷔페, Welcome Seafood 점심, 리카스 사원·뷰 포인트 투어, 선셋 바에서 사테와 와인을 즐겼다. 아침 요가 클래스, 「크리아스 리버 크루즈」, 「나나문 반딧불 여행」, 「코코죠스 바다 바비큐」에도 참가했다. 프로그램이 대만족이다. 이곳에서 한국인이 1등 국민 대우를 받는다니 격세지감이다.

수영이가 주선하여 2018. 9. 26. ~ 30. 수영이 디아지오 희망퇴직 기념으로 3대 여자 가족 5명이 대만 여행을 했다.

2018년, 다낭 선 페닌슐라 리조트 가족여행

2018. 5. 2. ~5. 6.에 직계가족 6명이 베트남 다낭을 여행했다. 6개월 전에 APEC[7]서밋 및 트럼프와 푸틴의 정상 회담이 열렸던 베트남 「인터컨티넨탈 다낭 선 페닌슐라」 리조트에 도착해서 우리 부부의 9988234 계획을 알리고, 두 손녀를 포함한 3대의 「향기로운 삶」을 공유하기로 하였다. 리조트 내 오솔길을 걷다 보면 나뭇가지 사이로 뛰노는 야생 원숭이들을 쉽게 볼 수 있으며, 리조트가 언덕과 해변을 따라 가파르게 조성되어 있어서, 골프 카트(버기카)가 주요 교통수단이었다.

1,487m 고지의 바나힐 테마파크는 프랑스 식민지 시대의 휴양지였다고 한다. 미케 비치에 들어선 5성급 호텔들도 볼만했다. 베트남은 많은 부분이 자본주의화 되었고, 국제화는 우리에 못지않다.

인터컨티넨탈 다낭 페닌슐라 리셉션. 2018. 5. 2.

인터컨티넨탈 다낭 페닌슐라 카페.
2018. 5. 2.

다낭 미케비치 해변에서 한가한 시간.
2018. 5. 3.

2020년: 베트남 나짱, 영종도 파라다이스 시티 리조트 여행

　2020. 1. 1. ~ 5. 수영이 주선으로 베트남 나짱(Nha Trang) 아미아나 리조트를 우리 부부가 여행했다. Moon SPA, 오토바이 천국, 리조트 내 스노클링, Padi Trial Dive, Good Evening Yoga, 진흙 사우나, 제트스키. 야자수와 두리안, 인근 태국 음식점에서의 그루퍼 생선요리, 시내 식당에서 송중기 바비큐, 레전드 극장에서의 베트남 뮤지컬 등으로 좋은 후식이었다. 이제는 우리가 수진이와 수영이에게 몸과 여행을 맡기어도 안심할 수가 있다. 아니, 이 길이 가장 좋은 방법이다.

　6. 7. ~ 6. 8. 직계가족 모두가 인천 영종도 파라다이스 시티 리조트에서 즐거운 시간을 같이 보냈다. 1986. 8. 경상현 ETRI 소장님과의 케냐 여행 때 편의를 봐주셨던 전낙원 회장(사파리 파크호텔 경영)이 지금은 이렇게 멋진 파라다이스 리조트 그룹을 이루었다.

Paradise City Korea 가족 나들이. 2018. 6. 8.

2023년: 유후인, 후쿠오카 여행

수진이가 주선해서 셋이 2023. 10. 12. ~10. 15. 유후인과 후쿠오카를 여행했다. 13일 「소우안 코스모스」 조식 후 동네를 둘러보고, 아름답게 단풍이 물든 킨린 호수를 돌았다. 호수가 「카페 La Ruche」와 유후인 관광 거리를 구경하고 코스모스 리무진 송영 서비스를 받았다.

『유후인 노모리 관광열차』를 타고 후쿠오카 하카타역에 도착해서 크로스 라이프 텐진 호텔에 체크인했다. 한국인이 운영하는 「하카타 키타로 스시」 집에서 일본 젊은이들과 어울리고, 밤늦게 대욕장에 들렀다. 한국 사람들이 호텔에 꽉 찼고 거리에도 많이 보인다.

수진이가 만든 흐쿠오카-유후인 여행 앨범. 2023. 10. 12.

14일 나는 새벽에 대욕장을 들렀다가 호텔 조식 후에 동네를 산책했다. 점심은 「야마나카 카이세키」 요리에 매실주, 맥주를 곁들여서 2시간 반 동안 즐겼다.

오후에 수진이와 엄마는 이오타야, 파르코, 미스코시 백화점에서 쇼핑하고, 나는 2층 개방 관광버스로 바닷가, 후쿠오카 성, 시내, 역사공원을 관광했다. 국내 여행 같다.

2024년: 도쿄, 후지산, 가마쿠라 관광

2024. 11. 18. ~ 22. 부부 단독으로 일본 동경의 긴자, 오모테산도, 신주쿠 이세탄 백화점 섭렵, 후지산 단풍·온천, 가마쿠라의 하세데라와 하치만궁 여행을 택시를 한 번도 타지 않고 해결했다. 가마쿠라는 1980년대 후반에 아내와 같이 들린 적이 있는데, 아무 생각이 나지 않는다. 그래도 우리는 여행전문가가 되어 간다.

후지산이 보이는 가와구치코에서.
2024. 11.

가마쿠라의 4층 절, 하세데라. 2024. 11.

2025년, 태국 치앙마이 여행

2025. 1. 8. ~ 13. 수영이, 유진이와 같이 1296년에 건립된 란나 왕국의 수도 치앙마이로 여행 갔다. 란나 왕국은 19~20세기 초에 시암(태국)의 일부로 완전히 통합되어서 과거의 전통과 현대적 태국문화가 조화를 이루고 있다.

치앙마이는 14~15세기에 란나 스타일의 호화로운 전통 목조사원인 왓프라싱, 웅장한 80m 높이의 스투파 유적과 에메랄드 불상의 복제품이 있는 왓 채디 루앙, 지하터널과 스투파 요소를 겸비한 왓우몽 지하 명상사원, 해발 1,073m 도이수탭 산 정상의 아름다운 건축물인 전통 불교 사원과 황금첨탑 등 화려한 불교 건축물이 많아서 한국 관광객이 많다.

  9일 왓우몽과 도이수텝을 같이 여행했던 이탈리아 친구 덕택에, 1983. 10. 23. ~11. 2. 스위스 제네바 Telecom 83행사 때에 KETRI 친구 몇몇과 함께 이탈리아 토리노 대성당에 가서 예수님 승천 시의 성의?를 직접 만져 봤던 일이 지금은 불가능에 가깝다는 것도 알게 되었다.

치앙마이 매탱 코끼리 캠프에서. 2025. 1. 10.

10일 낮에 매탱 코끼리 캠프(페인팅, 트레킹, 대나무 뗏목, 고산족 마을)에서 유쾌한 하루를 보냈다. 저녁에 올드 타운의 고급 맛집인 「더 페이스」에서 식사 주문을 하는데 중 3인 유진이가 메뉴 주문을 척척하고 호텔로 걸어서 돌아오는 길을 엄마보다 구글맵으로 더 잘 찾고 늦은 밤에 학원 수학 숙제를 푸는 것을 보니, 손녀들은 걱정할 필요가 없다고 부부가 똑같이 느꼈다.

첫째 딸 수진이

수진이 가족. 2014. 8. 17.

1983. 12.에 KTRI가 남산에서 대전으로 이전하면서 가족들도 태평동 삼부 아파트 관사에 전입하였다. 1984년 봄에 수진이 대전초등학교 1학년 학부모 중에는 아내가 친하게 지내던 판검사가 세 분 있었다. 이때 학교에서 진이한테 이름이 뭐냐고 물으니까 당연히 "진이"라고 하자, 진짜 이름을 알려달라고 놀리곤 했다. 그래서 수진이 이름의 한글 돌림자를 수영(守姈)이와 맞추어서, 수진(秀眞)으로 개명하는데 김 판사가 도와주었고 수진이가 개울에서 물놀이 하다가 익사할 뻔했는데 이 검사가 구조해 주었다. 주 검사는 고향 선배이다. 모두가 은인들이다.

대원외국어고등학교 영어과를 졸업하고 1996년 봄에 이화여대 영문학과에 입학한 수진이는 경영학을 부전공하고 2학년 때 한일학생포럼 회원이 되어서 1997. 8. 1. ~ 15. 일본 히로시마, 교토, 동경에서 열린「1997년 한일학생포럼」에 참가했다. 대학 3학년 때인 1998. 8. 3. ~ 17.「공존의 세기를 향하여」라는 주제로 한국에서 포럼을 개최하였는데, 이때 수진이가 포럼 회장이었다. 김해, 경주, 청평, 철원과 서울에서 한국 대학생 17명과 일본 대학생 18명 등 35명이 포럼에 참가하여 4개의 분과[8]와 2개의 심포지엄[9]을 열었다. 일본 학생들은 사물놀이 공연과 한국의 역사·문화를 배웠다.

수진이가 2학년이 끝나는 겨울 방학 때에 KT LA 사무소(소장, 전석우) 도움으로 LA에서 인턴을 할 때 LA 인근의 항공기 회사에 연수를 받고 있던 셋째 광호 도움으로 라스베이거스도 구경하고, 문화체육부 청소년 과장(부이사관)이었던 오인성 고등학교 동기가 UC 버클리 대학에서 연수를 받고 있어서 스탠포드대와 버클리대 캠퍼스를 투어할 수 있었다.

그때 수진이가 KT LA 사무소의 안진근 과장의 글렌데일 집에 머물고 있었는데, 안 과장의 고등학생 아들이 파사데나 Art Center College of Design에서 AP(Advanced Placement) 아트 수업을 들었나 보다. 여기를 수진이가 방문했다가 유화를 그리던 학생들을 보니 오래전에 화실을 다니던 기억이 되살아나서 이때부터 미술대학 유학의 꿈을 꾸기 시작했다고 한다. 귀국 후 3학년부터 이화여대에서 미대 수업을 들으며 유학 포트폴리오 준비에 많은 시간을 할애했다. 한 가지 결정해야 할 사항은 ① 미술대학 학부로 편입하느냐 ② 대학원으로 입학하고 나서 학부 과목을 보충하느냐였다. 입학허가서는 둘 다 가능할 것 같다면서 부모의 의견을 물어 왔다. 우리는 욕심을 내어서 "기왕이면 대학원 입학 허가를 받으라"라고 했다. 그렇게 해서 입학한 학교가 뉴욕 맨해튼에 있는 School of Visual Arts(SVA)이었다.

수진이는 학부에서의 영어영문학(전공) 및 경영학(부전공)과 판이한 Computer Art 전공으로 미디어아트 및 작곡, 코딩을 배우며 우수한 성적으로 2002. 5. MFA(Master of Fine Arts) 학위를 받았다. 바로, 맨해튼의 최고 인기 광고회사인 R/GA에서 Visual Designer로 첫 직장 생활을 시작했다. 이곳에서 Nike 클라이언트 담당으로 다양한 디지털 작업을 담당하며, One Show Interactive(Gold and Silver Pencil), Cannes Cyber Lion(Winner), ADC(New Media Silver) 상들을 받았다.

2005. 5. 11.부터 2주간 수진이가 서울에 머물렀다. 지용이와의 혼사 결심을 하기 위해서였다. 지용이는 미시간대 건축학 석사를 끝내

고 뉴욕에서 수련 건축사로 일하는 신예 건축가였다. 10. 21. 수진이는 신부 화장 후에 4시경에 식장에 도착하였고, 5시에 공항 터미널 예식장에서 양승택 전 장관 주례로 수진이와 안지용 결혼식. 오전 내내 흐렸던 날씨가 결혼식이 임박한 시간부터 밝은 햇빛을 보여 주었다. 축하객이 700여 명이나 되었고, 바깥사돈이 서울공대 전기과 3년 선배여서 덜 서먹서먹했다.

2006년 초에는 지용이가 세계적으로 인정받는 「Rafael Vinoly Architect」 건축가로 취직했고 수진이가 R/GA에서 해 왔던 「Nike Running」 프로젝트의 인터뷰 기사가 4 페이지에 걸쳐 『W.E.B. vol. 74, 2006. 2.』에 게재되었다. 연초부터 잭팟이다. 3월에는 맨해튼에서 허드슨 강 건너편인 New Port에 콘도를 구입했다. 2008년에 지용이가 미국 건축사 자격을 따서 정식 건축사가 되었다. 2010. 4. 수진이는 포토샵으로 유명한 「Adobe」 회사의 Senior UX[10] Designer로 옮겼다. 이 어려운 시기에 기초가 단단한 직장에서 높은 연봉을 받고 옮기다니!

2010. 12. 4. 마이애미에서 열리는 『Globecom 2010』 참석차 미국에 출장 갔다. 뉴욕 수진이 집에서 눈 좀 붙이고 6일 새벽에 수진이 가족과 함께 마이애미로 가서 「에버글레이즈 국립공원」으로 직행했다. 거대한 습지, 평원의 샤크 밸리 안내 센터, 악어 떼, 각종 새, 블루헤런, 제트 보트를

뉴욕 집 앞, Teardrop Park, 2015. 5.

타고 미코수키 늪지를 달린다. 수요일에는 아침부터 팜비치의「더 브레이커스 호텔 매리어트」등으로 드라이브하면서 수진이네와 함께 보냈다. 12. 9. 나는 애틀랜타에 가서 수영이와 유진이를 보고 11일에 귀국했다.

지용이 회사가 창안한「공중부상 자전거 정거장(Bike Hanger)」이 2011. 4. 25. 조선일보 A20면을 도배하여서 내가 사방에 자랑했다.「광주 비엔날레 2011」에 전시된 Bike Hanger를 우리 가족들이 직접 동작해보기도 하기도 하였다. 지용이는 2023년부터 L 그룹에서 공간연구소를 맡고 있고, 직접 운영해 오던 건축설계사무소(매니페스토)는 위탁 경영하고 있다.

Manifesto 작품 2011:「공중부상 자전거 정거장(Bike Hanger)

Manifesto 작품 2013: 서울 명동 M플라자 빌딩

2015. 7. 2. 수진이가 삼성전자의 초빙으로 임원 대우를 받고 영구 귀국했다. UX(User Experience, 사용자 경험) 전문가로서 급여 외에도 반포 래미안 퍼스티지 관사, 계약 보너스, 초등 1학년으로 입학하는 세연이의 반포 Dulwich College 학비도 삼성이 부담한다. 수진이가 삼성 UX 팀을 이끌어서 선행 개발부터 상품화까지의 전 과정을 총괄한 『Samsung The FLIP』이 라스베이거스 『CES 2018』에서 10대 혁신 상품으로 선정되었고, iF Design Award 2020(Gold)도 수상하였다. 『The FLIP』은 여러 해가 지난 지금도 새로운 버전으로 업그

레이드 출시되어서 많은 고객의 사랑을 받고 있으며, 2019. 4. 삼성전자의 글로벌 혁신팀「TTT, Think Tank Team」에 합류했다.

2021년 초부터 놀라운 일이 일어나기 시작했다. 2021. 1. 5. 이화여대에서 수진이에게 디자인학부 교수 채용에 관심이 있는지를 물어왔다. 1. 6. 오후 4시에 조형예술대학 디자인학부의 영상디자인 전공 교수 인터뷰에서 첫 관문을 통과하고, 15일 학부 전체 교수 대상 공개 강의에서 이대 커리큘럼 조사, 국내외 교육 방향, 연구 프로젝트, 국제교류, 이화 UX 디자인의 발전 방향과 수진이가 기여 가능한 내용을 구체적으로 발표했다. 이때, 골드만삭스의 지원을 받은 맨해튼 빈곤층 여학생 대상의 강의 봉사 활동과 "협력하여 선(善)을 이룬다"는 성경 말씀도 인용했다.

이렇게 전공 교수 인터뷰, 디자인학부 공개 강의, 조형예술대학 인사위원회, 총장 인터뷰를 한 달 만에 모두 마쳤다. 이 과정에서 나의 KAIST 부총장 경험과 종석이의 서강대 교수 경험도 공유했다.

이렇게 한 달 만에 2021년 봄학기부터 디자인학부 부교수(Associate Professor) 채용 통보를 받았다. 이대 출신으로서 모교인 이대 교수가 된 것이 영광이다. 특히 2000년 영문과 졸업생이 2021년에 조형예술대학 교수로 채용된 것, 조교수가 아닌 부교수로 임용된 것들이 자랑스럽다.

무엇이 이런 좋은 일을 만들었을까? 우선 주변 타이밍이 좋았고, UX 분야의 탁월한 업적(2002. ~ 2021.), 이대 제1회「호크마[11] 포럼」특강(2019년), EWHA DNA(2019년), 동문 스토리(2019년), '21세기

이화 PEER' 인물(2019년, 2020년) 평판과 주변 네트워크가 원군이 되었을 것이다. 임용 후 학교에서 수업, 산학 프로젝트, 학생 커리어 지도, 국내외 논문 발표 등으로 4년을 바쁘게 지냈고, 2024년부터는 디자인학부장 보직도 겸하고 있다. 가끔 우리를 캠퍼스에 초대해서 학교 영화관, 캠퍼스 투어, 교수 식당에서 즐거움을 공유한다. 수진이는 2026년 봄학기에 정년보장 정교수로 승진 예정이다.

둘째 딸 수영이

수영이 가족. 2014. 8. 17.

수영이한테는 2년 터울인 수진 언니가 있어서, 친구 겸 인생의 멘토가 되고 있다. 수영이는 이화여대 경영학과 졸업 직전인 2004. 2. 14. USCPA 전 과목(감사, 상법, 재무, 회계)을 우수한 성적으로 합격했다.

2004. 2. 23. 졸업하자마자 『딜로이트 안진회계법인』에 취업해서 이전 가격(TP, Transfer Pricing)을 담당한다. 2006. 7. 1. 딜로이트 Senior Economist로 승진하고 2008년에 PWC 삼일회계법인으로 옮겼다.

2009. 11. 24. 수영이가 천생연분 배필을 만나서 결혼을 했다. 여기서 사위 이종석 군을 소개해야 할 것 같다. 이 군은 서울고등학교를 졸업하고 미국 일리노이대에서 화학공학 학사와 석사를 마치고 애틀랜타의 『조지아텍』 화학 및 생명공학과 박사과정을 끝내가고 있었다. 친구 정삼이 부인이 소개해서 2008~2009년에 서울에서 몇 번 만나고, 2009. 8. 27. 애틀랜타에서 두 사람이 꿈, 희망을 허심탄회하게 나눈 것 같다. 2009. 9. 4. 이종석 군이 입국해서 5일 점심때 메리어트 호텔에서 우리 내외가 종석이를 처음 인사받았다. 9. 20. ~ 21. 조선호텔에서의 KAIST 국제행사에서 내가 서남표 총장께 수영이 주례를 부탁했는데, 흔쾌히 수락하신다. 10. 12. 수영이가 예물을 미리 받고, 결혼식 후에 부부가 같이 미국에 입국하기 위하여 13일에 혼인신고를 미리 했다.

11. 1. 수영이와 같이 증계동 할머니 댁 방문했는데 결혼 축하금 1백만 원을 주셨다. "잘 살아라"는 말과 함께. 21일에는 수영이와 종석이가 같은 성당에서 혼배 미사와 함께 수영이 세례 미사도 했다. 같은 날 저녁에 아크로비스타 용수산에서 양가 가족들의 상견례 인사.

결혼식 날인 24일에는 신부 화장, 신랑 이발 등을 준비 후에 오후 5시 반경에 식장에 도착해서, 부모, 신랑 신부, 형제들의 사진을 먼저 찍었다. 결혼식 하객은 800여 명으로, 예약 인원을 초과할 정도로 성황을 이루었다. 모두에게 감사드린다.

종석이 박사과정 졸업이 2011년으로 가시화되면서 2010. 8. 시애틀에서 열리는 『한미과학기술자대회(UKC, USA-Korea Conference)』에 내가 신혼부부를 초청했다. UKC는 한국과 미국의 과학기술자 간의 연구 내용을 소개하고 교류를 위한 최대규모 행사로서, 한국 내의 직장을 찾고 있는 종석이한테는 좋은 기회이다.

수영·종석 신혼여행. 2009. 11. 28.

나는 "KAIST의 IT융합 교육과 연구" 초청 강연[28]을 했다. 8. 12. ~ 13. 종석이도 한국과학기술자들을 여럿 만났다. 나는 13일에 「IT

Convergence in Research and Engineering @KAIST」를 발표하고 14일 새벽에 수영이 내외와 같이 애틀랜타로 갔다.

2011. 1. 7. 「안동국시」 집에서 1985~1988년에 과학기술처에서 조정관으로 같이 근무했던 김호기 선배와 종석이와 유사한 분야를 연구하고 있는 H대 L 교수와 저녁을 하고 있었는데, 김 선배가 갑자기 L 교수한테 종석이를 H대 교수로 뽑으라고 해서 같이 웃었다. 고맙다. 나의 「과학기술훈장 혁신장」 수상을 축하하고 가족비자를 변경하고 국내 대학과 연구소 탐방차, 종석이 가족이 2011. 4. 18. 일시 귀국했다. 유진이가 더 예뻐졌다.

종석이는 2011. 5. 조지아텍 생명·화학공학 박사학위를 받고, 국내외 직장을 본격적으로 접촉하기 시작했다. 수영이는 8월에 조지아텍 MBA 과정에 입학했다. 이런 학위를 받으면 나중에 활동 범위가 넓어질 것이다. 2012. 5. 이 박사가 일시 귀국해서 몇몇 대학을 접촉하고, 서강대의 최 교수(정호 처남)와 H대의 L 교수도 만나 봤으나, 원하던 대학 대신에 12. 1. KIST 선임연구원으로 임용되었다. 수영이가 MBA 졸업까지 반년은 KIST 관사에서 혼자 생활한다. 12. 26. 수영이의 마지막 봄학기 MBA 등록금을 송금했다. 2012. 12. 30. 이 박사가 첫 월급 받았다고 양가 부모를 잠원동 「세븐 스프링」에 초대했다. 사위가 국내에서 자리를 잡으니 좋다.

2013. 4. 30. 수영이 조지아텍 MBA 졸업식 참석과 가족의 귀국 준비차 이 박사가 애틀랜타에 왔다. 5. 3. 저녁에 체육관에서 수영이 조지아텍 MBA 졸업식에 종석이, 유진이, 그리고 우리 부부가 참석했다. 종석이는 4일 귀국하고, 우리 부부는 수영이 MBA 졸업식에 또

참석했다. 조지아텍에는 합동 졸업식이 먼저 있고 단과대학 졸업식이 따로 있다.

이종석	강수영
조지아텍 화공 생명공학	조지아텍 MBA 학위
박사학위. 2011. 5.	수여 축하. 2013. 5. 3.

2009~2013년에 수영이는 결혼하고, 유진이 출산하고, MBA 학위취득, 디아지오 취업까지 했다. 4년 동안에 참 많은 일을 이루었다. 자랑스럽다. 새 가족은 KIST가 가까운 종암동 래미안 아파트에서 서울 신접살림을 시작했다. 2016. 2. 3. 수영이 디아지오 회사 패키지로 내가 KMI에서 VIP 종합검진을 받았다. 큰 문제가 없다. 아내와 매년 바꾸어서 검사하기로 했다.

2016. 9. 사위의 서강대 교수 임용과정은 한 편의 드라마이다. 서강대는 종석이가 2015년에 지원했을 때는 학교가 원하는 분야의 지원자가 없다면서 아예 아무도 뽑지 않았다. 타이밍이 좋으니 이번에는 더 신경을 써서 준비했다. 서강대 교수지원소견서는 중간 타이틀을 새로 추가하고, 내용도 보강해서 2016. 3. 5.에 제출했다. 나중에 교무처장께서 종석이의 교수지원 소견서가 매우 인상적이었다고 전했

다. 나도, 아내도, 수영이도 기뻤다. 3. 14. 학과 발표 PPT 준비를 나도 도왔고, 4. 1. 학과 인사위원회에서 단일후보로 추천되었다. 대박이다. 5. 11. 재단 이사장과 총장 면접을 통과하고 5. 20. 서강대 교수 임용계획을 통보받았다. 3. 5. 원서 제출 후 75일 만이다. 이번 일이 잘 풀리기까지는 천시, 지리, 인화가 모두 잘 들어맞았다. 감사한다.

이 박사가 9월부터 서강대로 출근하니 가족이 종암동에 살 이유가 없어졌다. 마침 유진이도 2016년에 초등학교에 입학하니 자연스럽게 양가 부모의 생활 근거지인 서초구의 잠원한신아파트를 10월에 매입하여 이사하게 된다. 아파트 매입의 원인 제공자는 이유진이다. 이때 수진이도 우리 집에서 1km 거리의 래미안퍼스티지 관사에 입성해 있었다. 요즘 세상에 직계가족이 서울 한복판에 모여 산다는 것은 보통 행운이 아니다. 2016. 3. 2. 유진이가 신동초등학고 입학했다. 바로 집 앞이다. 수영이는 2018. 9. 디아지오 희망퇴직 보너스를 챙기고 2019. 4. EY 한영회계법인에 재취업, 2019. 10.에 시니어 매니저로 승진했다. 유진이는 신동초등 3학년 반장에 입후보했다. 반장이 되지는 못했지만, 도전정신이 대단하다. 2019. 8. 종석이가 부교수로 승진해서 안식년 계획을 설계하기 시작했다.

2022. 7. ~ 2023. 7. 이 교수가 안식년을 화학공학 분야 세계 1위권인 UC 버클리에서 지내기로 했다. 수영이는 글로벌 회계법인 EY(언스트앤영)에 1년간 휴직하고, 유진이는 신동초등 6학년에서 월넛크릭(Walnut Creek) 푸트힐중학교 1학년으로 입학한다. 안식년 문자 그대로 버클리 대학의 노벨상급 교수와 공동연구를 하면서, 학창시절

에 접하기 힘들었던 미국 서부지역의 태평양 해안도로를 따라 페블비치, 산타쿠르즈, 포인트레이, 나파밸리, 소노마, 산호세, LA를 관광하고 라쎈 볼케이닉 파크, 데스밸리, 그랜드캐년, 라스베이거스, 앤텔로프, 홀스슈밴드, 요세미티, 레이크 타호 등을 틈틈이 여행했다.

2022. 11. 이탈리아 남부 나폴리, 폼페이, 카프리섬, 포지타노 여행, 2022. 12. 연말연시에 멕시코 칸쿤 Hotel X Caret Mexico에서 따뜻한 겨울을 즐기고, 레이크 타호에서 눈썰매도 탔다.

2023. 6. 시애틀의 Pier 91 스미스 코브 크루즈에서 출발한 7박 8일의 알래스카 크루즈 여행 때는 케치칸, 주노, 스캐그웨이 도시를 방문하면서, 럼버잭 쇼, 고래관광, 빙하관광, 물개, 고래 등의 야생동물, 자연경관을 감상했다고 한다. 이번 안식년이 이렇게 자유로운 여행으로 재충전하기에 좋은 시간이었다.

알래스카 7박 8일 크루즈여행. 2023. 6.

2024. 1. 4. 이 교수가 서강대 동문회에서 『서강대학교 학술상(공학 부문)』을 받았다. 「동문회 연구대상」 수여 행사가 열린 롯데호텔에 친가, 처가 가족이 모두 모여서 축하했다. 대단하다. 이 교수는 2024. 12. 16. 공대 전체에서 지난 3년간, 가장 임팩트가 높은 연구성과로 「서강 리치 공학 학술상(최다피인용, 최우수 논문)」 2개를 한꺼번에 수상하였고, 12. 19. 2023학년도 우수 교원상도 수상했다. 같은 해에 서강대에서 가장 중요한 상 4개(학술상, 최다피인용, 최우수 논문, 우수 교원)을 받은 것은 특별히 축하할 일이다. 2025년 가을학기에 정교수가 되어서 정년이 보장된다.

코이의 법칙과 자녀 진로 지도

'코이(koi, 잉어)의 법칙'은 작은 어항에서 키운 잉어는 작게 자라지만, 넓은 연못이나 강에서 자라면 몇십 배나 크게 자란다는 법칙을 말한다. 이는 개인의 성장과 환경의 관계를 설명하는 개념으로, 청소년의 잠재력 개발과 진로 지도에 중요한 시사점을 제공한다. 부모는 자녀를 작고 제한된 환경에 가두기보다는 다양한 경험과 도전을 할 수 있는 넓은 환경을 제공해야 한다. 이는 물리적 환경뿐만 아니라 심리적, 교육적 환경까지 포함한다.

나의 인생 1막(더 넓은 곳으로)의 성장기가 좋은 예이다. 국내에서는 정촌, 진주, 서울로 이사하면서 더 넓은 세계를 봤고, 미국에서도 소도시 롤라에서 중도시 오스틴, 대도시 뉴욕을 거치면서 꿈도 커 갔다.

이것이 내 인생 2막(정보통신 4관왕)으로 자연스럽게 이어졌다.

이를 위해서 부모는 ① 부모가 원하는 진로가 아니라, 자녀가 관심을 가지는 분야에서 최선을 다할 수 있도록 지지해야 한다. ② 지나치게 통제하면 자녀가 스스로 성장할 기회를 잃게 된다. 다양한 활동과 경험을 통해 스스로 가능성을 발견하도록 도와야 한다. ③ 도전과 실패의 경험이 자녀를 더 강하게 만든다. 실패를 두려워하지 않고 다시 시도할 수 있도록 부모가 긍정적인 태도를 보여야 한다.

코이의 법칙을 적용하여 자녀가 자신의 역량을 최대한 키울 수 있도록 부모가 할 수 있는 방법은 다음과 같은 것들이 있다. ① 여행, 봉사활동, 캠프, 해외 연수 등을 통해 넓은 시야를 갖도록 돕는다. ② 원하는 분야의 전문가를 만나 보고, 직접 체험하는 기회를 마련한다. ③ 특정 과목만 강조하기보다, 여러 학문과 기술을 접할 수 있도록 다양한 학습 기회를 제공한다. ④ 부모가 지나친 간섭을 하지 말고, 자녀가 스스로 결과를 책임질 수 있도록 한다.

부모의 역할은 물고기의 크기를 정하는 것이 아니라, 자녀가 더 큰 물에서 자신의 가능성을 키우도록 최대로 돕는 것이다.

20년 후, 손녀들의 향기로운 삶

먼저 큰손녀 세연이 이야기부터 시작한다. 수진이가 뉴저지 시간으로 2009. 6. 3. 수요일 오전 3시에 양수가 터져 『Hackensack Medical Center』로 급히 입원해서 17시간의 진통 끝에 저녁 8시

32분에 첫 아이를 자연분만했다. 몸무게는 3.35kg, 신장 20", 머리 둘레는 13". 시댁에서 지은 이름은 안세연(安世娟)이다. 이 세상의 아름다움이라는 뜻이라고 한다. 영어 이름 Ceyon이 멋지다. 세연이가 6학년 때 Dulwich 전교 학생회장 입후보해서 떨어지기는 했지만, 용기가 대단하다. 세연이가 『서울국제학교(SIS, Seoul International School)』10학년 때는 하프 마라톤, 필라테스로 몸을 단련하면서 2024년 여름에 미국 아이비 리그인 브라운대학교의 고등학생 대상 「Forensic Science-CSI Providence 예비 칼리지 프로그램」에 2주 동안 참여했다. 바이오, AI 관련으로 진로를 생각하고 있으며, 뭐든지 스스로 목표를 정하고 스스로 스케줄을 관리하는 미국식 교육에 기대가 크다. 2027년 세연이의 원하는 대학 합격을 위해서 수진이와 세연이는 지금부터 전쟁에 들어갔다.

세연이와 유진이가 활짝 웃어요. 2014. 8. 17.

다음은 둘째 손녀 유진이 이야기이다. 수영이는 2010. 12. 6. 18시 36분에 「이유진(李有珍, LEE Katie Eugene)」을 애틀랜타 「노스사이드 병원」에서 순산했다. 마침 내가 마이애미에서 열린 Globcom 2010에 참석하고 있어서 애틀랜타르 가서 순산을 축하하그 10일 아침에 유진이 황달 체크를 위해서 출산 병원에 유진이를 데리고 가서 출생확인서도 받았다. 백호랑이 띠이다. '황금돼지도 부럽지 않은 백호랑이는 형제간 우애가 두텁고 싸워도 물러섬이 없다'. 2022년 종석이 사바티컬 여행에 동행했던 유진이도 친구를 사귀어서 서로 초대하기도 하고, 지금도 친구들과 소식을 나누고 있다고 한다. 2023. 7. 귀국 후 유진이는 신동중 1학년 2학기로 편입하였는데, 1년 시차와 사춘기로 한때 학업성적이 떨어지기도 하였으나 유진이 특유의 대범함으로 잘 극복하고 있다. 2024. 11. 10. 합동 가족(지용, 수진) 생일파티 때에 내가 1962년 고등학교 수석 합격 신문기사 스크랩에 실린 '자기 전에 복습 끝내고, 새벽에 예습'하는 방법으로 공부했다면서 유진이에게 목표를 갖고 학교와 학원 수업에 들어가면 효과가 크다고 멘토링해 주었다. 옆에 있던 이 교수도 맞장구를 쳤다.

유진이 유년 시절

지금부터 20년 후인 2045년은 내가 태어나서 꿈같은 9988234가 기대되는 시간이면서, 두 딸 내외는 「향기로운 삶」을 즐기기 시작하고 두 손녀(세연, 유진)도 AI가 인간의 지능을 능가하는 범용 인공지능 시대를 이끌 때이다. 따라서 손녀들이 이끌어 갈 20년 후의 세상은 지금과는 크게 다르겠지만, 그래도 변함없는 '세상 살아가는 법'도 있을 것이다. 다음의 「닫는 글」에서 손녀가 공감하는 것들을 하나씩 실천해 나가면, 손녀들도 「향기로운 삶」의 주인공이 되어서 「손녀에게 들려주는 할배의 인생 3막 이야기」가 완성될 것이다.

미주

1) Encore Korea Initiative, 앙코르코리아사업단. 단장 강민호
2) 에티오피아 아다마과학기술대
3) NRF, National Research Foundation
4) GSMF, Global Sudent Mentoring Forum, EKI가 2012년에 설립한 개도국 유학생포럼
5) EKI가 운영하던 '과학영재아카데미'
6) 재경부 문인들의 「재경문학회」 회지
7) 아시아태평양경제협력체. 환태평양 국가들의 경제적, 정치적 결합을 돈독하게 하고자 만든 국제기구로 매년 21개국 정상들이 모인다.
8) 역사 인식, 안보, 경제협력, 현대사회문화
9) 아시아 위기 속에서의 한일관계, 한국인과 일본인 간의 소통
10) User Experience, 사용자 경험에 새로운 기술을 접목, 새로운 경험 창출
11) 이론적 지식이 아닌 실천적 지혜를 뜻하는 히브리어

> 닫는 글

살아오면서 배운 10가지

흔히들 인생을 탄생에서 죽음 사이의 무수한 선택의 연속이라고 한다. 『나의 인생 3막』에서는 막이 바뀌고 장이 전환될 때마다 행운이라는 새로운 전기가 마련되어, 몰입하게 되는 장면들이 이어진다. 그러나 반복되는 행운의 장면들은 단순한 우연이 아니다. 우연처럼 보이지만, 결국 필연이라는 생각이 든다. 그렇게 보면 나는 운이 참 좋은 사람이다.

지금까지의 내 인생을 되돌아보며 배우고, 실천하고, 체험한 10가지를 1막에서 배운 계획(Plan), 2막에서 실천한 일(Work), 3막에서 즐기는 가족(Family)이라는 세 범주로 나누어 공유하고자 한다.

먼저, 1막에서 배운 계획(Plan)이다.

1. 큰 그림을 그려라

대학 졸업 무렵, 신문에서 고려대학교 김상협 총장의 『Boys, Be

Ambitious』졸업식사를 읽고 큰 충격을 받았다. "넓은 곳으로 나가라, 꿈을 키우라"는 메시지가 가슴 깊이 와닿았다. 「코이의 법칙」처럼 어항을 생각하면 애완 물고기가 되고, 태평양을 생각하면 고래도 될 수가 있다. 큰 그림을 그려야 더 큰 존재가 될 수 있다. 나는 홍익인간(弘益人間)이 누구나 마음속에 품을 수 있는 큰 그림이라고 믿는다.

대학원에서 제자들과 연구목표를 설정할 때, 나는 종종 학생들이 제시한 목표보다 더 높은 목표(예: 120%)를 권한다. 그러면 대부분 110% 이상의 성과를 낸다. 100%보다 더 높은 결과를 얻는 것이다. 가족들과 세우는 목표도 마찬가지다. 최선을 다해도 이루기 어려운 높은 목표를 설정한다. 그리고 그것을 달성했을 때의 희열이 다음에 더 큰 그림을 그리는 힘이 된다.

2. Plan-Do-See

꿈을 날짜와 함께 적어두면 그것은 목표가 되고, 목표를 잘게 나누면 계획이 되며, 그 계획을 실행하면 결국 꿈이 실현된다. 꿈을 꾸는 사람은 행복한 사람이고, 꿈을 이루는 사람은 성공한 사람이다[32].

계획적인 삶은 '지금 여기(Here & Now)', '기회(Opportunity)'. '우연한 찬스(Chance)'와 맞물려 돌아간다. 기회는 대머리와 같아서 지나가면 붙잡을 수 없다. 계획은 거창할 필요가 없다. 긴 시간을 들일 필요도 없다. 하루의 일과계획이 좋은 예이다. 휴대폰 메모장에 '오늘 할 일(TTD, Things To Do)'을 적고, 우선순위와 시간을 정하면 된다. 밤에 하루를 돌아보며 TTD를 점검하고, 다음 날 TTD를 세운다. 노후 설계도 마찬가지다. 지금의 생각을 적어 두고, 1년 후, 10년 후 다시 수정해 가면 된다. 이렇게 꾸준히 기록하면 자랑스러운 역사가 된다.

다음은 2막에서 실천한 일(Work)이다.

3. 천지인(天地人)이 핵심 성공 요소다

80년 인생을 돌아보니, 『할배의 인생 3막』 중 특히 2막에서 천시(天時), 지리(地利), 인화(人和)가 성공의 핵심 요소(Key Success Factor)라는 것을 절감했다. "세상이 어떻게 돌아가고 있는가?" 시대 흐름을 읽는 안목, "내가 서 있는 이 자리의 환경은 어떠한가?" 내가 처한 상황을 객관적으로 파악하는 힘, 그리고 "누구와 함께 일하고 있는가?" 사람들과의 관계를 조화롭게 유지하는 능력이 바로 천지인(天地人)이다. 광통신 실용화, 4M DRAM 연구개발 조정, KT 해외사업 개발, ICU 교수임용과 우수연구센터 유치, 종석이와 수진이 교수임용 등 큰일을 이루면서 이러한 천지인의 중요성을 다시 한번 깨달았다.

4. 긍정의 힘을 믿어라

긍정적인 사고, 칭찬. 일체유심조(一切唯心造), 자신감, '칭찬하면 코끼리도 춤춘다.'가 관련이 있다. '하면 된다.'라는 철학을 실천한 60, 70, 80년대의 리더는 이 긍정의 힘을 잘 이용했다. 하지 않으면 아무

변화가 없다. 실패해도 죽지는 않는다. 내가 미국 유학 결심, 귀국 결심, 연구조정관 업무수행, 우수연구센터, 「은퇴 사다리」는 긍정의 힘을 믿은 결과이다.

5. 멀리 가려면 함께 가라

아프리카 속담에 "빨리 가려면 혼자 가라, 하지만 멀리 가려면 함께 가라"라는 당연하지만 강력한 메시지를 기억할 필요가 있다. 우리 앞에 놓인 길은 멀고도 멀다. 해결해야 할 과제와 장애물도 많다. 직장 동료, 친구, 가족들과 그 길을 함께 가야 한다. 대학원 석박사 과정을 지도할 때 연구실적(SCI 논문 수) 목표를 정할 때 혼자서 한 편보다는 둘이서 세 편을 쓰도록 지도하니 협동 연구도 잘되고 목표도 잘 달성되었다. 같은 대학교의 교수가 되어서 지금껏 같이 교육과 생활 공동체로 살아가는 제자가 둘이 있다.

6. 균형을 잡아라

역지사지(易地思之)와 유사한 개념이다. 조직과 조직원은 수레의 두 바퀴와 같다. 두 바퀴가 균형을 찾아야 수레가 바로 가고, 더불어 행복한 사회가 된다. ETRI에서 연구원들에게 차상위 학위취득을 권장하면서, 업무시간을 줄이면서 공부하는 시간을 두 배 이상으로 독려했더니 최고 인기 부서가 되었고, 성과도 연구소에서 최고가 되었다. 나중에 교수, 창업자도 많이 배출하였다.

7. 관계를 평생 발전시켜라

'좋은 인연은 평생 가져가라' 그리고 '베풀 수 있을 때 베풀어라[39]'. ETRI에서의 광통신 인연이 20년 후에 KAIST에서 광인터넷연구센터로 이어졌고, 1981년의 『광섬유 통신개론』 출간이 그 이후에 12권의 전문서적 공저로 이어졌고, 1980년대의 오명 차관과의 인연과 1990년대 중·후반의 KT 해외사업 경험이 2010년대에 「앙코르코리아」 사업개발의 주춧돌이 되었다.

마지막으로, 3막에서 즐기고 있는 가족(Family) 이야기이다.

8. Money Talks

100세 시대를 대비하면서 지금의 생활을 유지하려면, 돈이 쉬지 않고 일하도록 해야 한다. '경제적인 독립 없이 인격적인 독립 없다'와 '복리의 법칙'을 가족이 공유하고 있어서 기쁘다. 나는 정년 퇴임 10년 전에야 은퇴 사다리를 만들기 시작해서 운 좋게 안착했지만, 젊을 때부터 100세, 120세 시대를 대비해서 은퇴 사다리를 설계하는 것이 정상이다. 이때 가족과 함께 재무 목표를 공유하면 집단안보체제가 만들어지고 신뢰가 널리 쌓인다.

9. 건강한 생활 리듬

건강은 행복의 기본이다. 몸 살림, 마음 살림, 관계 살림은 일찍 시작하여 평생 지켜야 한다. 은퇴 시점부터는 늦다. 하루 30분이라도 규칙적으로 운동하는 습관과 스트레스를 관리하고 긍정적인 마음가짐이 중요하다.

10. 범사에 감사하라

'꽃은 사랑하는 사람에게 향기를 남긴다'는 속담이 있다. 범사에 감사하라. 그러면 행복이 찾아온다. 만사를 긍정적으로 보고, 하고 싶은 일은 주저 말고 하라. 한때의 일로 기뻐하거나 슬퍼할 필요가 없다. 내가 KT를 그만두었을 때처럼 감사하면서 새로운 길을 찾아 나가면 새옹지마(塞翁之馬)로 변해서 돌아온다.

인생의 반려자와 가족에게 항상 감사하라. 딸과 사위는 오늘의 주인공이요, 손녀는 내일의 주인공이다. 이들이 우리의 기쁨이다. 끝.

부록 1 참고문헌

1. M.H. Kang, 『Numerical Calculation of the Currents in Bent Wire Antenna』, Master's Thesis, Univ. of Missouri-Rolla, 1973. 5.
2. Minho Kang, KangMin Chung, and Michael F. Becker, "Third Harmonic Generation in SF6 at 10.6 microns," Journal of Applied Physics, vol. 47, no. 11, pp. 4944-4948, 1976. 11.
3. Minho Kang, 『Optical Third Harmonic Generation in SF6 at 10.6 Microns』, Ph.D. Dissertation, The Univ. of Texas at Austin, 1977. 8.
4. 강민호, 정신일, 김장복, 김종련, "6.3Mb/s 광통신 시스템 장치개발", 『전자공학회 논문지』, 제1권, 2호, 1979. 1.
5. 강민호, "해외의 광통신 시스템 운용 현황", 『KTRI 전기통신』, 제1권, 2호, 1979. 6.
6. 강민호 외, "광화문-중앙전화국 국간 중계시험용 광섬유 케이블 포설", 『한국통신학회 합동 심포지움 논문집』, pp. 16~21, 1979. 10.
7. 강민호, "북미의 광통신 상용화 현황 및 전망", 『KTRI 전기통신』, 제2권, 1호, 1980. 3.
8. 이상호, 강민호, 박한규, "광섬유 Y-브랜치 제조와 OTDR 응용", 『전자공학회 논문지』, 18권, 3호, 1981. 6.
9. 강민호, 신상영, 『광섬유 통신개론』, OHM사, 1981. 8. 1997. 9. (5판)
10. 강민호 외, "구로-시흥-안양 전화국 간 44.7 Mb/s 광통신 상용시험시스템 설계", 『전자공학회 하계종합학술발표회』, 1981. 8.
11. 강민호, "CCITT의 광통신 연구현황", 『KETRI 전기통신』, 제3권 4호, 1981. 12.
12. 강민호 외, "45Mb/s 광섬유 통신 시스템의 현장시험", 『전자공학회 합동 학술발표회 논문집』, 1982. 9.

13. 강민호, "우리나라 광통신의 앞날", 『KETRI 전기통신』, 3권, pp. 39~43, 1983. 1.
14. 오명, 강민호, 『레이저 응용』, 청문각, 1983, 1986. (개정판)
15. 강민호 외, "구로-간석 전화국 간 45Mb/s 광섬유 통신 시스템의 현장시험", 『KETRI 전기통신』, 제6권, 2호, 1984. 7.
16. Minho Kang, " Korean Experience of Science and Technology Development", 『USAID Conference』, India, 1987. 4.
17. 진주강씨 중앙종회, 『진주강씨의 원류』, 도서출판 광일사, 1987. 12. 30.
18. 강민호, "전환기에선 KTA의 연구개발", 『한국통신 경영과 기술』, pp. 2~5, 1990. 9.
19. Minho Kang, "Telecommunication Network Development in Korea", 『Technical Symposium』, pp. 147-147, 6th World Telecommunication Forum, ITU, Geneva, 1991. 10.
20. 강민호, "LAN에서 B-ISDN까지", 『한국통신 경영과 기술』, pp. 54~56, 1993. 1.
21. 강민호, "제3세대 품질경영; 글로벌 경쟁력 강화 전략", 『한국통신 경영과 기술』, 1995. 2.
22. 강민호, "세계화 시대의 통신사업 해외 진출", 『한국통신 경영과 기술』, 1995. 7.
23. 강민호, "정보통신 패러다임의 변화 조사연구", 「한국통신 연구개발본부」, 1998. 12.
24. 강민호, "광인터넷연구센터", 『한국광학회 회지』, 제5권, 1호, 2001. 1.
25. 강민호, "우리나라의 광인터넷과 국책 연구개발사업의 진화", 『SK텔레콤 리뷰』, 제11권, 2호, 2001. 4.
26. 강정호, 『IMF 한국 프로그램의 전개 과정과 적합성에 관한 연구』, 박사학위 논문, 단국대학교, 2001.
27. 박승덕, 김정덕, 『초기 반도체기술개발의 배경과 정부 역할』, C&A communications, 2006. 10.
28. 정홍식, 『한국 IT 정책 20년』, pp. 269-271, 445-451, 전자신문사, 2007. 1.

29. 기초기술연구회, 『고경력 과학기술인들의 후발국 과학기술지원 시스템 개발에 관한 연구』, 강민호, 강박광, 한국기술경영연구원, 2008. 12. 31.
30. Minho Kang, "IT Convergence Education and Research at KAIST", Invited Talk, 『USA-Korea Conference 2010』, Seattle, 2010. 7.
31. 마이클 플레이스, 매튜 드레데릭, 『비즈니스 학교에서 배운 101가지』, 동녘, 2011. 12. 23.
32. Greg S. Reid, 『Stickability: The Power of Perseverance』, Napoleon Hill Foundation, 2013. 10. 29.
33. 강민호, "이력서에서 뭘 배우지?", 『과학영재를 디자인하라』, 과우회, 2018. 3.
34. 앙코르코리아사업단, 『2018년도 고경력 과학기술인 앙코르코리아사업 개발보고서』, 에쓰-오일 과학문화재단, 2019. 4. 30.
35. 강민호, "과학영재아카데미의 추억", 『과학영재를 디자인하라 II』, 과우회, 2020. 12.
36. 권기균, 『박물관이 살아있다』, 리스컴, 2023. 7.
37. 김시환, 『원자력 기술자립의 여정』, 글마당, 2023. 10. 25.
38. 강민호, "우리는 21세기 100년 인생을 어떻게 살 것인가?", 『과학 꿈나무들의 생각 II』, 과우회, 2023. 12.
39. 한국과학기술한림원, 『오명 리더십의 비밀』, 한국과학기술한림원, 2024. 4.
40. 강민호, "남기고 싶은 멕시코 미디텔 사업개발 이야기", 『향기로운 삶』, pp. No. 78, Summer, 2024. KT 동우회
41. 염재호, 「미래사회의 지각변동」, 중앙일보, p.31, 2024. 10. 2.
42. 한국공학한림원, 『대체불가의 나라, 대한민국 산업전략 2040 보고서』, 잇플, 2024. 12.
43. 이광형, 「이광형의 퍼스펙티브」, 중앙일보, p.24, 2025. 1. 21.

부록 2 강민호 가계도

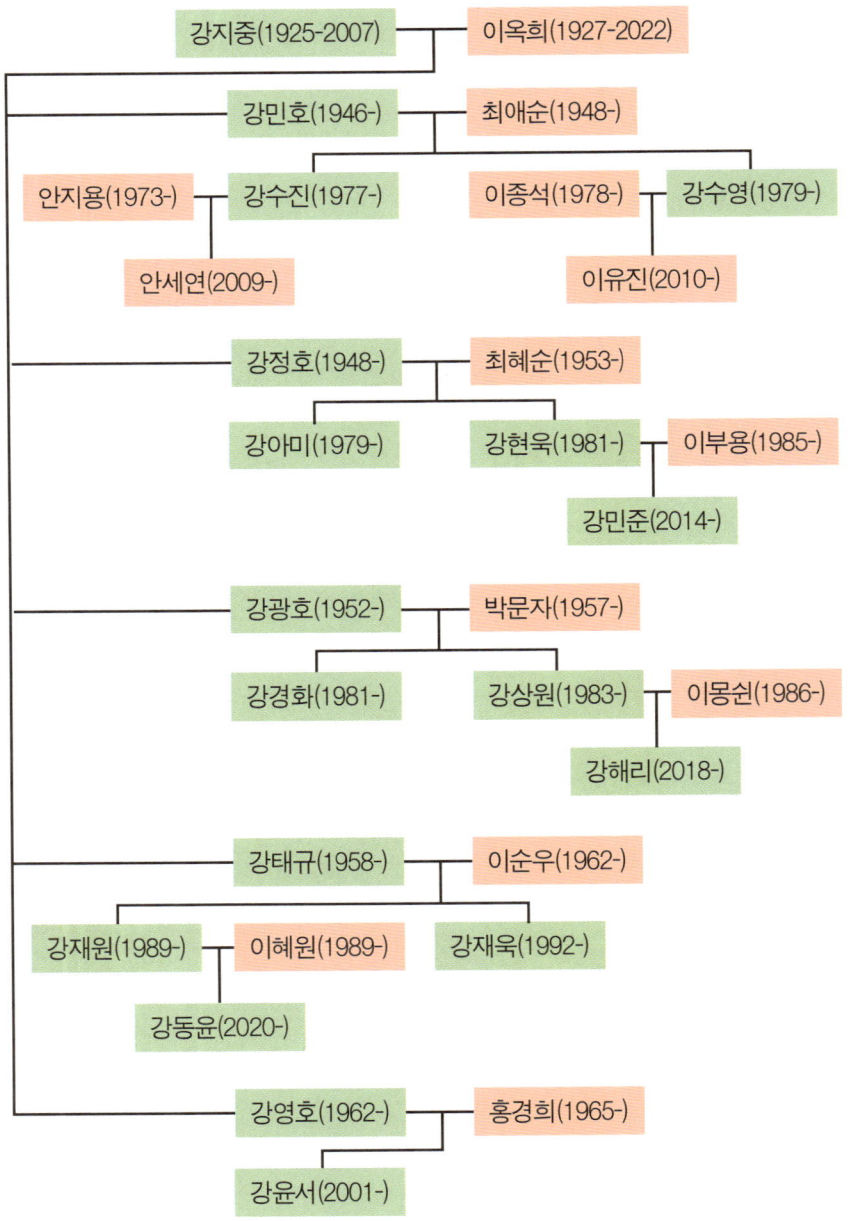

손녀에게 들려주는
할배의 인생 3막 이야기

ⓒ 강민호, 2025

초판 1쇄 발행 2025년 7월 1일

지은이	강민호
펴낸이	이기봉
편집	좋은땅 편집팀
펴낸곳	도서출판 좋은땅
주소	서울특별시 마포구 양화로12길 26 지월드빌딩 (서교동 395-7)
전화	02)374-8616~7
팩스	02)374-8614
이메일	gworldbook@naver.com
홈페이지	www.g-world.co.kr

ISBN 979-11-388-4413-0 (03810)

- 가격은 뒤표지에 있습니다.
- 이 책은 저작권법에 의하여 보호를 받는 저작물이므로 무단 전재와 복제를 금합니다.
- 파본은 구입하신 서점에서 교환해 드립니다.